THE HEART OF BUSINESS

ハート・オブ・ビジネス

Leadership Principles for the Next Era of Capitalism

「人とパーパス」を本気で大切にする
新時代のリーダーシップ

ユベール・ジョリー
＋ キャロライン・ランバート

ビル・ジョージ［序文］
樋口武志［訳］
平井一夫［日本語版序文］
矢野陽一朗［解説］

英治出版

THE HEART OF BUSINESS

Leadership Principles for the Next Era of Capitalism

by

Hubert Joly with Caroline Lambert

日本語版序文

平井一夫
ソニーグループ株式会社 シニアアドバイザー、
一般社団法人プロジェクト希望 代表理事

人の書いた本にこんなに共感を覚えたことはなかった。

友人であるユベールから本書を読んでほしいと頼まれページをめくると、私との共通点が多いことに驚いた。会話のキャッチボールを通じて、ユベールと私は考えていることが似ていると思うことがあったが、経営哲学の多くを共有しているという確信に変わった。

経歴としては、二人ともゲーム業界のキャリアがあり、同じ2012年にCEOの職に就き（ユベールはベスト・バイ、私はソニー）、CEO退任後は会長を1年務めたのち、今はお互い次の夢に向かっている。また、複数の事業再生をリードした経験がある。

何よりの共通点は、人を大切にする経営哲学だ。本書には「ヒューマン・マジック」という言葉が繰り返し登場する。これは、人が本来もっている魔法のような力のことだ。ユベールは、そのヒューマン・マジックを解き放ち、人と組織のパーパス（存在意義）が実現される環境を整えることが自分の役割だと述べている。拙著『ソニー再生』の中で「情熱のマグマを解き放つ」と表現したが、ユベールも私も、人の可能性を心から信じ、それこそがハート・オブ・ビジネス（ビジネスの核心）だと確信している。

「人を大切にする？　それをいまさら主張するの？」と思われるかもしれない。だが私は問いたい。私たちは本当の意味で人を大切にしてきただろうか。そもそも、人を大切にするとはどういうことだろうか。

聞いて実践するリーダーシップ

毎年1月にラスベガスで開催されるテック・イベントCESの期間中、ユベールと私はよく一緒に食事をした。ユベールがCEOを務めていたベスト・バイは全米最大の家電量販店。ソニーにとって大切なビジネスパートナーだ。

フランスのエリート校を首席で卒業し、マッキンゼーのパートナーを務め、数社の経営トップを歴任し、数々の企業再建に成功、ハーバード・ビジネス・レビュー誌「世界のCEOベスト100」に選出……こう言葉を並べると身構えてしまいそうだ。しかし実際のユベールは、人に対していっさい壁を作らない。彼の「聞き方」が心地よく、ついこちらが話しすぎてしまう。

ゴルフのソニーオープンが開催されるハワイでは、ユベールがいない席でベスト・バイのトップマネジメントチームと親交を深める機会があった。本書に登場するマイク・モーハンたち経営陣は、口々にユベールへの敬意を口にしていた。「ユベールと議論したことで考えを整理できたんだ」「ユベールとこんな話をしているんだ」と目を輝かせて話してくれたことをよく覚えている。

本書には、そうしたユベールの人柄が感じられるエピソードが随所に出てくる。たとえばCEO就任初日、「CEOトレーニング中」のバッジをつけて店舗に出向き、従業員一人ひとりの話に耳を傾けるエピソードは実にユベールらしい。ベスト・バイの人々がユベールに心を開いて自身の悩みや夢を語る姿が目に浮かぶ。

ベスト・バイは、近年注目を集めている「心理的安全性」が高い職場なのだろう。これを言ってしまうとどう思われるだろうという不安や恐れがなく、誰に対しても、良いことも悪いことも、率直に速やかに話すことができる。本書では事業開発から人材育成、ダイバーシティ&インクルージョンまで、さまざまな従業員起点の取り組みが語られるが、ベスト・

バイの挑戦する文化をつくってきたことも、ユベールのリーダーシップの賜物だろう。

人の話を聞く。

当たり前のことのようだが、聞くことのできるリーダーは数少ない。その難しさと大切さを私自身、実践する中で感じてきた。

たいへん厳しい経営環境にあった2012年にソニーのCEOに就任した私は、ユベール同様に頻繁に現場へ足を運んだ。就任初日に入社式を終えると、翌日には宮城県の多賀城にある事業所を訪れた。その後も世界中のソニーの仲間たちに会いに行った。本音を言ってほしいから、いわゆる「大名行列」ではなく、同行者は最少人数。現場には覚悟をもって、「裸で行く」と決めていた。

現場に着いた瞬間から、ボディランゲージも含めて徹底する。社員は見ている。いま何時か知りたいだけなのに時計を見れば、平井さんは早く帰りたいんだと思われる。そして、「何でも質問してほしい。聞いちゃいけないことがないのがルール」と根気よく、何度も対話を重ねた。こちらの本気が伝わらないと異なる意見、「異見」を聞くことはできない。

次第に「本当はここがうまくいっていない」とか「実はこうしてほしいんだ」という話が出てくる。そうした「異見」はとことん話し合い、良いと思ったらどんどん採用した。そして、仮にうまくいかなかったときは私が責任をとると約束した。

聞いて実践する。これを365日、毎日やる。本音を語ってもらうには圧倒的な回数が必要だ。失敗してしまったこともある。だが続けていると、この人は自分の話を聞いてくれる、同じ目線で同じ景色を見てくれている、聞くだけでなく実践してくれる、という信頼が生まれる。やがて従業員たちの情熱のマグマが解き放たれ、その人自身のパーパスと組織のパーパスが花開く感動的なシーンを何度も見てきた。

「聞いて実践する」は、並大抵のことではない。だがユベールはそれを徹底した。CEO在任7年で利益3倍という数字だけ見ても、聞いて実践するリーダーシップのインパクトは計り知れない。自身のリーダーシップスタイルを思い浮かべながら、ユベールの行動、振る舞いに注目して読み進めてほしい。きっと、今日から変えられることがあるはずだ。

人はリソース（資源）ではなく、ソース（源泉）だ

ベスト・バイのパーパスは「テクノロジーを通して顧客の暮らしを豊かにする」。一方で私は在任当時、ソニーの目指す姿として「感動」「KANDO」という言葉を使い、現在のソニーは「クリエイティビティとテクノロジーの力で、世界を感動で満たす。」というパーパスを掲げている。

パーパスとは何か、なぜパーパスが重要か。これらについては本書に譲る。ここで強調しておきたいのは、どんなパーパスであっても、その原動力は常に「人」だということだ。ソニーが大切にしつづけている「KANDO」はいつも、人から生まれていた。会社がいくら崇高なパーパスを掲げても、従業員一人ひとりが持つパーパスと結びつかなければ、ヒューマン・マジックも情熱のマグマも呼び起こされない。

「企業再生本ではない」とユベール自身が言っているとおり、この本は再現性のある企業再生の理論や事業戦略を説いているわけではない。一貫しているのは「なぜ働くのか?」「会社は何のために存在するのか?」、そして「人々の可能性をいかに引き出すか?」という問いだ。ユベール自身の考えや、各章末の質問などを通して読者自身が、働くことや会社の存在意義、そして仲間との関わり方について内省することを促している。

ベスト・バイは「私たちが大切にするのは株価ではなく、従業員や取引先や株主をはじめとする全ステークホルダーです」と宣言し、実行した。その結果として彼ら彼女らが成し遂げた実績や事例には目を見張る。だが重要なのは、なぜそうまでして「人を大切にすること」をユベールとベスト・バイが選んだか、ではないだろうか?

人はリソース（資源）ではなくソース（源泉）だとユベールは言っている。人こそが会社にとってのソースであり、人が文化をつくり、事業をつくり、パーパスを実現する原動力となる。そして、その一人ひとりの人間にも固有の願いや夢がある。それらを実現するために私たちは働くのだと。ユベールの言葉から私は、「あなたを突き動かすものは何ですか？」「あなたは自分の人生を何のために使いますか？」と問われている気がした。

ユベールは2020年にベスト・バイの会長を退き、現在はハーバード・ビジネススクールで後進の育成に励んでいるという。私もソニーでの仕事を全うし、次の夢に向かっている。一人でも多くの子どもたちに感動体験を届けたいと「プロジェクト希望」を立ち上げた。子どもの貧困と教育格差は決して放置できない。先送りせず、今どうにかしなくてはならない、という強い思いがある。フィールドは変わるが、やはりユベールも私も、意識の先にあるのは「人」だ。

「人を大切にする」という当たり前すぎて見過ごされてきたかもしれないことに真摯に取り組んできたユベールの経営哲学は、新しい時代のリーダーシップの羅針盤となる。本書を読む中で、人を大切にすることの本気の実践と、それによって生まれるとてつもないインパクトを目のあたりにするだろう。

・

最後にみなさんにお伝えしたいことがある。本書のテーマの一つであるリーダーシップ（leadership）の語源「leith」の意味をご存じだろうか？　インド・ヨーロッパ語のleithには、「境界を越えて足を踏み出す」という意味があるそうだ。語源をたどると、リーダーシップとは、自分の慣れ親しんだ考え方や環境を飛び越え、新しい選択をすることなのである。

そういう意味でも、ユベールは真のリーダーだと思う。

ユベールは、かつては人を大切にするような人物ではなく、「従業員は仲間ではなく障害だと思っていた」「私はフィードバックを受け付けない人間だった。自分は完璧だと勘違いしていた」と告白している。そうしたエピソードの数々は、とても意外だった。フィードバックを否定するなんて、あの柔和で謙虚なユベールの現在の姿からは想像もつかない。成功を収め、優秀な人間であったにもかかわらず、ユベールは思い直し、変わることを選んだ。驚くべき自己変容だ。

読者のみなさんが本書をきっかけに、新しい選択・新しい行動を見つけ、未来を変えることを願っている。

序文

ビル・ジョージ

ハーバード・ビジネススクール シニアフェロー、
メドトロニック 元会長兼CEO、
『True North リーダーたちの羅針盤』著者

光栄にも、よき友人であるユベール・ジョリーの優れた著作『THE HEART OF BUSINESS（ハート・オブ・ビジネス）』への序文を書く機会を得た。この本は、従業員、顧客、取引先、地域コミュニティを中心としながら投資家への持続的なリターンも実現する、そんな新しい資本主義に命を吹き込む新たな時代のビジネスリーダーを導く光となるべきものだ。

本書は元CEOの著書にありがちなものではない。ユベールは、各地での生涯にわたるグローバルビジネスの経験と深い個人的な知恵を織り交ぜたうえで、すべてのビジネスリーダーが追求すべきリーダーのあり方をモデルとして提示している。

これほど重要な本を書けるようになるまでの道のりは簡単なものではなかった。ユベールは常に学習する人であり、まったく経験のなかった業界の困難な再建にも果敢に挑んだ。フランスで受けた厳格な教育とマッキンゼーのコンサルタントとして経験した一流のトレーニングを活かし、CEOとして5つの会社をリードし、最後にはベスト・バイの変革を実現させた。そんな歳月のなかで、ユベールは自分自身の変容も成し遂げた。その場で最も賢い人間かのように振る舞おうとするのではなく、情熱と思いやりを持って人を導くリーダーとなったのだ。

ユベールとは、彼がカールソン・カンパニーズのCEOとしてミネアポリスに移ってきた直後に知り合い、近所づき合いするようになった。リーダーシップや、資本主義の目的、そして優れた企業をつくり持続させるためには何が必要かといった点に関し、彼と私の見解には重なる部分が多いことを知った。ユベールはフランスの、私はアメリカの企業の世界で似たような道をたどり、リーダーとはすべての答えを持ち合わせた人間のことではないのだと身をもって学んだ。

ベスト・バイのCEOになった2012年までに、ユベールはEDSフランス、ビベンディ社のゲーム部門、カールソン・ワゴンリー・トラベル、そしてカールソン・カンパニーズの再建をリードしてきた。EDSやビベンディで成果をあげたにもかかわらず、40代の前半にして彼は成功の追求というのは幻想ではないかと感じ始めていた。そこで彼は「立ち止まって自分の魂を見つめる時間を取り、人生のより良い方向を見つける」ことにしたのだった。彼はカトリックの修道士やフランスの数々のCEOから学ぶうちに、仕事とは天からの大いなる呼びかけに従って他者に奉仕し、愛を表現するものだと気がついた。詩人のカリール・ジブランによる「労働、それは目に見えるようになった愛」という言葉を引用したユベールは、仕事とは人を中心に据えながらパーパスを追求することによって導かれるものであるべきだと信じている。その信念が、彼の人生とキャリアを形作ってきた。

本書でユベールは、自身の個人的な心の旅をあらゆる側面から共有してくれている。彼はその旅で、共通したミッションに巻き込んでいくことこそ、より効果的なリーダーシップのあり方だと学んだ。あまり自分のことを語るタイプではなかった彼だが、自分の弱さを見せることで周りとより深くつながることができ、周りにも彼に対してオープンになるよう促せるのだと知った。「弱さを見せること抜きに人と人との真のつながりはありえず、弱さとは不完全であること抜きにはありえない」と彼は記している。

キャリアの中盤に差しかかり、若くして山頂へとたどり着いたような感覚を抱き、「これがすべてだろうか？」と自問したのはユベールだけではない。私も40代のころ、ハネウェル社で過ごした後半の時期は同じように感じていた。3社連続で再建に没頭していた私は、このグローバル企業のCEOになろうと必死だった。しかし1988年のある日、家へと帰る車中でバックミラーに目をやると、そこには痛ましい男の姿があった。そのときようやく私は自分が天職をまっとうするのではなく、情熱を抱いていない仕事の役職を勝ち取ろうと躍起になって道を見失っていることを認めた。自分の心から企業をリードできておらず、情熱や思いやりを押し殺してしまっていた。それがきっかけで目が覚めた私は、妻の後押しと仲間たちの励ましもあり、メドトロニック社からのオファーを受け入れ、その会社で最高の13年を過ごした。

1995年、妻のペニーと私は、禅僧ティク・ナット・ハンと会い、「人生で最も長い旅は頭と心のあいだの18インチ（45センチ）だ」という教えを受けた。その旅で得られる知見を、すぐ行動に反映できるとは限らない。メドトロニックのCEOを務めているときでさえ、それを痛感していた。自分の心へと向かう旅に懸命に取り組んではいたものの、まだまだ先は長いと分かっていた。この教えと同じように、ユベールも立派な成果を上げてきた人間にとって新鮮な視点を提供してくれる。それは、オープンな心と初心者の気持ちを持って内なる旅にのぞみ、自分らしい《オーセンティックな》自分を見つけることだ。

内面の旅は、ユベールのリーダーシップをより心に焦点を当てたものに変えただけでなく、リーダーシップに対する彼の哲学も変えた。自身の経験から、彼は企業も同様の旅をするべきだと考えるようになった。金銭的な目標を追い求めるのではなく、人こそがビジネスの核心《ハート・オブ・ビジネス》なのだと知る旅だ。ユベールは「企業とは魂のない『モノ』ではなく、会社のパーパスに賛同して協働する『人』を中心に据えた人間らしい組織だ」と指摘している。そういう組織となり、すべての従業員が自分の可能性を開花させ最大限に発揮できる環境を作り出せば「ヒューマン・マジック」（人間に備わる魔法のような力）が解き放たれる。すべてのビジネスの中心となるのはパーパスであり、それを持つことで組織は公益に貢献し、すべてのステークホルダーに奉仕できるようになるという。

２０１２年当時のベスト・バイは大きな苦境に陥っており、多くのアナリストが同社は廃業するかプライベート・エクイティ投資会社によって解体されるだろうと予測していた。同年、その会社のＣＥＯにユベールが選ばれたあと、彼が取り組む難題について私たちは何時間も話し合った。たいていのＣＥＯは、このような企業再建をリードするにあたり次のような定石に従うことだろう。

①30～40パーセントの店舗を閉め、不動産を売却する。
②3万～4万の従業員を解雇する。
③商品カテゴリーを絞る。
④仕入れ先を締めつけ、値下げを目指す。
⑤そして多額のインセンティブをつける。

ユベールは別の方法を選択した。パーパスと人こそが企業再建という困難な任務に必要なエネルギーを引き出す鍵だと認識していたのだ。小売業界についてほとんど知識がないことを自覚していた彼は、学習する人間となり、ミネソタ州セントクラウドの店舗へと向かい、カーキ色のズボンをはき、「CEOトレーニング中」のバッジをつけて、ベスト・バイの象徴であるブルーシャツを身にまとった。そしてベスト・バイに来てからの最初の4日間をそこで過ごし、顧客や現場の従業員の視点から会社の問題点の理解に努めた。

ユベールはベスト・バイの従業員たちの士気を高め、再建戦略「リニュー・ブルー」に積極的に取り組めるよう後押しした。そこでの優先事項は収益の増加と利益の改善であったが、人員削減と店舗閉鎖はどうしようもない場合の最終手段にとどめた。彼が実践したのは、ポジティブな環境を作り、会社の課題に対する透明性を高めることだった。

再建には長い時間がかかることもあり、その期間は不確実性に満ちている。そのため、ユベールは小さな勝利を見つけては大々的に称えるようにしていた。たとえば2012年の終わりには、従業員たちに売り上げの減少が止まり横ばいになったことを知らせた。取引先に対しては締めつけるのではなく手を取り合った。最大の競合相手であるアマゾンとさえ手を組んだ。店舗のフロアにサムスン、マイクロソフト、アップルなど各社の「ミニストア」を導入し、家電製品やヘルスケアのサービスも追加した。こうしたステップが12万5000人の従業員に希望や困難な仕事に対するやりがいをもたらし、彼が追い求める「ヒューマン・

マジック」が生み出された。

その結果、売り上げが伸び、利益が改善され、低迷していた会社の株価も上昇し、株主たちにも報いることとなった。2016年に再建が完了すると、今度は「テクノロジーを通して顧客の暮らしを豊かにする」という会社のミッションの練り上げを主導し、成長戦略「ビルディング・ザ・ニュー・ブルー」に移っていった。

ユベールの見事なベスト・バイ再建からは多くを学べるが、本書はそれ以外にも多くのものを提供してくれている。なかでも重要なのは、これからの時代、従業員の士気を高め、共通のパーパスを持って協働することで組織が成功するためには何が必要かをめぐるメッセージだ。従業員に自分の仕事はノーブル・パーパス（大いなる存在意義）を果たすものだと実感させることで、従業員を中心としながら顧客や公益に奉仕できる企業へと移行していくべきだとユベールは呼びかけている。

「ビジネスの社会的責任は利益を増やすことだ」というミルトン・フリードマンの教えよりも、会社がパーパスの実現を目指すことのほうが優れていると、彼は本書で説得力をもって示している。持続的な利益とは、組織がミッションに突き動かされ、すべてのステークホルダーを大切にした結果として生まれるものである。彼はそう信じていて、私もそれに同意する。

すべてのステークホルダーにとっての価値を創造することで社会に貢献するという考えが

理に適ったものだと示すには、どんな企業もパーパス、あるいは存在理由《レゾンデートル》に焦点を当てることが必要になっていくだろう。ユベールのアプローチを踏襲する企業は、従業員にはやりがいがあり給料も良い仕事を、顧客には暮らしを豊かにする製品やサービスを、投資家には持続的なリターンを提供していけるはずだ。そうすることで企業は、社会を変えるために必要な善良な力となっていく。

ユベール・ジョリーはそんなビジョンを実現させるための方法を、自身の哲学のすべてを詰め込んだこのとてつもない本で示している。ビジネスリーダーたちが本書のメッセージに耳を傾け、彼のアプローチを追求すれば、世界は今よりずっと良いものになるだろう。

THE
HEART
OF
BUSINESS

目次

ハート・オブ・ビジネス

日本語版序文　平井一夫　1
序文　ビル・ジョージ　9
イントロダクション　21

第1部　仕事の意味　31
第1章　アダムの呪い　32
第2章　なぜ働くのか　46
第3章　完璧を求める狂気　65

第2部　パーパスフルな人間らしい組織　83
第4章　株主価値という絶対権力　84
第5章　〝大聖堂〟を築く　99
第6章　ノーブル・パーパス（大いなる存在意義）を実践に活かす　122
第7章　誰にも憎まれずにビジネスを再建する方法　149

第3部 ヒューマン・マジックを解き放つ 183
第8章 「アメとムチ」を脱却する 184
第9章 第1の材料――個人の夢と会社のパーパスを結びつける 199
第10章 第2の材料――人と人とのつながりを育む 219
第11章 第3の材料――自律性を育む 248
第12章 第4の材料――マスタリーを追求する 268
第13章 第5の材料――追い風に乗る 290
第4部 パーパスフル・リーダーになる 307
第14章 リーダーに大切なこと 308
第15章 パーパスフル・リーダーの5つの「あり方」 322
最後に 行動への呼びかけ 337
謝辞 346
解説 矢野陽一朗 352
原注 383
詳細目次 389

凡例
- 本文中の［ ］内には訳注を付した
- 本文中の行間の＊は、出典や補足など、訳者が付したもの
- 本文中の行間に付したアラビア数字は、巻末の原注に対応している

オルタンスへ捧ぐ

イントロダクション

「ジム、頭がおかしいよ！」

私は友人のジム・シトリンにそう言った。世界各国で経営層の人材紹介をおこなうスペンサースチュアート社の北米CEO部門を任されている人物だ。ジムとはマッキンゼーでともに働いていた1980年代からの仲だった。

冒頭の言葉を発したのは、2012年5月にジムが端的にこう尋ねてきたからだった。

「ベスト・バイの次のCEOに関心はあるか？」

ベスト・バイのことは昔から知っていた。ジムからの電話を受けたとき、同社が拠点を置くミネソタに住んでいたからだけではない。十数年前、ロサンゼルスのはずれにあるビベンディ・

ユニバーサル社のゲーム部門のリーダーだった私は、厳しい冬のミネソタ州ミネアポリスに初めて足を踏み入れた。「ディアブロⅡ」や「ハーフライフ」をはじめとした最新ゲームを、ベスト・バイの本社へ売り込みに行ったのだ。その後、その地の厳しい寒さにもめげず、私は2008年にミネアポリスに移り、ホテルや旅行業を手がけるカールソン・カンパニーズのCEOとなった。

1年後、ベスト・バイに35年勤めCEOを退いたばかりだったブラッド・アンダーソンに依頼し、カールソンの取締役に就任してもらった。彼と創業者のディック・シュルツが築き上げたベスト・バイという偉大な会社に、私は大きな敬意を抱いていたのだった。ベスト・バイは、ミネソタ州セントポールで開いた、たった1店舗のオーディオ機器販売店から始まった。その会社がいまや、世界最大の家電量販チェーンとなっている。

しかしジムの提案は、どう考えたって本当に頭がおかしいとしか思えなかった。私は小売業に関して一切の知識がなかったうえ、2012年当時、ベスト・バイの事業展望は明るいものではなかった。オンライン小売業者、特にアマゾンが電化製品の小売業界を急速に破壊しつつあり、かつては大きな地位を占めていた小売業者たちを苦境に立たせていた。大手家電量販チェーンのサーキット・シティはすでに破産し、ラジオシャックも同じ道をたどろうとしていた。加えて、ベスト・バイの最も重要な取引先のいくつか――アップル、マイクロソフト、ソニーなど――が、自分たちの直営店をオープンさせていた。そしてまた、ベスト・バイは世界的な事業拡大を目論んでいたものの、国内市場における業績は数年前から悪化する一方だった。

さらにそれだけではなく、CEOが解雇されたばかりであり、創業者のディック・シュルツは株式の非公開化へと動きだそうとしていた。そのうえアナリストや投資家たちは、ベスト・バイが破滅の途上にあると予想していた。

「ほんとに散々な状況じゃないか！」と私はジムに伝えた。

だが、彼はその言葉に取り合いもしなかった。

「君にピッタリの会社なんだ。会社は再建が必要な状況で、君は再建に強い。きっとうまくいくよ！　少なくとも一度考えてみてくれ」

3つの理由から、私はジムのアドバイスに従って検討してみることにした。1つめは、カールソンのCEOとして8年が過ぎ、この会社を離れる選択肢があったこと。カールソン家と私は、会社をどの方向へ進めていくべきか意見が割れていた。2つめは、ジムを信頼していたこと。3つめは、実際に私はそれまでにいくつかの企業再建を手がけた経験があり、ベスト・バイの境遇に似た崩れかけの業界やセクターでの経験が役立つだろうと分かっていたこと。

このような依頼を受けたらデューデリジェンス（対象企業の精査）をおこなうことが一般的で、私も実行した。ベスト・バイに関して読めるものはすべて読んだ。投資家へのプレゼンテーションも聞いた。かつてそこで働いたことのある人たちにも話を聞いた。いくつかの店舗を見て回った。そして知れば知るほど、やる気が湧いてきた。

アマゾンの存在は問題ではなかった。市場やデジタルテクノロジーによる破壊的イノベーションも関係ない。

むしろ、ベスト・バイにとって面白い時期だと言えた。消費者向けのテクノロジーにイノベーションが起きたことで、大きな需要が掘り起こされていたのだ。私には、世界がベスト・バイを必要としているように思えた。消費者たちは製品の選択に手助けを求めており、また取引先は、研究開発に何十億ドルも注いだ製品を人目に触れさせるために、ベスト・バイの広範な店舗網を必要としていた。

小売事業についてはまだ詳しくなかった私からしても、ベスト・バイが大きな困難に直面している原因は、主に自分たちが招いたものであることは明白だった。それゆえ、状況は完全に自分たちでコントロールできるものだった。ベスト・バイの未来は消滅が避けられないわけではない。立ち直る可能性だってある！

次期CEOを選ぶベスト・バイの取締役会のメンバーたちと初めて会うころには、ジムの頭がおかしいなどとは思わなくなっていた。それどころか、この仕事に就きたいと願うようになっていた。

「これまでの職業人生は、この仕事のための準備だったのではないかと感じています」

2012年7月14日（革命記念日――いつだってフランス人にとって重要な日）におこなわれた最初の面談で、私は採用を担当するキャシー・ヒギンズ・ビクターら取締役会の面々にそう語った。その翌月、私の誕生日にキャシーから電話があり、ベスト・バイの次期CEOに決まったと伝えられた。

それからの8年は、刺激的で充実した冒険だった。アマゾンに潰されると言われていた会社は、再びかつてのように勢いある小売業者として成長していき、そのアマゾンとも提携しただけでなく、献身的で意欲に満ちた従業員であふれかえった。CEOのバトンをコリー・バリーと彼女が率いる経営陣に託して会長となった2019年6月の時点で、ベスト・バイは6年連続の成長を記録し、利益は3倍になり、2012年には1桁台にまで落ちようとしていた株価は75ドルに上昇していた。メディアでは、いかに私たちが「予想を裏切り」、「常識を覆し」、「会社を救った」かが報じられた。私は、やると決めていたことを達成できたという思いを抱いていた。そうして2020年の6月に、会長からも退いた。

ベスト・バイでは、それまでに学んできたことを実践できたと同時に、この会社の人々からとても多くのことを学びもした。仕事について、会社というものの本質や役割について、何が従業員たちの心に火をつけ、並外れたパフォーマンスを生み出すのかについて。そして、リーダーシップについて。

ビジネススクール時代、そしてコンサルタントや若かりし幹部だった時代に教えられてきたことの実に多くが、間違っているか、時代遅れになっているか、不完全であることも知った。会社のパーパス（存在意義）は「お金を稼ぐこと」ではないことも。それはミルトン・フリードマンが私たちに説いてきたこととは正反対の考えだ。少数の頭のいい幹部が戦略と実行計画を立て、それを他の従業員たちに指示し、インセンティブを使って意欲をかきたてる――そんな古いトップダウン型の経営手法は、ほとんど機能しないことも学んだ。そして、賢くて力強いスーパーヒーローとしてのリーダー像は時代遅れであることも。

ベスト・バイでの信じられないような数年間をはじめとしたあらゆる経験から、私が信じ、実感するに至ったことがある。それは、「パーパス」と「人との深いつながり」こそがビジネスの核心《ハート・オブ・ビジネス》だということだ。そしてこれらは、今まさに進行している不可欠かつ急を要するビジネスのあり方の再構築においても核心に置かれるべきだと信じている。

私たちがこの数十年ほど慣れ親しんできた形態の資本主義は危機に瀕《ひん》している。ますます多くの人が、この資本主義に社会の断絶や環境悪化の責任があると考えるようになってきている。従業員、顧客、そして株主までもが、闇雲な利益追求以上のものを企業に求めるようになってきている。従業員のエンゲージメント（仕事への意欲・積極性）の低下も世界にまん延している。最近では、新たな公民権運動や新型コロナウイルス感染症のパンデミックが起こり、社会が直面している大きな課題の解決に向けて今のシステムを見直す必要性も一段と高まってきている。

こうした点に対して、ビジネスは善良な力となりうる。ビジネスは、世界に差し迫る大きな問題に対処できる独自の立場にあるのだ。そんな思いを抱くビジネスリーダーは増えてきているが、そうした人々や私は経験上、それを実行していくのが簡単ではないことを知っている。

だからこそ、私は人生の次の章を始めるにあたり、これまで学んできたことを自分以外にも伝えたいと思ったのだ。CEO時代は、意識して控えめに行動し、テレビ出演や雑誌の表紙の依頼もほとんど丁重に断ってきた。私にとって経営とは、CEOの名声や栄光のためのものではない。取り組む仕事や従業員たちのためのものだ。彼らをリードし、意欲を引き出すことこそが経営である。しかし会社から離れた今、自分のエネルギーと経験を生かしながら、このビジョンをより多くの場所で実現させる手伝いをしたいと思うようになった。私が目指しているのは、ビジネスにおけるパーパスと人間性の再構築という、この時代に不可欠な作業に貢献することだ。

本書は、30年にわたる内省、学習、そして実践の集大成だ。私は自分の旅において、偉大な思想家や研究者や実践者たちの仕事から、アイデア、知識、インスピレーションを得てきた。そのため本書は、研究や精神的な探求、そして他者の知恵に基づいた知見だと言える。しかし同時に、私はそれらの知見に企業変革という実体験を通して形を与え、試してもきた。偉大なリーダー、仕事仲間、メンター、コーチ、家族、友人はもちろん、フランスのコミックや数多くの人気映画など、思いがけない情報源にも出会っては学んできた。

この本からは、私というリーダーが無数の場所からいくつものアイデアを集めて成り立った存在であることが分かる。そして、だからこそ本書は真に機能する。リーダーとは生まれつき力の備わったスーパーヒーローであるという考えは迷信だ。実際には、エグゼクティブコーチから欠点を指摘されたり、同僚からどうやっても忘れられないほど端的にはっきりと本音を言われたり、現場の従業員から他者の人生について学ぶことがどれほど必要かを思い知らされたりする。本書のあちこちで、そうしたエピソードを目にするだろう。なぜならそれらのエピソードの一つひとつが、今の私というリーダーを形作ったものであり、私が伝えるべきことの大部分を占めているからだ。

この本は私の経験に基づいているが、回想録ではない。ベスト・バイやその他の企業でおこなった再建や変革を逐一説明するものでもない（もちろん、それにまつわるエピソードが至るところにちりばめられてはいる）。本書では、これからの時代の資本主義にとって鍵となるリーダーシップの原則と、それらを最良の時も最悪の時も実践する方法を明らかにした。その原則はリストとして用意されていたようなものではなく、私自身の旅、読書、そしてベスト・バイをはじめとしたさまざまな場所での経験から導き出されたものだ。

こうしたリーダーシップの原則と事例を4部構成で紹介していく。

ビジネスに対するアプローチを変えることは、「仕事」というものに対する考え方を変えることから始まる。第1部では、従来よりもはるかに意欲をかき立てられるポジティブな仕事の捉え方を提示する。仕事は苦しみをもたらすものでもなければ、別の何かをするための手段でもない。仕事とは、人として生きる意味や充実感の探求の一部なのだ。

第2部では、「企業のパーパスは株主価値の最大化だ」という従来の考え方が間違ったものであり、危険なもので、現在の環境にそぐわないものである理由を検証する。企業のパーパスは、公益に貢献し、調和した形ですべてのステークホルダー（利害関係者）に奉仕するものであるべきだ。そのためには、意欲をかき立てられる共通のパーパス――リサ・アール・マクラウドの言う「ノーブル・パーパス[1]（大いなる存在意義）」――のもとで個々人が協働する人間らしい組織として企業を捉える必要がある。ノーブル・パーパスは企業の存在理由《レゾンデートル》に等しいものであり、私の提言する新しいアプローチにおいては「人」がすべての行動の中心に置かれる。

仕事の目的、そして企業の役割や性質を再定義したあと、第3部では、このアプローチの原動力となる人間的な側面と、私の言葉でいう「ヒューマン・マジック」を解き放つ方法を紹介する。ヒューマン・マジックを解き放つには、一人ひとりが生き生きと働ける環境を作ることが必要だ。それができれば、私がよく「信じられないほどのパフォーマンス」と表現する並外れた成果につながっていく。

最後に第4部では、これらすべてを実践するために必要な資質について詳しく解説する。

各資質は、パーパスフルなリーダーの5つの「あり方」として紹介する。現代のリーダーは、パーパスを理解し、誰に仕えているかを明確にし、自分の真の役割を自覚し、価値観をもとにして動き、偽りのない自分でなければならない。

あなたが、ビジネスの主な目標は利益を出すことだと考え、それを過剰に追求するうちに仕事に魅力を感じなくなったり意欲を削がれたりしているならば、本書はあなたのものだ。真の意味で公益に貢献するビジネスを目指して新しいアプローチを探しているならば、本書はあなたのものだ。どのようなレベルであれ、すべてのステークホルダーに貢献する並外れたパフォーマンスを生み出すためにパーパスと人間性を大切にするリーダーを目指しているならば、本書はあなたのものだ。それから、人との深いつながりやパーパスが、いかに合理的な予想を超えた長期的な成功をもたらすかをもっと理解したいならば、本書はあなたのものだ。

企業のあらゆるレベルのリーダーたち、そしてビジネスの世界でやりがいを持ち、世の中にインパクトを生み出し、喜びに満ちた人生を送ろうとしているすべての人たちにとって、本書がより効果的なリーダーを目指す助けになることを願う。ビジネスと世界をよりよい場所にする一助となることが私の願いだ。

第 1 部

仕事の意味

私たちはなぜ働くのだろう?
権力のため?
名声のため?
名誉のため?
お金のため?

それとも、人の役に立つため?
世界に変化をもたらすため?
あるいは、ほかの何かをするための
手段として必要だから?

この問いに対する答えには、
あなたの仕事に対する姿勢や
打ち込む意志が表れる。
仕事というものは、
人間として生きる意味や
充実感の探求だと捉えることもできる。

私たち一人ひとりが
仕事の本質に対する見方を変え、
苦役《くえき》ではなく好機だと考えるようになれば、
ビジネスの変革を始められる。

第1章

アダムの呪い

仕事は避けるべき必要悪である。
――マーク・トウェイン

ジム・シトリンに頭がおかしいと言った直後の2012年6月。まだベスト・バイの次期CEOに任命されると決まっていなかったころ、私はミネアポリス郊外のイダイナにあるベスト・バイの店舗に行った。身分を隠して買い物に行き、自分なりに事前調査をすることにしたのだ。不調をきたしている小売企業の体温を測るには、店舗を訪ねて何か購入してみるに限る。

店に入った途端、気が滅入《めい》るような、暗くひっそりとした洞窟にいる気分になった。買い物客はほとんどいない。埃《ほこり》っぽい通路をうろついてみたが、誰も寄ってこない。それからようやく、ベスト・バイの特徴的な青いポロシャツを着た3〜4人の販売員を見かけた。その販売員たちはおしゃべりに忙しく、私が何を探しているか、私にどんなサポートができるかには無関心だった。

私は携帯電話の保護フィルムを買おうと決めていた。貼るのが難しく、どうせ失敗するだろうといつも思ってしまうのだ。そこで、保護フィルムを棚からひとつ取ってブルー・シャツと呼ばれる販売員たちのほうへ向かい、彼らの会話を遮ってフィルムを貼ってくれないかと尋ねた。

「いいですよ」と、彼らは覇気のない声で言った。

「貼ります。18ドルで」

私は愕然《がくぜん》とした。18ドル？　本気で言ってるのか？　手間と金をかけずにネットで買ったほうがましだった。

この販売員たちのスタンスは、会社の方針によるものだと思った。どの客からも金を引き出し、あらゆる方面から金を搾り取るよう言われてきたのだろうと容易に想像がついた。

この覆面調査の経験は殴られるような衝撃だった。販売員たちのやる気のなさは際立っていた。働いているフリをしているだけで、必要最低限のことしかせず、こちらが尋ねないと聞きたいことも教えてくれない。私とじっくり会話をして、他に必要なものはないかと探る気もないことは明白だった。保護フィルムを買い、それを貼ってもらうだけのシンプルなやりとりが、歯を抜くくらい大変なことに感じられた。たしかに、販売員たちは手を貸してくれた。しかし、その仕事は彼らに何の喜びももたらしていないようだった。それに彼らの態度や仕事の仕方は、私に、つまり彼らの顧客に感銘を与えるものだとは、とうてい言えなかった。

数日後、私はミネソタ州リッチフィールドにある別の店舗を訪れた。ベスト・バイ本社のすぐ隣だ。今度は携帯電話を買う予定だった。入るとすぐに、希望が湧いた。店内は明るく、埃っぽくもなかった。さらに素晴らしいことに、LG社の折りたたみ携帯電話が0ドルという気前のいい価格で売られているのを見つけた（小売業者が新規顧客を獲得すると、携帯電話会社から販売奨励金を受け取れる時代だったため、小売業者は機種代を無料にして購入を促していたのだ）。携帯電話売り場のスタッフは友好的だった。販売員にお願いして、国際電話などの各種サービスを使える状態にしてもらい、満足して店を出た。イダイナの店舗での体験は、きっと不運な例外だったのだろう。

その午後、買ったばかりの携帯電話でフランスにいる娘に電話してみることにした。かからない。国際電話につながらなかったのだ。おかげで、カスタマーサービスというカフカ的な迷宮の世界に足を踏み入れることとなった。まずは店舗に電話をかけて携帯電話売り場につないでもらおうとした。誰も出ない。それからコールセンターに電話をかけて担当者と話したものの、助けにはならなかった。結局、もう一度店舗に出向いて対応してもらう羽目になってしまった。私の経験上、これは心から顧客のサポートを考えるよりも商品を売ることに注力してしまった企業の典型例だった。

この会社は、顧客と積極的に関わって相手のニーズに応えていくための能力や意欲を現場の従業員たちに与えておらず、みずからを窮地に追い込んでいた。

職場でのエンゲージメントの低下は世界に広がっている

残念ながら、2012年に覆面調査で出会ったベスト・バイの販売員たちは、例外でも何でもない。世界のたくさんの人々が、自分の仕事や勤めている会社に対して、よく言っても無関心な状態にある。仕事からエネルギーが得られず、その結果、そこに最大限の努力や労力、関心や創造性を注ごうとしない。

ADPリサーチ・インスティテュートは、世界にまん延するこの現象を具体的な数値で表すべく、19ヶ国1万9000人以上の労働者に調査をおこなった。それによると、仕事に

「積極的に関与している」のは、わずか16パーセントであることが判明した。つまり、10人に8人以上がただ職場に顔を出しているだけということになる。驚くべき数だ。このエンゲージメントの低さは国によって度合いが違うとはいえ、明らかに世界的な現象となっている。[1]

私たちは人生の大部分を仕事に費やすのだから、個人の潜在力が発揮されていない状況は悲劇的だ。あまりにたくさんの才能ややる気が生かされないでいる。何百万人という人たちが、職場で高い士気を持ち、生き生きと活動し、最高の自分になる機会を与えられずにいるのだ。

そしてまた、この現象によって経済的な潜在力が発揮されていないことも悲劇だ。従業員の高いエンゲージメントは生産性にポジティブな影響を与え、離職率を下げ、顧客満足度と収益性を向上させ、職場での怪我を減らしさえすることがさまざまな研究によって裏付けられている。この世界的なエンゲージメントの低下による生産性の損失額は7兆ドルにも達するという。[2] イダイナの店舗で会った従業員たちのように、多くの人は出勤後、自分のエネルギー、創造性、思考力、感情をほとんど使わずにやり過ごしている。

実は、私もこの感覚を知っている。10代のころ、夏休みにアルバイトをしたときのことだ。フランスの地元にあるBMWディーラーの車体修理工場で整備士アシスタントをしていた。私の修理技術はたかが知れたもので、この仕事に対する関心も本物の技術も持ち合わせていなかった。いくらか稼げればいいだけだったのだ。長く退屈な日々だった。修理工場では何ひとつ貢献できなかった。正直に言えば、おそらく貢献しようという気さえなかった。一日のハイライトはゴミ出しだった。作業場から離れることができたからだ。戻る際にも必要以上の時間をかけた。怠け者で、仕事から逃げていた。

2週間後、私は解雇された。職業人生としては幸先の悪いスタートだった。

次の夏も大差はなかった。そのときの私は、新しい自転車を必要としていた。そして新しい自転車を買うために稼ぐ必要があった。ここでも、仕事は目的のための手段だった。必要悪だ。今度は家からそう離れていない食料品店で働くことにした。一日中、最低賃金で野菜の缶詰に値札を貼り付ける仕事だ。一つひとつ、箱から缶詰を取り出してはタグガンで値札を貼り付け、前の缶の隣に陳列していく。何度も。何度も何度も。繰り返し。インゲン。トウモロコシ。トマト。いつもどんな瞬間でも、時が止まっているかのようだった。

セルフサービスの通路をうろつく買い物客と関わることもなかった。唯一交流がある人間といえば似たような単純作業に勤しむ仲間たちだったが、彼らも私と同じようにひどく惨めに見え、自分の内にこもっていた。コーチングのようなものも一切なかった。そもそも、マネジャーと話すことはおろか、姿すらほとんど見たことがなかった。そこには魂がなかった。私の唯一の目標は、数百フランを稼ぎ、新しい自転車を買って、さっさと仕事を辞めることだった。

すると、私に幸運が訪れた。フォークリフトに轢《ひ》かれたのである。段ボールをたたんでまとめようと店の裏手へ運んでいたとき、頭上を戦闘機が通り過ぎた。フォークリフトの運転手は気を取られ、私に向かってまっすぐバックしてきたのだ。尾てい骨を打撲したことで夏の終わりまで有給の傷病休暇を得ることができ、結局何もせず家にいるだけで自転車を買うことができた。野菜の缶詰とはおさらばだ！　私はとても満足だった。

　今でも思い出すのは、病院のベッドで横になりながら、いつか自分も人をマネジメントする立場になると考えていたことだ。そしてそのときが来たら、今回のような仕事が人をどんな気分にするか忘れないでいようと誓った。虚《むな》しさと疎外感。会社や業績への無関心。やりがいのない、心が麻痺《まひ》するような作業。仕事から離れられるからといってゴミ捨てに余分な時間をかけたり、フォークリフトに轢かれて喜んだりするほどに低下した労働意欲。だから、自分がマネジメントをすることになったら、現場で働く人たちが同じような思いをしないよう全力を尽くそうと誓った。

　20パーセント未満ではなく、80パーセント以上の人たちが仕事に最大限の力を投じたらどうなるだろう。従業員のエンゲージメントの高さが上位の事業体は、下位に甘んじる事業体に比べて生産性が17パーセント、収益性が21パーセント高い[3]。複数の研究によって、従業員のエンゲージメントや幸福度の高さは収益や株価に直接影響することが裏付けられている[4,5]。

　仕事に積極的に関与していると答えた人は、周りより生産性が高く、顧客や同僚や取引業者に親切に接しているだけでなく、離職の可能性が12分の1まで低くなる[6]。この傾向は、業界や職種にかかわらず当てはまる[7]。仕事に情熱を注ぐ従業員は怪我をする確率も25〜50パーセント低くなっている。[8]

これほどの利点があるというのに、なぜエンゲージメントの低下が世界中に広がっているのだろう？　それを説明するために、まずは私たちが仕事というもの自体をどう捉えているかを見ていこう。

苦役としての仕事

伝統的に、仕事は退屈なものだとか、苦しみのもとだとか、果ては罰であるとさえ考えられてきた。良く言っても、目標達成のための手段だという考えがせいぜいで、つまりは別の何かのために取り組むもの、というわけだ。家賃や公共料金を払い、休暇に旅行をし、やがてリタイアするために仕事をするのである。

エレクトロニック・データ・システムズ（EDS）フランス支社の社長だったころ、私はこうした考え方がどんな影響を生み出しているのかを経験した。私たちの会社は1998年のサッカーW杯フランス大会で、チケットや身分証の発行からテレビ放送やセキュリティに至るまでの情報システムを担当していた。80人体制のプロジェクトだ。チームの誰もが意欲に燃え、何十億という人がW杯を現地やテレビで確実に楽しめるようにするのだという強い想いを持っていた。

大きなプロジェクトだったため、本番の1年前には、フランスで開催された別の小さな大会でシステムのテストも実施した。翌年に控える大きな祭典の予行演習だと捉え、システムエンジニアのチームは滞りなく事が運ぶよう、その週は51時間にわたって作業に取り組んだ。しかしこれは、フランスが定める週の法定労働時間を超えていた。1週間だけであっても、それがサッカーの大会のためであっても、法律違反だ。この法律は、今より肉体的な負担が大きい工業時代に労働超過を防ぐために作られたものだが、それが変わらず残っているのは、今でも仕事はつらく苦痛に満ちたもの、つまり苦役だと考えられているからだ。この会社の社長として、私には個人的な責任があったし、罰金も支払った。

仕事は苦しみをもたらすという考えは、はるか昔の古代ギリシャから産業革命に至るまで連綿《れんめん》と続き、現在も仕事に対する考え方や感じ方に影響している。この考え方は、ゼウスがシーシュポスを罰し、無意味な労働を無限に科したことが始まりかもしれない。シーシュポスは険しい山頂まで大きな岩を運ぶが、そのたびに岩は山頂から転がり落ちていく。古代ギリシャ人たちは、労働は自分を貶《おとし》めるものであり、思索や知識の獲得という理想の生活を阻むものだと考えていた。[9] ローマ人も同様である。[10] そのうえ、フランス語で「仕事」を意味する「travail」は、拷問具を意味するラテン語に由来する。

仕事に対するキリスト教の考え方も明るいものではない。「善悪の知識の樹」の実を食べてはいけないという神の命令に背いたため、エデンからの追放と過酷な労働が科されたことが「アダムの呪い」とされている。[11] イブはどうだったか？　彼女に科された罰は出産の苦しみだった――「labor」という単語には「労働」のほかに「陣痛」という意味もある。

産業革命は新しい働き方をもたらし、そして新たな形の苦しみももたらした。その時代の仕事は長く、タフで、苦痛を伴うものだった。炭鉱労働者が爆発の危険もあるなか、炭塵《たんじん》を吸いながら、骨を粉にして働く様子を想像してみるといい。あるいは織機で指を失ってしまう織物工場の労働者でもいい。労働者たちは週6日、1日14～16時間、ほんのわずかな賃金で、ほとんど休みなく働いていた。そして若くして命を落とした。経済学者のアダム・スミスは、労働を国家にとっての富の源泉だと考えていたものの、そうした労働が働く男性たちにもたらすものは「精神の麻痺[12]」であると、かなり悲惨な見解を示している（アダム・スミスは働く女性たちについてはあまり考えていなかったようだ）。要するに、仕事は集団にとってはいいものだが、個人にとっては酷なものだったのだ。

また、製鋼所で若き技師長として働くフレデリック・テイラーは、鋼板の作り方を観察し、装甲鋼板をより早く作る方法を考えだそうとした。そうして機械や工程の効率は上がったが、結果的に工場労働は思考を奪われたつまらないものとなってしまった。労働者たちはひたすら動き続ける機械に組み込まれた、顔のない部品へと成り下がってしまった。

これはチャールズ・チャップリンが1933年に『モダン・タイムス』で描いた工場労働の光景でもある。チャップリンが演じるキャラクターは、工場の組み立てラインでナットを締める作業を始めるが、そのスピードはどんどん上がっていく。やがて彼は頭がおかしくなってしまい、巨大な機械の歯車のなかへと飲み込まれてしまうのだった。テイラー自身も、機械的な反復作業をする労働者はモチベーションやエンゲージメントが低く、できるだけ労働を避けようとすることは認識していた。そしてもちろんカール・マルクスも、労働者が生産物やその生産方法を自分でコントロールできないとき、人間の本質を失った疎外状態になると考えていた。

こうして客観視すれば、仕事が良いものとして考えられてこなかった理由は簡単に理解できる[13]。一般的になってしまったこの仕事観からすれば、仕事とは勤務時間や一週間の労働が終わったあとの実生活を支えるために取り組むものである。そんなに楽しいものではないのだ！

変わりゆく世界——そして変わらぬ問題

現在、私たちの経済環境——ひいては仕事の性質——は、世界中で劇的な変化のただなかにある。それは第四次産業革命と呼べるものであり、スタンリー・マクリスタル将軍の言うVUCA*の世界とも言える。[14] テクノロジーの急激な変化と新たな社会規範の発展により、アジリティ（状況に素早く適応する力）、イノベーション、コラボレーション、スピードが、プロセスの標準化や長期計画よりも価値を持つようになってきた。

その結果、仕事の性質も変化している。健康を害するような身体的負担、チャールズ・チャップリンが描いたような心が麻痺する反復作業、人を轢いてしまうフォークリフト――これらはどれも、手順の決まった作業が自動化されることで減少してきている。私が昔やったスーパーでの夏のバイトもそうだ。その仕事も、中央のコンピュータで指をちょっと動かせば表示内容が更新される電子棚札に取って代わられつつある。製造業、農業、その他の伝統的に過酷だとされる業種においても、身体的な負荷は減りつつある。経済は、サービスや、より創造的な仕事へとますます傾いているのだ。現在のアメリカ経済では、全職種のうち3分の2で高等教育が求められており――わずか28パーセントだった1973年から上昇していて――リーダーシップ、コミュニケーション力、分析力が何より重視されている。[15]

仕事の性質は急速に変わりつつあるものの、仕事に対する考え方は頑なに変わらないままだ。苦しみとまでは言わないまでも、いまだに必要悪として考えられることが多い。ある程度は、仕事内容によって仕事への感じ方は変わる。私の場合も、野菜の缶に値段を貼っていたころよりも、キャリアの後半のほうがはるかに仕事への熱意を感じている。上級管理職を

* Volatility: 変動性
Uncertainty: 不確実性
Complexity: 複雑性
Ambiguity: 曖昧性

はじめとした知識ベースの職種は、たとえば組み立てラインの労働者より仕事に熱意を持っていることが報告されている。しかし、仕事の性質が仕事への熱意に影響する度合いは、思いのほか大きくない。経営層や部長レベルでも、自分の仕事に心からの意欲を持っているのは4分の1未満だと言われており、他の役職と大きくは違わない。さらに、世代による違いもほとんどない。ミレニアル世代は、ベビーブーマー世代に比べてエンゲージメントがとりわけ高いわけでも低いわけでもない。[16] これはつまり、あらゆるレベルで大いに改善の余地があるということだ。私はどんな職種であれ、自分の仕事に熱意を持てると信じている。

2019年、私は上級管理職の会合「G100ネットワーク」での講演を依頼された。そのイベントのなかで、ある参加者がかつてベスト・バイでの買い物は不快だったと教えてくれた。彼の経験は、2012年に私がおこなった「覆面調査」と重なるものだった。しかし彼は、最近ベスト・バイに行って驚いたという。従業員たちが彼への最善のサポートを考え、最高のサービスと体験を提供しようと心を尽くしていたというのだ。

「どうやってこんな変化をもたらしたんだ?」と彼は知りたがった。ベスト・バイは全販売員を入れ替えたの? 顧客サービスの精神を持った新しいタイプの人材を採用した? それとも、これまでよりも良いインセンティブの仕組みを作ったとか?

彼への答えはシンプルだった。

「いやいや、そうじゃないんです。店舗従業員の強制解雇もなかったし、奇跡的な変化を生むインセンティブの方程式を見つけたわけでもありません。自然な入れ替わりを除けば、みんな前と同じスタッフです」

彼や、その他すべての顧客の買い物体験を変えるために私たちがやったこと――それは、ただ仕事に来るだけのスタッフや、仕事をひたすら嫌うスタッフの奥に眠る、巨大な可能性を解き放つことだ。士気の低い大勢の人を、顧客への気配りに満ちたエンゲージメントの高い従業員に変えることだった。

どうやって？

この先にそれを記した。すべては、仕事への考え方、そして仕事をおこなう人間への考え方を変えるところから始まる。

あなたへの質問

1

仕事を退屈でつまらないものだと感じたことはないだろうか。

それはいつのことだっただろう。

それはなぜだろうか。

第2章

なぜ働くのか

労働、それは目に見えるようになった愛。
――カリール・ジブラン「労働について」*

* カリール・ジブラン『預言者』佐久間彪訳, 至光社, 1990年, 38頁

こんな状況を想像してみてほしい。ジョーダンは3歳で、クリスマスにもらったティラノサウルスのおもちゃを気に入っている。不運にもそのティラノサウルスの頭が壊れてしまい、彼はひどく落ち込んでいる。涙を流す彼を、母親は地元の大きな小売店に連れていく。ジョーダンは知らないが、そこはサンタクロースがティラノサウルスを調達した店だった。母親は2人の従業員に状況を説明した。

エンゲージメントの低い従業員だったら、母親におもちゃ売り場を教え、代わりの品を買い直させるだろう。ジョーダンは新しいティラノサウルスを手に入れるのがせいぜいで、愛着ある古いティラノサウルスは捨てることになる。従業員たちは、彼が店を去るのを見て安心し、勤務の終了時間を待ち遠しく思っている。

こうした対応はよくあることだが、別のアプローチは考えられないだろうか？　仕事を苦しみだと考えるのではなく、まったく別の捉え方をしてみたらどうなる？　どちらの観点から仕事を見るかによって、仕事へのエンゲージメントが大きく変わるとしたら？

誰もが、私と同じような仕事観を持つことは可能なはずだ。仕事とは「人間らしく生きるのに欠かせないもの」「自分の生きる意味を探すための鍵」「人生に充実感を見いだす手段」だ。詩人のカリール・ジブランは仕事を謳《うた》った詩のなかで、仕事とは愛を目に見える形にしたものだと雄弁に語った。[1] 私もそう信じている。

労働は呪《のろ》い、苦役《くえき》は不運、ひとはそう言う。

しかし私は言いましょう。労働するとき、あなたは大地の遥《はる》かな夢を担《にな》い、それを果たして行きます。大地の夢が生まれたとき、あなたの分はもう定《き》まっていたのです。

労働して自分の糧を得てこそ、生きていることを愛することになります。労働を通して生きることを愛する、それは生命のもっとも深い神秘に触れること。*

＊ ジブラン『預言者』35-36頁

この視点は、私の仕事に対する考え方を形作るものとなった。ベスト・バイのすべてのメンバーが仕事に対する考え方を見つめ直す後押しをすることも、CEOである私の仕事だった。

仕事は生きる意味の探求の一部

とはいえ私も、昔から仕事をこんなふうにポジティブに捉えていたわけではなかった。考えが変わり始めたのは、1990年代の初めのことだ。友人ふたりから、仕事というものを哲学的・神学的に考察する雑誌記事を一緒に書こうと誘われた。このテーマに大きく関心をそそられた私は、提案を受けることにした。

そうして調査に乗り出した。仕事について聖書は何と言っているだろう？　インターネット以前の時代だったため、聖書の語句索引ができる本を開いた。便利なことに、旧約聖書と新約聖書で仕事について言及している箇所が一覧になっていた。もちろん、なかには知っている箇所もあった。楽園での愚かな行為によって人間が罰を受ける「アダムの呪い」だ。しかし、最初から最後まで聖書を読み通したことはなく、当然仕事という観点から読んだこともなかった。そのため、調べた結果に私は驚いた。

ほとんどの記述が、仕事に対して「呪い」とはまったく違う見方をしていたのだ。どの物語も、「人はなぜ働くのか」という問いを中心に扱っていた。そして大半の答えが罪や苦行とは関係のないもので、仕事というものをはるかに肯定的に描いていた。調査を経て、私は想像もしていなかった結論にたどり着いた。仕事とは、私たちを人間たらしめる根源的な要素なのだ。

これはとても喜ばしい発見だった。多くの人――少なくともヨーロッパで育った多くの人――と同じように、それまでの私は深く根づいた次のような考えに影響を受けていた。仕事とは、食べていくために働かねばならない不運な人にとっては耐えるべき悪であり、金銭的な余裕のある少数の幸運な人にとっては避けるべき悪だという考え方である。何世紀にもわたって社会に染み付いた伝統から逃れるのは難しい。しかしながら、私の調査ではそうした伝統とは別の観点が明らかになった。仕事は人間の本質であるという、ポジティブで士気の高まるような考え方だ。たしかに、アダムとイブは原罪への罰を受けた。しかし、罰はそこで科された労働自体ではなかった。労働にともなう苦しみこそが罰だったのだ。その罰は不快なものであったかもしれないが、だからといって人間に不可欠な要素である仕事の本質が根本的に変わるようなものではなかった。

この考え方は何度も目にした。創世記によれば、神は6日間で天地を創造した。それから、植物や動物を含め大地を繁栄させるため、人間に支配権を与えた。そのため、アダムは「そこを耕し、守る」[2]ために楽園で仕事をしていたと言える。こうした記述で重要なのは、仕事の充実感とは他者のために善をなし、それを通じて公共の利益に貢献することから生まれるのだと読み取れる点だ。そのうえ、仕事は基本的な欲求を満たすためのものというより、深い精神的な意味を持つものとして描かれている。

カトリック教徒として育てられた私は、教会の「社会教説」に触れてきた。19世紀の後半から、カトリック教会は「レールム・ノヴァールム」、つまり経済発展に関連した「新しきことがら」についての見解を文書で発表するようになった。[3]これらの文書も、仕事は私たちの人間性を形作るものだという見解を示している。教皇ヨハネ・パウロ2世は「人間の仕事は、人間の生産物を指すだけでなく、人格的な人間にとって本質的に不可欠なものであり、人格のなかに最終的な目標が存在するものだ」と記している。[4]

私は継続的な探求や旅の経験を通して、仕事に対するこのような肯定的かつスピリチュアルで人間的な見方は、カトリックに限ったものではないことを知った。たとえばプロテスタントの宗教改革家たちは、仕事を喜びと充実感の源泉だとみなし、物を作る肉体労働を何世紀にもわたって軽視してきた労働観を覆した。マルティン・ルターとジャン・カルヴァンは、精神的、宗教的なものに限らず、何かを作る仕事はどれも天職や使命とみなすべきで、神や社会[5]に仕える方法であり、神から与えられた才能を発揮する手段だと考えていた。他の宗教でも、基本的に労働は自分だけでなく他者のためにもなるとみなされている。たとえばイスラム教にも、仕事は個人の欲求を満たすだけでなく、他者に奉仕するものだという解釈がある。[6]同じように、ヒンドゥー教にも奉仕としての仕事という考え方がある。[7]

プロテスタント的な仕事への熱意については、私が1985年に初めてアメリカに移住したときに知り、衝撃を受けた。当時マッキンゼーのコンサルタントだった私は、パリからサンフランシスコの支社に移り、そこでポジティブな考え方とエネルギーを目の当たりにした。シリコンバレーの起業家から、スタンフォードやバークレーの医学研究者や学者たちまで、私が出会った職業人たちは自分の仕事について情熱的に語っていた。困難を嘆くのではなく、解決すべき新しい問題を前に奮起し、それを好機だと受け止めていた。そこでは仕事が「耐えるべきもの」ではなかったのだ。仕事とは良いもので、自分の知性や創造性を発揮する手段だと考えられていた。「幸福追求」のための手段であり、まさにアメリカン・ドリームの核をなすものとされていた。

やがて、仕事についてポジティブな見方をしているのは宗教に限らないことも分かってきた。社会学者たちも、仕事は人間にとって欠かせないものだと考えている。私たちの多くは人とのつながりなしには生きられず、だからこそ独房が拷問の一種とされている。そして仕事とは、そうしたつながりを生み出す手段だ。仕事を通して、私たちは同僚、顧客、取引先といった人とつながるネットワークの一部になる。仕事を失うのはつらい体験であり、失業は離婚よりも苦痛であることが分かっているが、[8] それは失業が経済・金銭的な困難をもたらすからだけではない。自尊心に悪影響を与えることに加え、何より社会的なつながりが断ち切られてしまうからである。

　人間に関する心理学も、仕事というものを肯定的に見ている。私の心に最も響いた本のひとつは、ヴィクトール・フランクルの『夜と霧』*（みすず書房）だ。ユダヤ系オーストリア人の精神科医であるフランクルは、第2次世界大戦時に複数の強制収容所を生き延びた。妊娠していた彼の妻は生き延びることができなかった。両親も、兄も。彼は、この悲惨な状況と苦しみのなかになんとか意味を見いだした人のほうが生き延びる可能性が高いことに気がついた。フランクルも生き抜くために、妻のことを思い出したり、戦争が終わったら収容所で学んだ心理学の講義をするという夢に思いを馳《は》せたりした。

　人生とは快楽や権力を追い求める旅ではない、と彼は結論づけている。人生とは意味の探求だ。それが究極的には充実感や幸福への道になる。彼によれば、人間が意味を見つけられる場所は3つある。仕事、愛、勇気のなかだ。実際には、それらはひとつにまとまっていることも多い。仕事を通して意味のあることを為すという行為には、他者への思いやりや、逆境を乗り越えることなども含まれている。

　生きる意味の探求としての仕事の重要性は、単なる抽象論ではない。企業向けに業務渡航

＊ 英題：*Man's Search for Meaning*（生きる意味を探して）

のサービスを提供するカールソン・ワゴンリー・トラベルのリーダーだったとき、私は「仕事は他者への奉仕である」という考えがいかに普遍的かを直に体験した。そこでは互いに争った歴史を持つ国々（たとえばインド、中国、日本、ロシア、ポーランド、フランス、ドイツなど）も含む世界各地のメンバーで構成されたチームであっても、アクセンチュア、アルカテル、GEなどのグローバル企業に奉仕するべく、一体となって見事に力を合わせる様子を目にしてきた。

生きる意味の探求という仕事観は世代を超えたものでもある。ピュー研究所の調査によると、「大人になって極めて／とても重要なことは何か」という問いに対し、10代の若者の95パーセントが「楽しめる仕事やキャリアを持つこと」と回答した。これは、「困っている人を助けること」「大金を稼ぐこと」「子どもを持つこと」などを含め、他のどんな回答よりも上位だった。[9] ギャラップ社の調査でも、ミレニアル世代は仕事に目的を見いだすことを強く重視していることが分かっている。[10]

この現象は若い世代のみならず、もう少し上の世代にも見て取れる。作家のデイヴィッド・ブルックスは、人生は2つの山の形をしていることが多いと言う。キャリアの初期には、仕事や経済面での成功と個人的な幸福を追い求める。これが第1の山だが、頂上にたどり着いても満ち足りない思いを抱く。そして人生の後半になると、第2の山を登り始める。家族、天職、思想、信仰、コミュニティなどへの献身を通して意味や目的を見いだすことに専念する道のりだ[11]。

2004年、私は「第1の山」の頂上にたどり着いたように感じていた。私のキャリアは順風満帆だった。マッキンゼーでは、コンサルタントとしてのみならず、程なくパートナーに昇格し、好調な数年間を過ごした。アドバイザーではなく実際に自分でビジネスの責任を持つ立場になろうと決めてからは、EDSのフランス支社やビベンディのビデオゲーム部門など、いくつかの会社の再建を担当してきた。ビベンディの再建においては幹部チームの一員だった。私は40代前半で、自分が達成してきたことにそれなりの誇りを持っていた。しかし、その第1の山の頂上は寒々としていた。私が追っていた成功という概念は空虚なものだと分かり、失意で空っぽになってしまった。結婚生活もうまくいっていなかった。立ち止まって自分の魂を見つめる時間を取り、人生のより良い方向を見つける必要があると感じていた。

自分のパーパスを見つける

そんなとき、素晴らしい偶然が訪れた。元クライアントの誘いを受けて、イエズス会の創設者イグナチオ・デ・ロヨラから伝わる精神修養（霊操）を何人かのエグゼクティブとおこなうことになったのだ。通常4週間の集中プロセスで実施されるものを、2年に分散して取り組んでいった。瞑想、自省、日々の実践に根ざすこの精神修養は、スピリチュアル・ディレクター（霊的な同伴者）の指導のもとでおこなわれる。ほかのさまざまな修道会だけでなく、心理学者やコーチの活動にも影響を与えてきたものだ。この精神修養は私が大切にしているものを再発見する助けとなり、しだいに自分の人生における天職とは「自分自身のプラットフォームを通して、周りの人々や世界にポジティブな変化をもたらすこと」であるという思いが結晶化していった。このみずから選び取ったパーパスを磨き、それを見失わずにい続けることは、現在まで続く日々の修養となっている。

こうした精神的な旅をして自分のパーパスを見つける方法はいくつもある。特に効果的だと思われるものをいくつか紹介しよう。著書『True North リーダーたちの羅針盤』（生産性出版）のなかでビル・ジョージは、人生のパーパスを見定めるうえで「試練」を振り返ることの重要性を説いている[12]。また、エグゼクティブ・コーチのオルタンス・ル・ジョンティは著作[*]のなかで、自分にエネルギーをもたらすものを探る方法として彼女がクライアントに教えているテクニックを共有してくれている。たとえば、「自分の弔辞を書く」「子どものころの夢を振り返る」などだ[13]。

作家アンドレス・ズズナガのアプローチも、自分のパーパスを探すのに役立つ。「愛して

＊ *Aligned*
（未邦訳「足並みを揃える」）

いること」「得意なこと」「世界が必要としていること」「お金を得られること」の4つの要素が重なる部分こそがパーパスになるのだという（図）。パーパスは日本の「生きがい」と混同されてしまうことも多いが、生きがいとは日々の生活のなかに価値を見いだしていくことだ。

どのようなツールを使うとしても、目標は同じだ。自分のエネルギーとなるもの、自分を突き動かすもの、自分が心から深く望んでいるもの、そして時の試練に耐えるものは何かを見つけることである。

自分のパーパスを探求する際には、注意しておきたい落とし穴がいくつかある。

落とし穴① パーパスは突然の啓示によって明らかになる。

意味の探求は継続的に取り組むのが最も適している。人は、意味の探求の回答となり永遠の幸せを約束してくれる、夢のような唯一の仕事を求めてしまうものだ。[14] しかしほとんどの場合、そんな理想の王子や姫のようなものが突然現れることなどない。私が確かな答えにたどり着いたのも、40代に入りパーパスの探求を何年も経てからのことだった。

落とし穴② パーパスは高貴な活動を伴うものでなければならない。

もしそれが本当なら、私たちはみな慈善活動やヘルスケアの分野で仕事をしないと人生の

図　アンドレス・ズズナガのアプローチ

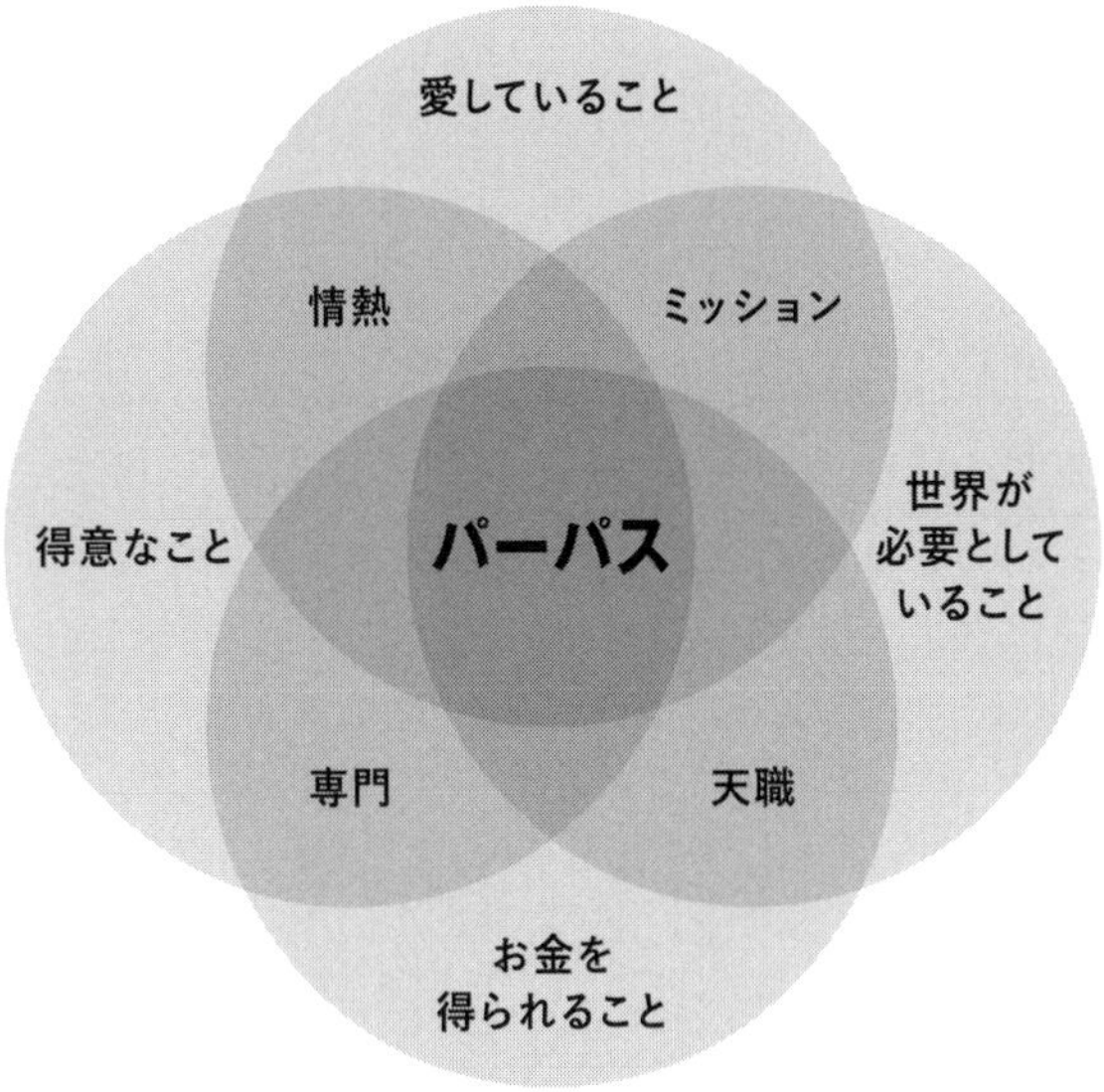

パーパスや生きる意味を見いだせないことになる。けれども、こうした分野がパーパスの好例であることは間違いない。

ベスト・バイが2018年に買収したグレートコール社は、家中にセンサーを設置して遠隔で健康状態をモニタリングすることにより、高齢者が自宅で生活し続ける手助けをしている。このサービスは、緊急時に駆けつける高いスキルを持ったケアスタッフたちに大きく依存するものだ。たとえばセンサーによって、冷蔵庫が開く頻度が普段より低いことや、ベッドから起き上がっていないことが分かった場合、ケアスタッフたちが支援に乗り出す。買収先としてグレートコール社を調査し始めたとき、私たちは驚いた。電話を受けるスタッフの離職率は毎年2パーセント未満だというのだ。ほとんどのコールセンターならたいてい100パーセントを超える数字になる。顧客の苦情を聞きながらも、あまり助けになれないことが多い仕事というのは疲弊するものだ。グレートコール社が並外れた存在でいられるのは、自分たちは人の命を救っているのだと従業員が実感しているからである。

とはいえ、意味やパーパスを見いだせるのは命を救う仕事だけとは限らない。どんな種類の仕事にも見いだせる。意味やパーパスが見つかったなんて簡単に言えるのは、給料が高くて暮らし向きのいいホワイトカラーの仕事に就いているからだろう――そう思う人もいるかもしれない。しかし私は、どんな仕事にもパーパスを見つけられる道はあると信じている。私は中世に石工をしていた2人のエピソードをとても気に入っている。まったく同じ作業をしている2人が、何の仕事をしているのかと尋ねられる。「見て分かるだろ？　石を切ってるんだよ」と片方の石工は言った。一方、もう片方の石工は、まったく別の見方をしていた。

「俺は大聖堂を作っているんだ」

人は自分のパーパスを選択することができる。どんな仕事であれ、自分のやっていることがそのパーパスとどうつながっているか考えることができる。たとえば動物園の飼育員は、最初の石工と同じように自分の仕事を退屈でつまらないもの、あるいは汚いものとさえみなすこともできる。動物園の飼育員は、5人のうち4人は大卒であるものの、一日の大部分を排泄物の処理、床磨き、動物への餌やりに費やしている。それでも辞める人が少ないのは、ほとんどの飼育員が動物の世話を自分の天職だと考えているからだ[15]。そのように考えることで、より強い幸福感を持てているのだ。圧倒的多数の飼育員が、給料、自由時間、昇進、快適さを犠牲にしても構わないと考えていることが分かっている（もちろんそうしたパーパスが過労や低賃金の口実になってはならない）。

ほんのちょっとした意味を見いだすだけでも、仕事に対するエンゲージメントに違いが生まれる。デューク大学で心理学や行動経済学を教えるダン・アリエリーは、レゴを使って実験をおこなった。2つのグループに、まずは3ドルの報酬でレゴを組み立てさせ、次はそれより30セント安い金額で、その次はさらに少ない額で……と続けさせた。第一グループが作ったレゴは、テーブルの下に置かれる。ところが第二グループが作ったものは、次のロボット型レゴを組み立てているあいだに目の前で解体されてしまう。結果は想像がつくだろうか？　第二グループの人々は、作ったものを解体されなかったグループに比べ、はるかに早く作業をやめてしまった[16]。

落とし穴③　パーパスは大きくて深いものでなければならない。

パーパスという概念は、威圧的で圧倒されるように感じることもある。パーパスはどれくらい大きいものであるべきだろう？　どれくらい野心的であるべき？　どれくらい深いものであるべき？　意味やパーパスを見つけるには、たしかに内省や自己認識が必要だ。しかしアシュラム（修行場）や修道院に引きこもる必要はない。がんの撲滅を目指す必要もない。私がパーパスを探求していたとき、スピリチュアル・ディレクターは「シンプルであれ」とアドバイスしてくれた。そのため私はポジティブな変化を生み出そうとするとき、自分の周りの人から始めることにしている。少しのサポートがあれば、誰もがどこでもパーパスを見いだすことができる。自分にエネルギーや喜びをもたらすものは何かを考えることから始めよう。何があなたを突き動かしている？

パーパスを探る問いを仕事に組み入れる

「何があなたを突き動かしているか」という問いは、会社ではあまり尋ねられることはない。しかし、もっとこの問いを投げかけることは役に立つはずだ。自分とパーパスがつながり、仕事への取り組み方も定まるからだ。

だからこそベスト・バイの従業員たちは、この問いについて考えることが推奨されている。「何があなたを突き動かしているか」という問いは、クリスマスから年末にかけてのホリデーシーズンに向けて2000人ほどのマネジャーが集まる「ベスト・バイ・ホリデー・リーダーシップ・ミーティング」の中心的な要素だ。そこで聞く回答は、どれもシンプルで人間味があり、いつも感銘を受けている。マネジャーたちは、友人、家族、仕事仲間に言及することが多い。たとえば現場のトレーニングを担当するマネジャーは「この世で一番好きなシャーリーおばあちゃんと世界の隅々まで見て回ること」が原動力だという。ある地区マネジャーは「従業員や顧客が希望や夢を叶える手助けをすること」だと語った。そして人事部のシニアマネジャーは、「(人を)教え、育て、伸ばし、士気を高め、自分ができると思っていた以上のことを実行してもらうこと」だと語る。

ベスト・バイの全従業員に「自分を突き動かすものは何か」を考えるよう後押しすることは、些細で漠然としたステップに見えるかもしれない。しかしこの問いかけは、仕事への向き合い方を変えるにあたって、本当に中心的な役割を果たしてきた。

リーダーにとって、自分のパーパスを理解するだけではなく、周りの人が何に突き動かされているかを知ることも同じくらい重要だ。また、その原動力と会社のパーパスがどう結びつくかを理解することも重要だが、この点については別章で触れる。

ベスト・バイの幹部メンバーたちが何に突き動かされているかを理解するため、私は2016年に、ミネアポリスの美しいビデ・マカ・スカ湖を一望できる部屋でディナーを開いた。四半期ごとに実施しているリトリート合宿の一環だ。全員、自分が赤ん坊や幼いころの写真を持参し、その写真や成長過程にまつわる個人的なストーリーを語ることになっていた。

その日は、「オール・イン（全力を注ぐ）」という概念について学んでいた。全力を注ぐには、メンバーたちがどんな人間であり、どんな人間になりたいかを理解する必要がある。だから、チームメンバーを突き動かしているものや、それが各自の人生や歴史とどうつながっているかを知りたいと思った。メンバーたちはどんな道をたどってきたのだろう？　どうしてベスト・バイでの仕事に心を躍らせているのだろう？　個人的なパーパスと仕事でやっていることは、どのようにつながっているのだろう？　こうした問いに答えられないようでは、チームを率いることはできないと感じたのだ。

ほのぼのとしていて漠然としたゲームのように聞こえるかもしれないが、これはベスト・バイの在籍期間のなかで最も記憶に残る刺激的な瞬間のひとつとなった。10人のメンバーが順番に、何が自分のエネルギーとなり、何が人生に目的を与えてくれるかを語っていき、互いに真のつながりを築くことができた。さまざまな話を聞きながら、私は胸を打たれた。ある者は、無条件の愛、無限のサポート、成長への絶え間ない後押しなどを通じた人間関係を大切にすることに突き動かされていた。またある者は、同僚たちが新しい挑戦をしてさらなる責任を担っていくサポートをすることで、本人の想像を超えた成長を目にすることを原動力にしていた。

この取り組みは士気を高めるだけでなく、有益でもあった。野心的で意義深いベスト・バイのパーパスを練り上げていく際に、大きな違いをもたらしてくれたからだ。そのパーパスは、それから何年にもわたって続く同社の成功の原動力となった。この点については、これからの章で紹介していく。

ジョーダンと、壊れたティラノサウルスのおもちゃの話に戻ろう。これは架空のシナリオではない。ジョーダンと彼の母親は、2019年にフロリダにあるベスト・バイの店舗を訪れた実在の人物だ。しかし販売員2人は、ジョーダンの母親にただおもちゃ売り場を教えて新品の箱を渡したわけではない。この販売員たちは医者となり、負傷した恐竜をただちにカウンター裏に運んで「手術」をおこなった。そしてジョーダンの「恐竜くん」に施されている救命処置を説明しながら、ひそかに恐竜を新しいものに交換した。数分のあいだ救命処置について語ったあと、2人は「治療された」恐竜を、笑顔で喜ぶジョーダンに手渡したのだった。この2人の販売員にとって、仕事とは給料をもらうためのものではなかった。新しいおもちゃを売りつけることでもなかった。少年の顔に笑顔を取り戻すことだったのだ。

こうした人間味のあるパーパスを仕事に組み込むと、仕事への取り組み方が変わり、それゆえに仕事へのエンゲージメントが高まる。パーパスは、どんなときも仕事を簡単で楽しいものにするのか？　答えはノーだ。どんな人にも大変な日はある。どんな仕事にも難題が持ち上がる。個人的なパーパスだけが仕事への情熱をかり立てる唯一の要素ではない。だからこそ本書は、この章では終わらない。とはいえ、毎日やっていることとそれをやる理由が結びついていると、エネルギーや意欲や指針がもたらされる。石工であれ、動物園の飼育員であれ、販売員であれ、ＣＥＯであれ、個人的なパーパスを持つことはいいスタート地点となる。

あなたへの質問

2

何があなたを突き動かしているだろう。

あなたはどんな「大聖堂」を建てたいだろう。

あなたの弔辞には、どんなことが書かれていてほしいだろう。

あなたが愛していること、得意なこと、世界が必要としていること、お金を得られることの４つが重なるものは何だろうか。

第3章

完璧を求める狂気

完璧など存在しない。
完璧なる理解こそ人間の知性における勝利だが、
完璧を求めようとする欲望は、
最も危険な種類の狂気である。
――アルフレッド・ド・ミュッセ『世紀児の告白』*

「完璧を追い求めていると悪魔になりかねない!」とサミュエル神父は言った。

彼と私は、パリにあるカールソン・ワゴンリー・トラベルの私のオフィスにいた。数ヶ月前サミュエル神父に、CEO数人からなる勉強会チームでスピリチュアルな視点から経済や社会の問題をじっくりと考えていくためのサポートを依頼していたのだ。その日は私のオフィスで、一緒に次のセッションの準備をしていた。どんなことを話し合っていたか、細かく

* 本文の引用は樋口訳

は覚えていない。しかしこの「完璧であること」に対する彼の見解と、それが私に与えた深い衝撃は今でも忘れない。

「どういう意味です？」と私は尋ねた。

彼の回答は、かなり宗教的なものだった。彼は、神の寵愛を受けていた天使ルシファーが、自分は完全無欠、至上の存在であると考え、神への反乱を起こして悪魔になったさまを語った。

「まず、自分が不完全で、弱さを抱え、サポートを必要としていることを認めなければ、他人を愛したり、関係を育んだりすることはできない」とサミュエル神父は締めくくった。

私は驚愕《きょうがく》した。これまで教えられてきたあらゆるものに真っ向から反する意見だったからだ。私はずっと、人より優れた存在であろうと努力を続けてきた。母は私のなかに見いだした可能性を伸ばすために、もっとできる、もっと上へと常に求め、完璧さや栄光に彩られた成功というビジョンを私に植え付けた。学校でも、完璧であることや、最も優れ、最も聡明であることを目指すよう教えられた。どの教師も私のミスや不完全な部分に目を向け、それらを赤ペンで取り除こうとした。完璧な成績を目指せといつも言われてきた。高校でどれくらい良くできたかが、それ以降の教育機会を決定する。大学入試は得点順であるため、エリート校に入るには隣の人よりも良い点を取らねばならない。エリート校に行くことは、就職の機会に影響する。そして大企業で若くして成功できるかどうかは、そつなくこなしミスをしないことに大きくかかっている。すべてが、「完璧であること」こそ目指すべき理想かのように動いていた。

　そんなふうに育ってきた私でも、驚いたことにサミュエル神父の考えには説得力があると感じた。それは一緒に学ぶ勉強会チームのCEOたちも同じだった。サミュエル神父の言葉が響いたのは、私たち全員が程度の差こそあれ、完璧を目指そうと仕事に取り組んでいたからだ。私を含め誰もがずっと、パフォーマンスの追求とは完璧を目指すことだと考えてきた。しかし、抜きん出た業績を目指すのは素晴らしいことだが、人間に完璧を期待するのは間違っている。リーダーたちに向けた講演にサミュエル神父を招くたび、参加者の記憶に最も残るのはこの考え方だった。

　かつて私のエグゼクティブ・コーチを務めてくれたマーシャル・ゴールドスミスは、より良いリーダーになることを妨げる「20の悪癖」を指摘している。そこでも大部分を占めているのは完璧さの追求に端を発する行動だ。たとえば、自分が部屋のなかで一番賢い人間だと見せたくなる欲求、どんな場面でも勝とうとしてしまう気持ち、解決すべき問題が発生すると自動的に口を出してしまう癖などを考えてみるといい。[1] 実際、マーシャルにコーチングを受けた人たちが集まると、彼と改善に取り組む前はそうした癖にどれほど悩まされていたか、よく披露しあったものだ。

「そんなのどうってことないよ。自分のほうがもっとひどかった！」

誰が最悪の完璧主義者だったかという点においても、いまだに一番を目指そうとしてしまう。

サミュエル神父の言葉は新しく素晴らしい視点だと思った私だが、その叡智《えいち》を実践に活かせるまでには数年かかった。仕事が私たちの人間性を形作る要素であり、生きる意味の答えになるのだとすれば、なぜ完璧を目指すことが間違いなのだろう？「悪魔」という宗教的な考えはさておき、仕事に完璧を求めることはパーパス探求という文脈においても非生産的だということを、私は時間をかけて学んでいった。

フィードバックとの葛藤

キャリアの大半において、私はフィードバックというものに取り合ってこなかった。改善すべき点があるような場合は特にそうだった。フィードバックと向き合う代わりに、私は誰が何を言ったかを特定し、その人物の悪いところを指摘することにエネルギーを費やしていた。

最初にチームからフィードバックをもらったのは、マッキンゼーに勤めているときのことだった。多くの指標から見て、私は成功しているコンサルタントだった。他と比べてもはるかに若い30歳にしてパートナーに昇格していたのだ。仕事は順調で、自分はよくできる人間だと思っていた。そんなとき、チームからの評価が返ってきた。平均以上か以下と評価された分野が伝えられる。もちろん私は、平均以下の評価が来るなどとは考えていなかった。しかし、そう評価された項目が複数あった。私は打ちのめされ、何も考えられなくなった。どうして自分に「成長が必要な領域」があるというのだろう？　このフィードバックにどう対処したらよいか分からず、ひとまず忘れて取り合わないことにした。

当然、それでは自己改善につながらない。ビベンディの再建を経て2004年にカールソン・ワゴンリー・トラベルのCEOとなったころにも、フィードバックとの葛藤はまだ続いていた。この会社でも、私の視点ではすべてが順調だった。会社の規模は3倍に、収益性は5倍になろうとしていた。新規の顧客も増えていた。航空会社の代理店による小規模なビジネスに過ぎなかったビジネス渡航業界は、企業を顧客とするテクノロジー重視のはるかに洗練されたビジネスへの破壊的な変革のさなかにあった。経営コンサルタントとして何年もの経験を持ち、エレクトロニック・データ・システムズでも仕事をした私は、今の会社に必要なすべてを兼ね備えていると感じていた。BtoBのサービスについても知っていた。ITサービスについても。人事や、業績管理のやり方も。だから当然、私ならすべてをより良くできる！

それが問題だった。私は自分がすべての答えを持っていると思っていたため、周りの人間の不完全な部分にばかり目がいって、貴重なパートナーではなく道を邪魔する障害のように考えてしまいがちだった。周りより自分のほうがうまくやれると信じていた。チームからアイデアや事業計画を提案されると、いつも改善案を指摘していた。のちに知ることになるが、マーシャル・ゴールドスミスはこれを「何かひと言価値を付け加えようとする」悪癖だとしている。そんな自覚もないまま、私はチームに指図をしていた。そして何年にもわたり、チームの問題を自分で解決しようとしていたのだ。今から思うと、これは大いにチームの士気を削いでいたに違いない。

だが当時の私は、そんなふうには考えていなかった。しかし、それに気づくヒントはあった。会社のパーティで、ユーモアセンスのある人事部トップが、全員を私の名前にした組織図を作ったのだ。みんなはずいぶん笑っていたが、私は腹を立てていた。そのすぐあとには、もっと直接的なメッセージが従業員アンケートの結果として届けられた。その結果は、私の直属の部下たちの労働意欲が高くないことを示していた。これは心に刺さった。この会社の従業員エンゲージメントは、全体としてはかなり高いものだったからだ。

私が陥っていたのは、心理学者が言うところの「認知的不協和」だった。自分では素晴らしい仕事ぶりだと信じているものの、データはもっとうまくできると示している状態である。その状態はとても不快なため、不協和に折り合いをつけようと躍起になるのが典型的な反応だ。当時の私は、自分には何の非もないと言い聞かせることで折り合いをつけていた。私には何の問題もないのだから、問題は彼らにあるはずだ。どうして彼らは私の素晴らしさを理解できないのか？　こんなにも私が支えていることがなぜ分からない？　そんな考えこそが問題だった。

サミュエル神父と完璧さについての会話を持ったのは、カールソン・ワゴンリー・トラベルのＣＥＯとしてそんなふうに考えていたころのことだった。彼の指摘するポイントは理解できたし、まったく異論はなかった。しかし、身体に染み付いた習慣を変えるのは難しい。

私のユベールという名前は「優れた知性」を意味するうえ、私は完璧主義者だった。そのためサポートが必要だった。

不完全さを歓迎する

数年後、カールソン・ワゴンリー・トラベルを含め、ラディソン・ホテルやＴＧＩフライデーズなどのブランドを束ねるカールソン・カンパニーズのＣＥＯを務めるようになった。そのころ、人事部のトップであるエリザベス・バストーニが、エグゼクティブ向けのコーチをつけてみないかと尋ねてきた。ご想像の通り、私は気が進まなかった。テニスやスキーのコーチをしてもらうのは何も気にならない。しかし仕事となれば話は別だ。実際、知り合いのエグゼクティブがコーチをつけていると聞くと「何かあったんだろうか？　あの人にどんな問題があるんだろう？」と考えていたものだ。

弁解までに言っておくと、当時エグゼクティブ・コーチングは欠点を治療するものだと考えられていた。ならば、私にコーチをつける理由などどこにある？　しかしエリザベスによれば、マーシャル・ゴールドスミスは成功をおさめるリーダーたちがさらに向上するための手助けをしているのだという。彼のクライアントは錚々《そうそう》たる顔ぶれだった。それはまるで、「あなたはテニスが大好きで、得意なようですね。もっと上手くなりたくありませんか？」と言われたような感覚だった。

もちろんもっと上手くなりたい！　そこで私はマーシャルとの取り組みを開始した。フィードバックを「フィードフォワード」だと考えることを学び、向上させたい領域を選ぶようにもなった。これは些細だが大きな変化だ。私は問題を正すのではなく、さらに向上させたい領域はないかと考えるようになったのだ。おかげでフィードバックに感謝できるようになり、自分が何の改善に取り組んでいるかを周りに伝え、アドバイスを求めることができるようになった。周りと一緒に進捗を確認し、自分の取り組みはどうか意見を聞き、さらなるアドバイスを求めるようになった。取り合わずに忘れていくことが常だったフィードバックを歓迎するようになったのだった。

のちに身近な人がうつ病をわずらい、私は完璧さや、自分の弱さや、愛や、人とのつながりについて、心理学者たちもサミュエル神父と同じ見解を持っていることを知った。やはり、完璧主義は人にとって良いものではない。多くの研究が、うつ病、不安、摂食障害、さらには自殺との関連さえ指摘している。[2]

それまでずっと、私は周りに不可能なまでの完璧さを求める一方で、自分の脆さは見ないふりをしていた。それは人間関係に支障をきたし、協働や、効果的なチームワークや、リーダーシップも阻害されていた。人は不完全さに共感して絆を深めるものであるため、理不尽なまでの強さや完璧さを押し付けてくるリーダーより、弱さを見せるリーダーのほうが従業員たちは奮起する。

みずからを「研究者であり、ストーリーテラーであるテキサス人」と呼ぶブレネー・ブラウンは、この20年、弱さを見せることや、勇気や、恥や、共感について研究してきた。彼女は不完全さがもたらすものの一つとして、勇気や思いやりと並べて「つながり」を挙げている。[3] そして彼女は、つながりを阻んでいるのは「恥」、つまり自分のことを知った人間からつながりを持つに値しないと思われるのではないかという「不安」であることを発見した。反対に、愛や、つながりや、帰属意識を強く感じている人は、不完全である勇気を持ち、自分の弱さを受け入れていた。[4] こうしたことはどれも、弱さを見せること抜きに真のつながりはありえないこと、そして弱さは不完全さと切り離せないことを教えてくれた。

　他のビジネスリーダーたちからは、完璧さの追求は優れた仕事を前進させるどころか妨害してしまうということも学んだ。フォードの元ＣＥＯアラン・ムラーリーから聞いたところによると、同社の再建に取りかかった彼は、従業員たちにいつどこで問題があってもオープンに報告するよう奨励したという。

　アランがＣＥＯになった２００６年、フォードは１７０億ドルの損失が予想されていた。そして実際にそうなった。彼も語っているように、当時のフォードの業績予測は正確で、そこに問題はなかった。改善すべきだったのはパフォーマンスだ。問題の存在を認めることが弱さとみなされる企業文化も、低パフォーマンスのひとつの要因だった。アランは毎週木曜日に業務の進捗を点検するビジネスプラン・レビュー会議で、重要分野のパフォーマンス報告を「信号灯」式の色分けでおこなった。毎週、幹部メンバー全員が担当プロジェクトの進捗を色分けして報告するのだ。すべてが順調なら「緑」、軌道からは外れているものの元に戻す計画がある場合は「黄色」、パフォーマンスが軌道から外れていて元に戻せる計画がない場合は「赤」といった具合だ。

　アランによれば、最初の数週間はすべての報告が緑だったという。会社は莫大な損失に直面しているのに、報告されたチャートのうえではすべてが計画通り順調ということになっている。

「いいですか、我々は何十億ドルもの損失を出しているんです」とアランは言った。

「それなのに、うまくいってないことがひとつもないと言うのですか？」

のちにアランからCEOの座を引き継ぐマーク・フィールズは、誰より最初にリスクを背負い、すべてが完璧ではないことを認めた。当時米州事業の責任者だったフィールズは、大きな期待を集めていたSUV「フォード・エッジ」のカナダでの発売に問題を抱えていた。車のテストでサスペンションから軋《きし》むような音が出ることが分かったが、まだ解決できておらず、発売の停止を決断していたのだった。次の週のミーティングで、彼はその発売の項目を赤にし、まだ問題解決の方法が分かっていないと説明した。

　参加者たちは目を床に伏せ、しんと静まったとアランは言う。しかしアランからは拍手が起こった。

「マークを手助けできる人はいますか？」

　すると、さっと手を挙げる人が現れた。自分のチームの品質専門家たちをすぐに送ってくれるという。別の人は、仕入れ先に部品のチェックを依頼すると言った。アランは自身もエンジニアだったが、口を挟むことはなかった。自分が介入するのではなく、チームが力を合わせるのに任せたのである。こうしてフォード・エッジをめぐる問題はすぐに解決した。

　その会議から数週間はかかったものの、次第に赤や黄色の報告もあがるようになった。そのころには、問題を公然と認めてもいいのだということ、そして赤を黄色に、やがて緑に変えていくために互いに支え合えるということを、エグゼクティブチームの全員が信じるようになっていた。

アラン・ムラーリーの物語は、完璧を追求することのもう一つの問題点も示している。すべての物事に対して答えを持てる人間など決していないという点だ。健全な職場環境では、「分からない」と言うことを誰も恐れない。当たり前のことのように聞こえるかもしれないが、多くの人はいまだに「分からない」という発言が弱さと受け取られることを恐れている。私は10代のころ、親の知人だったビジネスマンに質問されたときのことを覚えている。質問の内容は覚えていないが、彼に「分からない」と答えた記憶はある。

彼は私を見て言った。

「若者よ、そんなことビジネスの世界で言うんじゃないぞ、弱さを認めることになるからな。絶対に認めちゃダメだ。君の可能性を狭めることになる」

完璧であろうと奮闘していた私だったが、そんな当時であっても、これには納得がいかなかった。分からないから、分からないんじゃないか！　それの何が悪いんだ？　いつだって学び、解決していくことができる。自分は数学が得意じゃないとか、視覚化して考えられる人間じゃないなどと、自分を棚上げしているわけではなかった。「自分には分かることなんて不可能だ」と言っているわけでもない。ただ分からないだけだった。先月のマーケットシェアや、ドッド・フランク法1502条は何についての項目かと聞かれたら、「分からない。

調べてみるよ！」と言ったって何も悪くない。

　アラン・ムラーリーは完璧主義を打ち砕くことによって、問題の存在を認めて解決していくことを可能にした。アマゾンのCEOジェフ・ベゾスも、完璧主義は失敗を恐れさせるため、イノベーションすら妨げると指摘している。「この会社は、失敗するのに世界でいちばん適した場所だと信じています」と、彼は株主に向けた手紙に記した。

「失敗と発明は切り離せない双子です。発明のためには実験が必要ですが、事前にうまくいくと分かっているものは実験ではありません。大きな組織のほとんどは、発明という概念を信奉しながらも、そこに至るまでに必要な数々の実験の失敗に苦しむ覚悟がないのです[5]」

　不完全であることの利点を学んだことで、ベスト・バイでの自分の役割に対する考え方が大きく変わった。それがなければ、会社の変革も今のような形では進まなかっただろう。詳しくはのちに紹介するが、再建が成功して成長戦略に切り替わったあと、ベスト・バイは目標を完璧に達成するという考え方から、スタンフォード大学心理学教授のキャロル・ドゥエックが言う「グロース・マインドセット」、つまり才能や能力は努力と学習によって向上させられるという考え方にシフトしようと尽力した。学習にミスや失敗は欠かせないが、それらは完璧主義とは折り合いが悪い。完璧主義は、能力を生まれつきの固定的なものだと考える「フィックスト・マインドセット」と結びついているのである。キャロル・ドゥエックは、完璧だと見られたい気持ちは「CEO病」と呼ばれることもあると指摘している。多くのリーダーが、そんな気持ちに悩まされているからだ。[6] 残念ながら、もとから完璧であるかのように振る舞って優れたところを見せたい気持ちがあると、何かに挑戦して学んでいく動機がほとんどなくなってしまう。

ビジネスの世界のほとんどは、「ベスト」や「ナンバーワン」を追求して動いている。これはドゥエックの言う「フィックスト・マインドセット」の症状だ。ベスト・バイを含め、多くの企業はパフォーマンスを測定して報酬を与えるために、点数やランク付けのシステムを持っている。順位付けの志向はどこにでもある。ベスト・バイの社名にさえ「ベスト」という言葉が入っているほどだ。それは病のようなものである。心理学者によると、この病が完璧さの追求を加速させ、自己破滅へと導いているという。[7] 問題なのは、ベストを目指すという考えにはゼロサムゲームの世界観が含まれていることだ。トップ10のランキングのなかには、10人や10社しか入るスペースがない。周りを叩き落としていかないと、ナンバーワンにはなれない。それに、ナンバーワンになったらどうなる？　下以外への行き場がなくなる。もちろん競争は存在するし、重要でもある。しかし、強迫観念的に周りとの比較にこだわるよりも、自分との競争、つまり昨日よりも向上した明日を目指すことのほうが、私たちをはるかに遠くへと連れていってくれる。

誰であっても、自分の弱さを受け入れ、失敗から学び、周りと比べたベストではなく自分のなかでのベストを目指すことで、最良の力を発揮して仕事をするリーダーになることができる。なぜなら、そういう不完全さがあってこそ人は本当の意味で他者と深くつながっていけるからだ。

戦略的ブレークスルー

ベスト・バイでの仕事を始めてほどなく、マーシャルをエグゼクティブチームに紹介した。完璧主義から解放される取り組みを続けることにした私は、自分が向上させたい分野をオープンに伝え、その進捗に目を配ってほしいとチームに依頼した。

私は引き続き、必要もないところで口を挟んでしまう傾向の改善に取り組んでいた。この傾向が明らかになったのは2016年、エグゼクティブチームがリーダーシップコーチのエリック・プライナーとより効果的なチームを目指して取り組んだときのことだ。何が障害になっているのか話し合うなかで、会社の戦略が明確ではないという意見があがった。その後も同じ意見が何度も出てきた。

私としては「ビルディング・ザ・ニュー・ブルー（新たな青*を築く）」という明確な成長戦略を持っているつもりだった。誰もがそれに向かって取り組み、役員会もそれを承認していた。

＊ 青はベスト・バイを象徴する色

そのため、戦略が不明確だと言われて驚いた。そして少し腹も立てた。個人攻撃と受け止めてしまったからだ。何と言っても、明確な戦略を掲げ、みんなを一体にするのはCEOである私の責任なのだ。

「ビルディング・ザ・ニュー・ブルー」の前にあった2012年の再建計画「リニュー・ブルー（青を一新する）」のほうが、はるかに明確な戦略だったと言われてしまった。だが私から見れば、「リニュー・ブルー」は戦略と呼べるようなものではなかった。生き残りと回復に向けた運営上のステップを定めたものでしかなかったからだ。

しかし同僚たちはそれを、「変化か死か」という非常に明確なメッセージを備えた万全の戦略だと捉えていた。現在の戦略には、その明確さが欠けているという。

「分かった、私が取り組んでみよう」と言うと、幹部チームは即座に返事をした。

「ダメです！」

幹部メンバーたちは、問題は戦略が自分たちにとって明確でないことだと考えていた。私が介入して戦略を明確にしても解決策にならないのだ。本当の解決策は「その戦略が日々の業務にどう反映されるか」という点に至るまで、チーム、さらには会社の全員が理解し、自分たちのものにできる環境を作ることだった。私が介入してすべての問題を解決したり、余計な意思決定をおこなったりする必要はなかった。でも私はそれをやりたくてウズウズしていた。

エリック・プライナーと取り組んだことのひとつは、誰がどの意思決定に責任を持つかを明確にすることだった。私たちは有名なRASCIモデルを活用することにした。メンバーを状況に応じて、実行責任者（Responsible）、説明責任者（Accountable）、サポート役（Supporting）、協業先（Consulted）、報告先（Informed）に分類する方法だ。詳細は第3部で紹介する。

これは私にとってブレイクスルーとなった。まるで光明が差したようだった。ベスト・バイのCEOに就任したばかりのころは会社の業績が落ち込んでいたため、私はたくさんの意思決定を迅速におこなった。しかし再建後の2016年時点では会社も順調に進んでいた。きわめて優れたチームがあり、才能あふれるメンバーたちが互いに敬意を払い、信頼し合っていた。意思決定を常に私がおこなう必要はなくなっていた。何年もかかりはしたが、私も完璧であろうとする気持ちを手放す準備が整っていた。それは、私も組織も解放されるような出来事だった。コーチ2人のサポートと、多くの読書や傾聴、そして何年もの鍛錬が必要ではあったが、私はついにサミュエル神父の言葉を実践することができたのだ。

仕事への考え方や取り組み方を変えることは、自己変革の旅である。それは仕事を苦しみや単調な労働と考えるのではなく、完璧を追求するものだと考えるのでもなく、自分のパーパスを実現するための道として歓迎していく旅だ。その旅は、現場の人間からCEOまで、会社の一人ひとりが始めるものだ。
それができて初めて、ビジネスを変革し、集団としての魔法の力を解き放つことができるようになっていく。

あなたへの質問

3

あなたの悪癖は何だろうか。
どうやってその悪癖を特定しているだろうか。
どのように人からフィードバックを得ているだろうか。
どうやって向上に取り組む部分を決めているだろうか。
自分が何の向上に取り組むかを、チームに伝えているだろうか。
どのようなサポートを得ているだろうか。

第2部

パーパスフルな人間らしい組織

仕事とは、人生の意味や
充実感の探求に対する答えである——
そう捉えることからビジネスの再構築は始まるのだと、
第1部では説明した。

第2部では、
「企業の主なパーパスは株主価値の最大化である」
という従来の見方が、危険で、
現代の環境にそぐわない間違ったものである
理由を検証する。

ミルトン・フリードマンが提唱した説とは反対に、
会社のパーパスとは金儲けではなく、
公益に貢献し、自社のすべてのステークホルダーに
奉仕することだ。

そして企業とは魂のない「モノ」ではなく、
会社のパーパスに賛同して協働する「人」を
中心に据えた、人間らしい組織である。

ビジネスに対するこの新しい考え方が適用できるのは、
すべてが順調なときだけではない。
試練の時期にこそ力を発揮する。
事実、ベスト・バイの再建と復活を支えたのは、
この考え方だった。

第4章

株主価値という絶対権力

富がわれわれの求める善でないことは明らかであろう。
富は何かのために役立つもの、
それ以外のもののために存するものでしかない。

——アリストテレス*

*『ニコマコス倫理学（上）』
高田三郎訳, 1971年,
岩波書店, 28頁

2019年12月、例年と同じように、わが子たちと休暇を過ごしていた。一年が、そして2010年代が終わろうとしていた。息子も娘も30代に入り、それぞれの家族を持っていた。私は数ヶ月前に還暦を迎え、ベスト・バイのCEOから降りた。誰にとっても、自分を見つめ直したくなるような時期だった。

さまざまなニュースのせいで、気分が重い時期でもあった。壊滅的な森林火災がオーストラリアのニューサウスウェールズ州やビクトリア州に大きな被害を与え、その数ヶ月後にはブラジルのアマゾンで猛威を振るい、それからカリフォルニアでも発生した。火の手は社会にもおよんでいた。フランスでは、燃料価格の高騰を受けた数ヶ月にわたる抗議運動のあと、政府が提案した年金改革に対するストライキが巻き起こっていた。レバノン、チリ、エクアドル、ボリビア、そのほかの地域でも大衆による抗議運動が起こっていた。経済不安、そして格差の拡大が世界的なポピュリズムを加速させる一方、スウェーデンの10代の活動家グレタ・トゥーンベリのもとに結束した若い世代を筆頭に、気候変動問題へのさらなる行動を求め、世界中で抗議の機運が高まっていた。

夕食のテーブルを囲みながらわが子たちは、過剰な消費主義や廃棄物がどれほど地球温暖化の要因となっているかを語っていた。子どもたちの指摘によれば、情熱をかき立てられ充実感を得られる仕事を求めて若い世代がスタートアップになびきつつあるのは、従来の大企業に幻滅しているからだという。ふたりとも、政府や企業は気候変動に対して自分たちほど切実な危機感をいだいておらず、対応が不十分だと感じていた。わが子やその子どもの世代は、これから数十年どんな世界に暮らしていくことになるのだろう?

ひとつだけ明確なことがあった。今の資本主義システムやビジネスのやり方は持続可能には思えない、ということだ。

今の経済システムは破綻していると考えているのは、私の子どもたちだけではない。社会的不平等や環境危機によって、特に若い世代のあいだで資本主義への不満が膨らんでいることが複数の調査から明らかになっている。[1] もちろん、資本主義は未曾有の経済発展をもたらし、とてつもないイノベーションを後押しし、何十億もの人を貧困から抜け出させてきた。しかし危機に直面していることも疑いようがない。[2] 実際、率直な物言いで知られるセールスフォースのCEOマーク・ベニオフは2020年1月、気候変動や格差への対応が主な議題となっていたダボスでの世界経済フォーラム年次総会で、こう宣言した。

「私たちの知っていた資本主義は死んだ」

私たちは経済システムのあり方を考え直す必要がある。

1978年当時、ビジネススクールで最初に学んだことのひとつが「ビジネスの目的は株主価値の最大化である」ということだった。私はそれを信じ、利益を最大化するためのスキル習得に力を注いだ。社会におけるビジネスの役割について考える時間など存在しなかった。高校や大学で学んでいた歴史や哲学や倫理などはビジネススクールのカリキュラムから消え、複式簿記や財務分析に没頭した。最も利益をあげた者が勝ちとなる戦略ゲームをしたこともよく覚えている。そのような精神は、マッキンゼーのニューヨーク支社に移った1990年代の初めも変わらなかった。景気過熱や銀行スキャンダルの10年を経験したにもかかわらず、だ。戦略コンサルタントとしての目標は基本的に、クライアントの株主価値を最大化することだった。

この教えは主にミルトン・フリードマンに由来する。20世紀に最も影響力を持っていた経済学者のひとりだ。彼は1970年9月の『ニューヨーク・タイムズ』紙の記事のなかで、ビジネスの「社会的な」責任はたったひとつ、株主利益の最大化であると提唱した。フリードマンによれば、「ビジネスは利益だけを考えるのではなく、雇用機会の提供や汚染の防止といった社会的な目的も果たしていくべきだ」と考える人が説いているのは、ビジネスではなく純粋な社会主義だという。[3] ミルトン・フリードマンの主張には、ひとつ明らかな利点があった。それは「シンプル」だということだ。喜ばせるべき相手はひとつ、株主だけであり、重要な業績指標もひとつ、利益だけなのだ。

このフリードマンの信条は、何十年もビジネスにおける絶対的な教えであり続けた。1997年、アメリカで最も影響力のある大企業のCEOたちが参加する「ビジネス・ラウンドテーブル」が発表した声明には、次のように記されていた。「ビジネス・ラウンドテーブルは、企業活動の主な目的がオーナーたちへの経済的なリターンを生むことであると強調しておきたい」[4]

私の考えが変わり始めたのはコンサルタントをしていたマッキンゼー時代の終盤だった。そしてその後いくつかの企業を指揮した経験は、その思いを強めるばかりだった。今では、株主第一主義こそ、子どもたちと食卓を囲んで議論していた問題の根本原因だと思っている。（第5章で紹介するように）金を稼ぐことはもちろん決定的に重要であり、優れた経営に伴う当然の結果ではある。しかし、利益をビジネスの唯一のパーパスとみなすことは、4つの根本的な理由において間違っている。

（1）利益は業績を測る良い指標ではない。
（2）利益ばかりに注目することは危険である。
（3）利益だけに目を向けていると、顧客や従業員を敵に回す。
（4）利益だけを追うことは精神に良くない。

利益は業績を測る良い指標ではない

利益だけでは、そのビジネスが社会に与える影響を計れない。廃棄物やCO_2の排出といった環境コストは実際に存在し、大きな悪影響となりうるにもかかわらず、財務諸表には記載されないからである。たとえば、使い捨てペットボトルを使っている食品・飲料メーカーは、プラスチック廃棄物で覆われつつある海洋に与えるコストを負担していない。石炭を主な燃料源としているビジネスの利益は、人間の健康や環境に与えるコストを計算に含んでいない。

社内に目を向けても、利益は誤解を招く業績指標となる可能性がある。私は2003年の4月に、ビベンディ社の副CFOとして財務報告や財務計画を監督する立場になった。そこで、会計基準というものがいかに恣意的になりうるかを知った。

当時の状況は混沌としていた。次々と買収をおこなったビベンディグループは資金繰りが悪化し、およそ9ヶ月前にジャン＝マリー・メシエがCEOを追われていた。時を同じくして、監査を依頼していたアーサー・アンダーセン社も、エンロンの粉飾会計スキャンダルで解散へと追いやられていた。ビベンディは既存の負債の満期日を延長するために、アメリカとヨーロッパでハイ・イールド債［格付けが低く利回りが高い債券］を発行することに決めていた。そうして、キャッシュ不足に陥ることなく会社の資産の一部を売却できるようにしたのだ。ハイ・イールド債を市場に出すためには、決算を整理し帳簿を閉じる必要があった。

会社の新しい監査役と共に財務報告をひも解いていくと、報告されている利益と会社の実態に齟齬《そご》があることに気がついた。たとえば会計上のルールでは、親会社は支配している事業の営業利益を100パーセント自社の営業利益に含めることができる。たとえその会社の株式を部分的にしか所有していなくてもだ。一方、親会社が支配していない事業の利益は、その株式を多く所有していても営業利益に算入されない。

ビベンディは、株式の過半数を取得してはいないものの利益を出している携帯電話会社の

SFR(44パーセント)やマロック・テレコム(35パーセント)などを、いささか都合よく営業利益に含めていた。反対に、ポーランドの携帯電話会社PTCやインターネット・プラットフォームのビサビなどの不採算事業は、50パーセントに近い株式を所有していたにもかかわらず計算には入れていなかった。それ自体はまったく合法であり、会計のルールに見合ったものだ。しかしビベンディの営業利益が大きく見えるだけであり、実際のビジネスの健全性からは乖離《かいり》した数字となっていた。

加えて、士気や技術の高い「人」などは会社にとって最も重要な資産だが、健全なビジネスを示すこうした指標は数字として考慮に入れることが難しい。エンゲージメントの高いメンバーはベスト・バイ再建の原動力であり、現在まで続く成功の第一要因だ。しかしながら、そうした要素は財務諸表で確認することができない。すると、どのようなことが起きるか。ウォルマートのCEOダグ・マクミロンは、2016年に「人」への投資を決定し、ベスト・バイでも同様の決断をしたが、こうした投資が短期的に見ると利益を圧迫するものと見なされうるのである。不動産や工場などの有形資産への投資であれば、数年にわたる減価償却として計上できるのとは対照的だ。

利益ばかりに注目することは危険である

利益は、患者にとっての体温に似たもので、奥に潜んだ病状を知らせてくれる兆候だ。しかし病状そのものではない。そのため、兆候ばかりに注目すると危険を招くことがある。患者の体温を健康なレベルに保つだけで報酬を得られる医師がいたらどうだろう。熱を出した患者の体温計を冷蔵庫で冷ます、といったことが起きるかもしれない。

利益は簡単に操作できる。しかもその方法は会計の調整だけではない。人材や、顧客のためになる資産への投資を減らすことでも利益は最大化できる。ただし、それは短期間だけだ。支出が減るため、しばらくは数字上うまくいっているように見えるが、長期的なビジネスの健全性は損なわれる。2009〜12年のベスト・バイは、まさにこの状況にあった。会社は店舗への支出を控え、Eコマース分野への投資を抑えすぎていた。それと同時に、商品の価格は上げていたのである。それでしばらくは利益が維持されていた。だがそれも、ベスト・バイのウェブサイトのひどい使い心地や、私が覆面調査で目にしたような埃っぽい店舗と不十分なカスタマーサービスに顧客が愛想を尽かすまでのことだった。破産への道には、人材への投資や顧客へのよりよいサービス提供よりも短期的な利益に目を向けてしまったシアーズら小売業者の亡骸《なきがら》が散らばっている。これからの章で示すように、ベスト・バイが体現しているのは、人材や顧客への注力こそが持続的な成功の基盤であるということだ。

「数字を達成すること」ばかりに気をとられると、イノベーションも阻むことになる。スタンフォード大学の研究によると、テクノロジー企業においてＩＰＯ（新規株式公開）後にイノベーションが40パーセントほど減速してしまうのは、上場したことで市場圧力を受ける対象となり、経営陣がより慎重になるからだという。[5]

何とか一定の数字を保とうという姿勢は、不況時に攻め手を打つ機会を逃すリスクにもなる。２００８年のグレート・リセッション（大不況）の最中、私はカールソンにいて、ホスピタリティ業界は深刻な打撃を受けていた。そんなとき、たとえばマリオットやスターウッドなど同業種のリーダーたちは、たとえ短期的には利益を悪化させるとしても投資を続けていた。

もちろん、財務業績はとても重要だ。利益は余裕や時間を生む。市場の期待に応えていない上場企業は、すぐに価値を下げてしまう。たとえば２０１４年1月、ベスト・バイの株価は39ドルから25ドルにまで下がった。ホリデーシーズンの販売実績が市場の期待に沿わなかったからだ。前年は11ドルから42ドルまで上昇したじゃないかと、自分に何とか言い聞かせた。市場というものは、何かあるとすぐに反応する。短期的に見ると、過剰な反応を示すことが多い。そして長期的に見ると、継続して業績を上げられないＣＥＯは地位を追われ、利益を上げられない会社は滅びる運命にある。こうしたプレッシャーを無視することはできないが、だからといって近視眼的になることが正当化されるわけではない。

そしてもちろん、悪事が正当化されるはずもない。この20年のあいだにも、エンロンの不正会計、フォルクスワーゲンの「ディーゼルゲート（ディーゼル不正事件）」、ウェルズ・ファーゴの不正営業スキャンダルなど、企業の不祥事が途切れることなく続いてきたのは、数字を過剰に追い続けてきた帰結だろう。２００８年の大不況は、大規模におこなわれた不正行為の結果であり、利益ばかりを追求するビジネスのあり方の危険性を示している。

利益だけに目を向けていると、顧客や従業員を敵に回す

消費者は賢く、要求が多い。私の子どもたちと同じで、企業に求めるレベルは高い。彼らが一緒に仕事をしたいと願っているのは、適切な能力を備えた、倫理的で、社会を積極的に向上させていくような、尊敬し信頼できる企業だ[6]。消費者は、こうした基準に満たない企業からはどんどん離れていくだろう。子どもたちが食卓で挙げた議題のひとつが「製品の陳腐化」だった。テクノロジー企業はあっという間に古い製品のサポートをやめてしまい、アパレル企業は「ファスト・ファッション」と呼ばれているように次々と新しい製品を展開していく。消費者は、こうした戦略は金銭的な利益だけを目指したもので、人間や地球にとって

有益ではないと考えている。

　食品からファッションにいたるまで、さまざまな業界が気候変動への対策を整えねばならないとプレッシャーを感じている。地球温暖化に対する懸念は、人間の行動、そして消費のあり方を変化させつつある。新型コロナウイルス感染症が空の旅に壊滅的な打撃を与える前には、５人に１人が環境への影響を懸念して飛行機の使用頻度を減らしていると回答していた[7]。スウェーデンで生まれた「フライトシェイム（飛ぶのは恥）」運動も国境を超えて広がっていた。こうした傾向を無視することはできない。

　従業員たちも、雇用主に社会や環境を変えていくよう求めている。たとえば２０１９年９月、アマゾンの従業員たちはストライキを起こし、これまで以上にCO_2排出削減に積極的に取り組むこと、石油・ガス業界にサービスの提供をやめること、気候変動を否定する政治家をこれ以上支持しないことを求めた。

　株主は本来、「企業の唯一の目的は金儲けだ」という考え方から最も利益を得るはずの人々だ。そんな株主でさえも、短期的な利益を求めるのみならず、良き市民となることが最終的にはビジネスに寄与すると考える傾向が強まっている。世界最大の資産運用会社であるブラックロックは、投資先の判定基準として新たに「持続可能性《サステナビリティ》」を取り入れた。ＣＥＯたちに向けた２０２０年の年次書簡のなかで、ブラックロックの代表ラリー・フィンクは、特に気候変動は投資上のリスクを生むと説明している。

「気候変動は、長期的な企業活動において極めて重要な意味を持つようになりました。（中略）サステナビリティと気候変動を考慮したポートフォリオは、よりよいリスク調整後リターンを投資家にもたらすと確信しています」[8]

世界経済フォーラムが発表した2020年度版のグローバルリスク報告書によれば、ビジネスリーダーやNGOや研究者たちは「気候変動の緩和と適応の失敗」を、今後10年で世界が直面する最大の脅威に挙げている。[9]

企業に対する株主の期待が変化している理由は、株主たち自身、次の四半期の業績ばかりに目を向ける魂のない存在ではないからだ。株主とは、機関投資家であれ投資信託であれ、他者の経済的な安定や年金を支える人々、あるいはそうした人々の組織だ。だがいずれにしても、そこにいるのはひとりずつの人間である。それゆえに、一様ではない。目的や取引の期間もさまざまだ。だが同時に、この地球を分かち合う同じ人間でもあり、誰もがいだく将来への懸念や人としての願いを共有する存在でもある。そして、消費者や従業員としての一面も持っている。[10]

株主価値至上主義から離脱するよう求める株主たちからの圧力は、言葉によるものだけではない。環境、社会、ガバナンスに関する基準を考慮して投資・運用される資産は、2016年の段階では22・8兆ドルだったが、2018年初めには30・7兆ドルに増加した。[11]さらに、気候変動への配慮について財務報告書に書き込まれることも増え、投資判断に影響を与えるようになっている。[12] この傾向が消え去ることはないだろう。顧客、従業員、そして株主までもが、企業への要求を再設定しつつあるのだ。

利益だけを追うことは精神に良くない

1999年の初め、EDSフランスの社長だった私は、テキサスにあるグループ本社の新CEOも参加するリーダー会議に出席した。そこで彼は会社の戦略を説明した。このプレゼンテーションは、私のなかで膨らんでいたフリードマンの株主至上主義に対する疑念を一層強めるばかりだった。新CEOのアプローチは、ひたすら利益を追うもので、私は意欲をかき立てられなかった。フィードバックを求められても、財務上の結果だけが注力点ではないかもしれないと指摘することしかできなかった。それから数ヶ月経っても新CEOのアプローチには違和感が募るばかりだったため、私はEDSを去ることにした。

2012年にベスト・バイへ移った際、全員に「目標はEPS（1株当たり利益）を倍の5ドルにすることだ」と伝えていたら、何が起こっていただろう？　大した変化は起こらなかったはずだ。それにはれっきとした理由がある。ベスト・バイの従業員たちに「何があなたを突き動かしているか」と尋ねても、「株主価値」と答える人は誰もいない。株主価値は、人が朝ベッドから飛び起きたくなるような動機ではないのだ。もっと仕事に力を注いでほしければ、従業員の心を占めているものが株価ではないことを認識する必要がある。繰り返すが、仕事は退屈な作業や苦しみである必要はない。仕事とは、生きる意味の探求である。利益の最大化はこの探求の答えにはならないため、第1部で言及したような仕事へのエンゲージメントの低下を解決することはできない。利益は、ベスト・バイのような企業を救うために従業員が全力を尽くす動機にはならないのだ。

利益を無視するべきだと言っているのではない。もちろん、企業は稼がなければならない。そうでなければ生き残れない。それに、とりわけ利益を重視するのが望ましい状況もある。たとえば赤字を垂れ流して死の危機が迫っている場合、まず優先すべきは止血だ。自分の事業が稼いでいる手段や理由を把握しておくのも健全なことだろう。

しかし、より健全なのは利益への「強迫観念」に屈しないことだ。真に意識すべきは、「利益は不可欠ではあるものの、それは結果として得られるものであり、それ自体が目的ではない」という点だ。

利益の追求が目的でないなら、何が企業のパーパスなのかと疑問に思うことだろう。この問いに適切な答えを出せれば、資本主義を作り直し、ビジネスを内側から変革し、私たち全員に関わる未来を形作っていくことができる。それは、テーブルを囲んで語られた私の子どもたちの――そしておそらく、あなたの子どもを含めた何百万人もの――願いや懸念に答えることにもなるはずだ。

企業のパーパスをめぐる私の旅は、1993年に、また別のディナーテーブルから始まった。そこでの商談が、真のハート・オブ・ビジネスに私の目を開くことになる。

あなたへの質問

4

企業の唯一のパーパスは利益の最大化であり、主な責任は株主に対してあると考えているだろうか。もしそうなら、その理由は？　そうでない場合、その理由は？

自社の顧客、従業員、そして株主からの期待が変わってきたと感じるだろうか。もしそう感じるなら、それに合わせてあなたの会社は変わってきただろうか。

第5章

"大聖堂"を築く

いいえ陛下、暴動ではありません。革命です。

——ラ・ロシュフコー*

「企業のパーパスは金儲けじゃない！」と、ハネウェル・ブルの新CEOに任命されたジャン＝マリー・デスカーペントリーズは語った。それは1993年のことで、私はマッキンゼーのパリ支社で働いていた。私と同僚たちはデスカーペントリーズをディナーに招待し、新CEOになった彼を何か手助けできないか話し合おうとしていたのだった。私はディナーの時間を存分に使って彼の優先事項を理解し、コンサルティングの売り込みをかけるつもりでいた。

＊ ラ・ロシュフコー＝リアンクール公フランソワ・アレクサンドル・フレデリクからルイ16世へ。1789年、バスティーユ襲撃の翌朝に。

しかしそうした話にはならず、デスカーペントリーズは最近出席したフランスのCEOたちとの会合について語り出した。彼らしい生き生きとした情熱的な語りぶりで、自身のビジネス観やその実践について教えてくれたのだった。

企業のパーパスは金儲けじゃないだって？

私のフォークは宙で止まった。ビジネススクールや経営コンサルタントのキャリアを通して学んだこととは正反対の考えだった。この発言は、多くのビジネスが持つ基本的な前提と真っ向から矛盾する。株主はどうなるんだ？　ミルトン・フリードマンは？

ステーキとワインを味わいながら、デスカーペントリーズは懐疑的なコンサルタントたちに向けてその意図を明らかにしていった。彼はキャッシュフロー計算書を燃やしてしまえと言っているわけではなかった。金を稼ぐことは必須事項であり、事業の結果である。しかし、最終的な目標ではないのだという。

これは大きな衝撃だった。それまでの私も、株主価値の最大化という考えに取り立てて大きな感銘を受けていたわけではなかった。しかしそれを当然の考えとして受け入れていた。彼の指摘は、もっと情熱をかき立てられる別の考え方があることを示唆するものだった。私は注意して耳を傾けた。彼によると、企業には決定的に重要な3つの要素があるという。

人、ビジネス、財務だ。

これらの要素は相互につながっている。1つめの要素「人」が優れ、従業員の育成や充実度が高水準だと、2つめの要素「ビジネス」において、顧客が忠実に繰り返し製品やサービスを購入してくれるという好結果につながる。それにより、3つめの「財務」、つまり金を稼ぐことにおいても優れた企業でいられる。因果関係は次のような方向でつながっていく。

人↓ビジネス↓財務

利益は、最初の2つの要素の結果として生まれるというわけだ。この3つのあいだにトレードオフの関係はなく、優れた企業は3つが同時に高い水準にあるという。

だが、この3つと企業の「パーパス」を混同してはならない、と彼は言う。彼の見解によれば、企業のパーパスとは、従業員を育てて充実感を持たせ、その周囲の人々にも目を向けていくものなのだ。

デスカーペントリーズには周りを巻き込んでいくエネルギーがあり、彼のアイデアは私の心の深い部分に触れた。私は経営コンサルタントとして、「どんな製品やサービスを提供するか」「競争力を持つにはどこにどう位置取るべきか」といった企業の戦略にどれほどの労力が注がれているかは理解していた。しかし、情熱をかき立てる「パーパス」を明確な言葉にすることについては、ほとんど考えもしていなかった。だが、彼の考え方は腑《ふ》に落ちた。このときついに、私は心をかき立てるものに出会ったのだ。

この会話をきっかけに、私はビジネスを根本的に新しい刺激的な観点から眺めるようになった。そしてその後デスカーペントリーズと仕事をしていくなかで、彼がそうした考えをどのように実践しているのかを観察した。これらの経験が、コンサルタント業を離れたあと、EDSフランスからベスト・バイにいたるまで、CEOという仕事への私なりの向き合い方を形作ってきた。この章では私の認識の変化について語り、第6章と7章では実践での活用法を詳しく紹介する。

パーパスと人を重視する

第4章でも取り上げたように、私たちは是が非でも資本主義を内側から徹底して変えていかねばならない。ありがたいことに、私たちにはその力がある。

長い時間をかけ、私はビジネスや資本主義を再構築する礎となるアプローチを発展させ、何度も検証してきた。そのアプローチは、ジャン゠マリー・デスカーペントリーズのほか、多くの人から受け取った知恵をもとに築かれている。

このアプローチの土台にあるのは、利益からパーパスへの根源的な移行だ。私は、ビジネ

図　パーパスフルな人間らしい組織――相互依存宣言

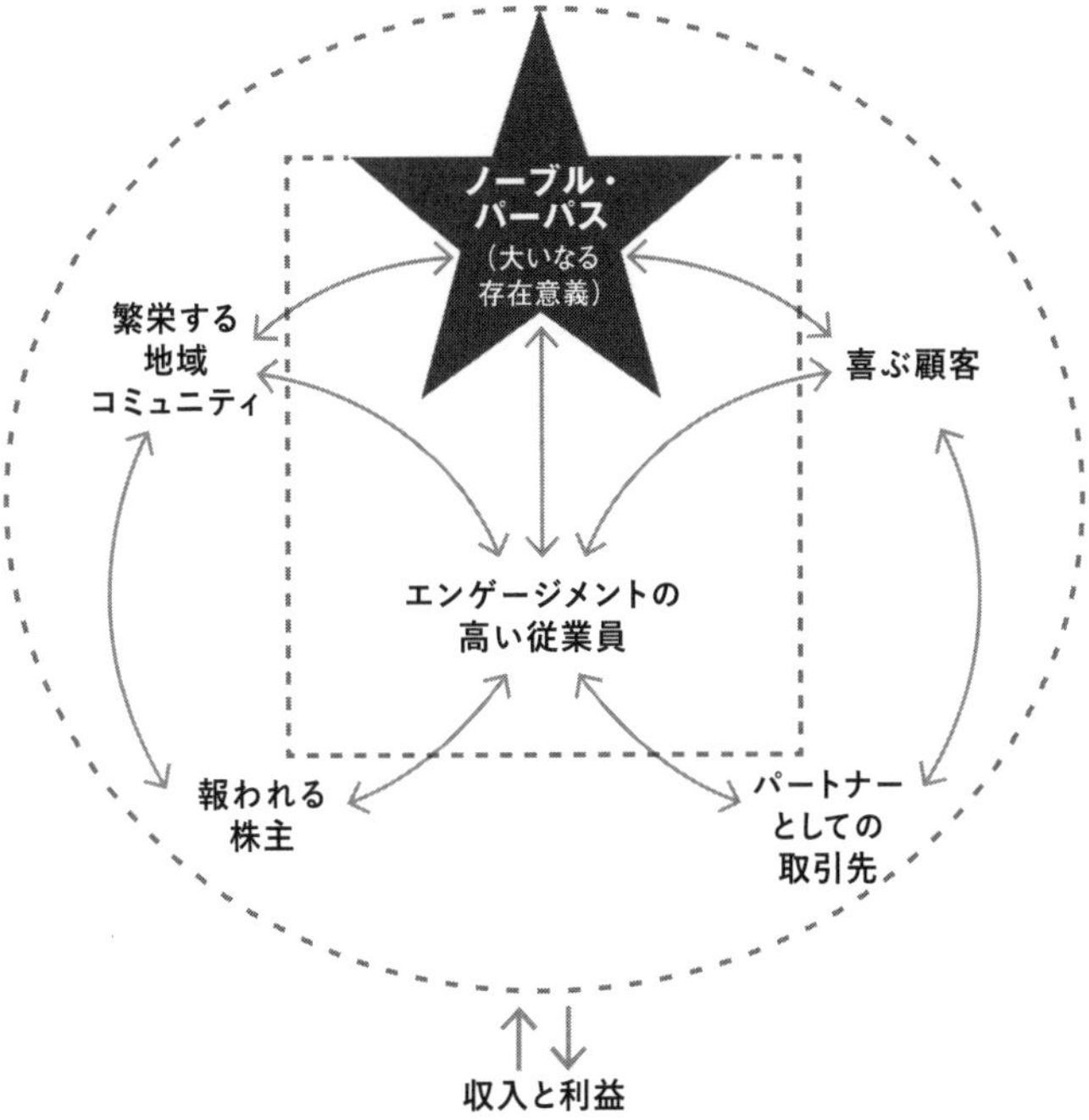

スの根本はパーパスや、人や、人間関係にあると信じている。少なくとも、利益は第一ではないはずだ。企業とは、魂のない「モノ」ではない。一人ひとりの個人が共通のパーパスを目指して協働する、人間らしい組織である。この共通のパーパスが、各個人の生きる意味と重なったとき、人に備わる魔法《ヒューマン・マジック》のような力が解き放たれ、目覚ましいパフォーマンスが発揮される。

上の図は、それを示したものだ。頂点にあるのは「ノーブル・パーパス（大いなる存在意義）」だ。パーパスとは、その企業が存在する意義のことである。

リサ・アール・マクラウド[1]が掲げた言葉である「ノーブル・パーパス」は、世の中に与えたいと願うポジティブな影響のことであり、ひいては公益に貢献することである。この公益こそ企業が核として意識するものだ。公益という視点は、自社の活動のあらゆる側面に組み込まれる。企業は善を為すことでうまくいくのだ。

ノーブル・パーパスは従業員（図・中央）を引き寄せ、顧客とも深く関係する。そして、戦略立案やあらゆる意思決定・評価の指針となる北極星でもある。

第2章では、4つの要素が重なる場所が個人のパーパスになるという図を紹介した。会社のパーパスを考えたり、それが企業の慈善活動やCSRといった狭い考え方とどう違うかを考えたりする際にも役立つ図だ。企業の存在意義も同じように、「世界が必要としているのは何か」「チームとして情熱を傾けているものは何か」「自分たちの会社が得意なことは何か」「そのうえで、自分たちが稼げるものは何か」の4つを考えることで見いだせる。ベスト・バイでは新規事業を検討するにあたり、この考え方をヒントに作った次の4つの問いを活用している。

- その事業は会社のパーパスに沿っているか？
- 顧客にとって良いものか？
- 実現可能か？

● そのうえで、利益をもたらすか？

ノーブル・パーパスは「パーパスフルな人間らしい組織」という枠組みの頂点に位置する。そして中央に位置するのは従業員だ。なぜならビジネスの秘訣《ひけつ》は、最高のメンバーが顧客にとって最高の仕事をすることにより、最高の結果につなげることだからである。経済理論で説かれてきたように従業員や労働をただの投入物として考えるなんてことはできないし、そのように考えるべきでもない。誰も投入物などにはなりたくない。「最高の仕事」は、自分が活躍できる職場環境において、「人的資本」ではなくひとりの人間として扱われていると感じるところから始まるのだ。

私が提唱する概念図では、従業員こそハート・オブ・ビジネスと見なし、中心に据えている。従業員は社内の仲間のみならず会社のすべてのステークホルダー――顧客、取引先、地域のコミュニティ、株主――と思いやりに満ちた本物の関係を築き育んでいくことで、会社のパーパスに貢献するだけでなく、各ステークホルダーに最高の結果を届ける存在である。「顧客にとって最高の仕事」は、こうした従業員が顧客を歩く財布と見るのではなく、人間として心を通わせるときに生まれる。また、ＣＥＯから現場のスタッフまで、従業員たちが顧客のニーズやそれを満たすための最適なサポートを心から理解し、配慮することで生じる。このような形で顧客に喜んでもらうことで、顧客と強い心のつながりを築いた愛されるブランドが作られ、愛着や信頼を呼ぶ。
顧客にとって最高の仕事をし、最高の結果を生むために、従業員は「パートナーとしての取引先」とつながり、協力関係を築いていく必要もある。利益率を上げるために取引先を圧迫するのではなく、双方に利益がある形でつながって協力関係を築き、そのうえで顧客に奉仕するのだ。

それから、ビジネスが成功するには活発な「地域コミュニティ」が繁栄することも必要だ。そのコミュニティで育ち、貢献する従業員は、つながりの中心的な存在と言える。ノーブル・パーパスも、企業と地域コミュニティとのつながりを育んでいく。

最後に、企業と「株主」のつながりも根本的には人間的なものだ。株主とは、顔を持った個人であるか、あるいは人間的なパーパスのために奉仕する人間らしい企業のどちらかだ。たとえば資産運用会社は、人々の経済的な豊かさやリタイア後の生活を支えることを目指した企業である。

つまり、ノーブル・パーパスを追求する従業員たちが心臓《ハート》だとするなら、各ステークホルダーとの関係性は、システム全体を流れて生き生きと動かす血液だ。すべての要素が相互に絡み合い、互いに強化し合うシステムだと言える。

利益は、効果的な戦略と、その戦略の原動力となる人間関係の質の高さから生まれる成果だ。しかし同時に、利益はミッションの達成に欠かせないものでもある。利益があるからこそ、従業員やイノベーションへの投資、成長の創出、地域コミュニティへのサポート、そしてもちろん、投資家たちに報いることが可能になる。

端的に言えば、このアプローチは相互依存を宣言するものなのだ。

このアプローチと、その根底に流れる哲学に心を惹かれている理由はいくつかある。

第一に、このアプローチは哲学的にも宗教的にも腑に落ちるものだ。アリストテレスからユダヤ教やキリスト教、ヒンドゥー教に至るまで、世界で最も重要な哲学や宗教の教えに通じるように感じる。

第二に、このアプローチは機能する。空理空論でもなければ希望的観測でもない。25年ものあいだ、私はパーパスフルな人間らしい組織が優れた結果を残していく様子を間近で眺めてきた。ベスト・バイを含め、複数の企業で成果をあげる様子を実際に目撃してきた。

結果を残せるアプローチ

突き詰めると、ベスト・バイ再建は、こうした原則を受け入れて実践したことが土台となっている。このアプローチは、私がＣＥＯに就任した２０１２年当時にはほとんどの人が想像もできなかったような高みにまで会社を引き上げた。第7章で詳しく紹介するが、再建に乗り出した当初から、私たちはすべてのステークホルダーに配慮し、「ノーブル・パーパス」を中心にして成長や進化の道を探っていった。

お分かりの人もいるかもしれないが、現在のベスト・バイのパーパスは、テレビやノートパソコンを売ることではない。ウォルマートやアマゾンを倒すことでもない。

では、何がパーパスで、どうやってそれを持つに至ったのか？

２０１５年、会社の立て直しが完了すると、私たちはその先について考える時間を取るようになった。もう溺れてはおらず、水面から頭を出すことができた状態だったため、これからどこへ泳いで行こうかと考えるエネルギーがあったのだ。

四半期に一度の幹部会議で、私たちはノーブル・パーパスを明確な言葉にする方法を検討した。パーパスの形はさまざまだが、ベスト・バイのパーパスはどのようなものだろう？　何が会社を形作っていて、この会社はどんなふうになっていけるだろう？　論理的な左脳型の分析調査をおこなったところ、世のテクノロジーの革新は目覚ましいものの、多くの顧客はそのテクノロジーに何ができ、どう活かせるか理解するサポートを必要としていることが浮かび上がった。しかし同時に、右脳型の創造的で感情的な側面についても考えなければならない。２日間のオフサイトミーティングに出かけた夕食の席で、私たちは各自の人生の物語や個人的なパーパスについて語り合った。それが助けとなり、次第に私たちが集団として愛している活動（第2章で説明したパーパスを探る4つの要素のうちの1つ）が浮かび上がってきた。それから2年ほどを経て、ようやくこれだと感じるパーパスにたどり着いた。ビジネスとしても、それを抜きにしても、納得のいくものだった。そのパーパスは、人間としての私たちにとって意味を持つものだった。

ベスト・バイのパーパスは「テクノロジーを通して顧客の暮らしを豊かにする」ことだ。それを実現するために、私たちはエンターテインメント、生産性、コミュニケーション、食、安全、ヘルス&ウェルネスという、人間にとって重要な分野のニーズに応えていく。

このノーブル・パーパスを指針とし、人を第一にしてきたベスト・バイの道のりを振り返ることで、このアプローチが有効である理由を4つの視点から示すことができる。

- このアプローチは視野を広げる
- このアプローチは士気を高める
- このアプローチは経済活動の持続可能性を確保する
- このアプローチは最終的に最高の利益を生む

このアプローチは視野を広げる

ノーブル・パーパスは、拡張性と永続性のあるビジョンを生み出すことで新たなマーケットや機会を切り開いていく。たとえば「テクノロジーを通して人間にとって重要なニーズに応え、人々の暮らしを豊かにする」という視点を持つと、顧客に電化製品を売ることだけでなく、ほかのさまざまな活動も可能になる。そのため、ベスト・バイにできることが広がる。

このアプローチをとると、企業は状況に合わせて変化できるようにもなる。たとえ今から20年後にテレビやパソコンがなくなっていたとしても、「テクノロジーを通して顧客の暮らしを豊かにする」という概念は意味を持ち続けるはずだ。テクノロジーがどう変わろうと、「テクノロジーを通して暮らしを豊かにする」ことに終わりはない。このパーパスを持つと、他社に勝とうとするのではなく、常に最高の自分たちを追求するようになり、会社の可能性が広がり続ける。このパーパスを胸にいだいたベスト・バイには、野心的で、永続的な、想いのこもった目標がもたらされた。可能な限り最高の自分でいようとする試みに終わりはない。ベスト・バイのパーパスは決して完全に達成されることはなく、すべてのステークホルダーの期待に応え続けていく限り、その旅が終わることはない。

このアプローチは士気を高める

第2章で紹介した2人の石工のことを覚えているだろうか。同じ仕事でも、ひとりは石を切っていると答え、もうひとりは大聖堂を作っていると答えた。石工たちに——そして広く個人に——当てはまることは、企業にも当てはまる。

明確なパーパスは、単なる戦略ツールではない。それが効果を発揮するためには、従業員たちの指針となり、士気を高めるものでなければならない。ただ石を切るのは単調でうんざりする仕事だ。しかし大聖堂を立てるというノーブル・パーパスを持てば、生きる意味を探すという人間の探求に答えを見いだすきっかけとなるため、士気が上がる。「テクノロジーを通して暮らしを豊かにする」という夢と、「テレビやパソコンを売る」だとか「株主価値を最大化する」という考えを比べてみるといい。朝起きて、「さあやるぞ」という気分になれそうなのはどちらだろう？

野菜缶に値札を貼り付けていた10代の悲惨なアルバイトを思い出すたび、アメリカのスーパーマーケットチェーンであるウェグマンズのことが頭に浮かぶ。食を通して家族がより健康に、よりよく生きる手助けをするのがミッションの会社だ。ウェグマンズは手頃な価格ながら高品質な商品を提供することに加え、従業員の幸福度が高いことでも知られている。この会社を見れば分かるように、ノーブル・パーパスを明確にして事業に組み込むことは、まん延する従業員のエンゲージメント低下という病に対処するにあたって決定的に重要だと言える。

アンソニー・ウーは、ベスト・バイのカリフォルニア州マウンテンビュー店のブルー・シャツ（販売員）だ。石切りと大聖堂建設との違いを体現している人物である。

女性の買い物客がアンソニーに、「ヘッドフォンを探しているのですが、どれにすればいいか分からないんです」と尋ねてくる。質問を受けたアンソニーには選択肢がある。最も洗練された、最も高価なヘッドフォンを勧めることもできる。あるいは、彼女のニーズを理解するために時間を使うこともできる。アンソニーは会話を始める。彼が関心を示してくれたため彼女は説明に乗り出す。騒々しいオープンスペースのオフィスで働いていて、集中するのが難しいという。そのためノイズは遮断したいが、同僚とのコミュニケーションはとれるようにしておくため、声をかけられたら聞こえるものがいい。ヘッドフォンの知識が豊富なアンソニーは、問題さえ分かれば解決に最適な商品を勧めることができる。そうして勧めた商品は、最も高価なものではない。彼女は満足する。自分の話を聞き、力になってくれる人と出会えたのだ。アンソニーも気分がいい。彼はヘッドフォンを押し売りしたのではない。誰かの日常生活にポジティブな変化をもたらしたのだ。これこそ、仕事における真の人間的なつながりである。

このアプローチは従業員の意欲を高めるだけではない。数多くの人に視聴されているこの2009年のTEDトークのなかでサイモン・シネックは、パーパス――彼の言葉で言うところの「なぜ」――が、人を奮起させるリーダーや組織かどうかを分ける最たる要素だと指摘した。パーパスを起点に考え、行動し、コミュニケーションをとれる組織は、顧客の深い愛着を呼び起こす。サイモン・シネックはこう語る。

「人は『何を』ではなく『なぜ』に動かされるのです[2]」

このアプローチは経済活動の持続可能性を確保する

ここで明確にしておきたい。私は、ミルトン・フリードマンの言う「ビジネスは社会問題に取り組むべきではない」という考えには強く反対だ。健全で生き生きとしたコミュニティのないところにビジネスの成功はなく、地球が燃えているときにビジネスの繁栄はあり得ない。新型コロナウイルス感染症のパンデミックは、健全なビジネスにとって健全で生き生きとしたコミュニティがどれほど不可欠であるかを思い知らされる出来事だった。企業は社会問題に取り組む自分たちなりの方法を考えることができるが、それについては次の6章で詳しく説明する。私は、どんなものであれ企業はそうした役割を担うべきだと考えている。そうすることが正しいからだけではない。それは究極的には、企業自身の利益となるからだ。

このアプローチは最終的に最高の利益を生む

アメリカ人とフランス人、2人のエンジニアについてのお気に入りのジョークがある。フランス人のエンジニアが、自分の発明をアメリカ人のエンジニアに見せ、その発明の裏にある理論について説明する。「いいね」と、アメリカ人は答える。「でもその発明品、実際に使えるの？」。そしてアメリカ人は、自身の発明を使ってみせる。「素晴らしい」とフランス人は言う。「でも理論はあるの？」

パーパスフルな人間らしい組織のアプローチなら、両方のエンジニアを満足させることができる。理論的にも実際にも機能するからだ。私の知る限り、世界でも有数の成功をおさめてきた企業のいくつかが、このアプローチを活用してきた。そのなかから、私が取締役を務めてよく知っている企業を2つ紹介しよう。

まずは、ラルフローレン・コーポレーションだ。同社は人間らしいパーパスとして、本物の価値と世代を超えて受け継がれるタイムレスなスタイルを通してよりよい暮らしという夢を後押しすることを定めている。創業者のラルフ・ローレン本人は次のように語っている。「私がやっているのは、個人ができる限り最高の暮らしを送れるようにし、着るもの、暮らし方、愛し方に至るまで、身の回りの暮らしを存分に楽しんでもらえるようにすることだ」[3]つまり、この企業が提供しているのは服ではなく、ライフスタイルなのだ。従業員たちにとってこの考え方は、たんに服を売るよりも士気の高まるものだ。より可能性が広がり、想いは持続するだろう。同社は、そんな大聖堂の建築を目指している。

2つめの企業はジョンソン・エンド・ジョンソンだ。ニュージャージー州ニューブランズウィックにある本社のロビーには、石英と石灰岩でできた高さ8フィート、重さ6トンの石碑がある。その石には「我が信条（Our Credo）」が彫られている。その4段落の文章は、同社が上場する1年前の1943年に、創業者の息子である3代目の社長によって書かれたものだ。その信条は、何よりもまず人々のニーズやウェルビーイングに奉仕することが基本原則となっている。さらに、顧客、従業員、株主に対してだけでなく、地域や世界のコミュニティに対する責任が明記されている。[4]これまでに何度か改定されてきたが、基本原則は変わっていない。同社は、この信条を倫理的な指針としてだけでなく、意思決定を導く光であり、永続的な成功のためのレシピだと考えている。

ベスト・バイやラルフローレンやジョンソン・エンド・ジョンソンのように、このアプローチをビジネスに組み込んだ企業は、ラジュ・シソディア、ジャグ・シェス、デビッド・ウルフが作った言葉でいう「愛される企業（Firms of endearment）」になれる。[5]ホールフーズ、3M、ティンバーランドなどを含め、そうした企業はパフォーマンスの高いビジネスを築き上げ、パーパスや、自己実現や、すべてのステークホルダーに資する真のパートナーシップといった要素を土台として、他よりも優れた業績を残している。まさに資本主義の変革の最前線にいる企業だ。S&P500［アメリカの代表的な500社に連動した株価指数］と比べても、株価のパフォーマンスは15年で14倍も上回っている。[6]これは、企業が人々の生活にプラスの変化をもたらす「善」を為すと同時に、株主へも非常に大きな利益をもたらせることの裏付けだと言える。このような経済的な成功は、企業が責任をまっとうした結果なのだ。

そのほか複数の研究でも、パーパスを持つことには見返りがあると裏付けられている。[7]投資週刊誌「バロンズ」がアメリカで最も持続可能な企業としてランクづけした企業（ベスト・バイを含む）は、2019年の株主への平均投資リターンが34パーセント以上となり、

S&P500指数のリターン31・5パーセントを上回っている。パーパスフルな人間らしいアプローチは優れた戦略の指針となり、能力と意欲を持った従業員を惹きつけて離さない。そうした企業には、環境へのコストを下げようという確たる方針がある。そして顧客のあいだでは、自分たちのニーズに応えるだけでなく、持続可能性に配慮した良い活動をおこなっているブランドにお金を使いたいという傾向が高まっているのである。[8]

起こりつつある革命

企業のパーパスは公益に貢献することであり、すべてのステークホルダーを大切にしなければならないとする「ステークホルダー資本主義」は、この10年で大きく広がっている。

多くのビジネスリーダーたちがこのアプローチを採用しつつある。2018年、私は資産運用会社ブラックロックのリーダーであるラリー・フィンクから、投資先のCEOたちに宛てた年次書簡を受け取った。

「継続的に発展していくためには、すべての企業は、優れた業績のみならず、社会にいかに貢献していくかを示さなければなりません」

フィンクはそう書いたうえで、「上場企業、非上場企業のいずれも、確固たる理念を持たなければ、持てる力を十分発揮することができ」ないと指摘している。[9] ブラックロックは、同社が株式を保有している企業に対して、社会に貢献する広い視点でのパーパスを明確に定義し、それを会社のビジネスモデルや戦略のなかではっきりと示すよう積極的に促してきた。

私はラリーの書簡に興奮した。私が信じる考えとまるで同じだったからだ。ラリーが自身の発言力と大きな影響力を使って変革を促したことにも胸を打たれた。株主が気にしているのは株価と四半期ごとの業績だけだという考えに対し、説得力をもって異論を投げかけるものだった。世界最大の資産運用会社が、焦点を当てるべきは短期的な利益ではなく大きなパーパスであり、株主のみではなくすべてのステークホルダーであり、近視眼的な市場ではなく長期的な視野だと呼びかけている——この意味は大きい。

その年、私はベスト・バイの株主たちへの書簡のなかで、ラリー・フィンクからの課題に応答した。数ヶ月前の株主総会で公式に発表していた自社のノーブル・パーパスについて詳しく語ったのだ。テクノロジーを通して暮らしを豊かにするという考えは、「ビルディング・ザ・ニュー・ブルー」という成長戦略だけでなく、従業員、顧客、取引先、環境、地域コミュニティとの関わり方にも根を張るものであることを説明した。ブラックロックはベスト・バイの株主のひとつであるため、私はラリー・フィンクに書簡を手渡しすることに決め、その年の7月にマンハッタンのミッドタウンにあるブラックロック本社へ渡しに行った。

それは、ラリーのリーダーシップに感謝を述べる機会にもなった。

2019年の8月、アメリカの主要な企業のCEOが参加するビジネス・ラウンドテーブル[10]は、企業のパーパスについて新しい声明を発表した。

「どんなステークホルダーも大切だ。我々は、すべてのステークホルダーに価値を届けるよう尽力する。我々の企業、コミュニティ、そして国の将来的な成功のために[11]」

これは、1997年に表明していた「企業は何よりもまず株主へ仕えるために存在する」という立場からの大きな変化だった。2019年の8月にビジネス・ラウンドテーブルの声明に署名した181人のCEOは、顧客に価値を提供し、従業員に投資し、業者と公正かつ倫理的に取引をし、自社が活動する地域のコミュニティをサポートし、そのうえで、もちろん株主への長期的な価値も生み出していくことを誓った。声明でも、次のように語られている。

「各企業はそれぞれ自社のパーパスに従事するものではあるが、どの会社もすべてのステークホルダーのために尽力するという基本的な点を共有している[12]」

このビジョンが各地に広がる様子を目にするのは喜ばしいことだ。たとえば2019年5月にフランスで制定された新法では、民法が定義する「企業目的」が1804年以来初めて改定された。それまでは「株主たちの共通利益」を守ることが厳密に定義されていたが、CEOたちの提言により、企業はその活動が社会や環境に与える影響も考慮しなければならなくなったのだ。同時に、自社の憲章のなかで「存在理由《レゾン・デートル》」——利益よりも大きなパーパス——を明確に定義できるようになってきている。

これは革命だ。企業はかつてないほどのパワーと、リソースと、広がりを持って前進していけるようになる。2017年の数字で言えば、世界で最も収入が多い100の組織・機関のうち69は政府ではなく企業となっている。[13] そのパワーとグローバルな広がりを考えれば、ビジネスはあのクリスマスのディナーで子どもたちが投げかけたような課題に向き合っていけるはずであり、その義務があるとも言える。たとえば、温暖化に対する国際的な取り組みを定めたパリ協定からアメリカが離脱したとき、数多くの企業はそれに反対し、温室効果ガスの削減目標をより早く達成できるよう動き出した。それは地球にとってもビジネスにとっても理にかなった行動だった。こうした取り組みはどんどん増えていく必要がある。そうすれば、ビジネスと資本主義を内側から根本的に変えていくことになるだろう。

しかし、そこには疑いの目も残っている。多くの人は、ビジネスリーダーや株主が真摯にパーパスやステークホルダー資本主義への移行を目指しているとは信じていない。顧客や従業員を懐柔するための、ただのリップサービスだと考えている。

今の現実と私のビジョンに隔たりがある理由は、口先だけで意志が伴っていないからではなく、意志はあるが実践が伴っていないからだ。私の知るビジネスリーダーたちは、今のシステムを変える必要があると心から思っている[14]——そして変わろうとするふりをして体裁を繕うことに満足していては、いずれ従業員、顧客、投資家から批判されることも理解している。

しかし必要な変化を生むためには、善意だけでは足りず、近道をしようとしてもいけない。それらから生まれるのは、企業のサイト上にしか存在しない空虚なビジョンやミッションステートメントだけだ。人に備わる魔法のような力を解き放ち、世界にポジティブな変化をもたらすようなパーパスフルな人間らしい組織を作るのは、複雑なだけでなく困難な道のりでもある。だがそうした組織を作ることができれば、好調なときも困難なときも、ビジネスのあらゆる側面に好影響が表れる。そんな組織を作るには、マネジメントとリーダーシップについての考えを根本的に変えていかなければならない。

それは簡単なことではない。しかし必要なことだ。どうすれば企業はこうした根本的な変化を起こせるだろう？　この点については、これからの章で探求していく。

あなたへの質問

5

あなたの会社は、士気を高めるノーブル・パーパスをうまく言葉にしているだろうか。

あなたの会社は、顧客、従業員、取引先、株主、会社が属する地域コミュニティとの充実した関係の構築に、パーパスを組み込んでいるだろうか。

すべてのステークホルダーとのつながりは、うまく機能しているだろうか。

そうでなければ、何が必要だろうか。

第6章

ノーブル・パーパス（大いなる存在意義）を実践に活かす

悪魔は細部に宿る、だが救いも細部に宿る。
——ハイマン・G・リッコーヴァー（アメリカ海軍大将）

スタンリーは両肺の移植手術を経て、自宅で療養している年配の男性だ。彼のもとにベスト・バイのケアスタッフから電話がかかってきて、調子はどうかと尋ねられる。快調だよ、とスタンリーは伝える。

実際にはあまり体調が良くなかったのだが、ケアスタッフはそれを察知することができた。スタンリーの家には数々のセンサーが設置され、そこから送られるデータを人工知能が分析することで、彼がしっかり食べて眠れているか、十分に動いたりトイレに行ったりできているかを推測できる状態だったからだ。彼のような高齢者との関わり方を訓練されたケアスタッフは、普通に食事をとる人に比べてスタンリーが冷蔵庫を開ける頻度が低いことに気づき、本人は快調だと言っているが実は十分に食事をとっていないことを把握できた。実際、彼は食べ物を飲み込むことに苦労していた。こうしてケアスタッフはスタンリーへのサポートを用意することができた。

ノーブル・パーパスや人を組織の中心に置くことの重要性について語ることも大切だが、それはどのように実践に落とし込めるだろう？　そんなふうに聞かれたときは、スタンリーのようなストーリーを紹介している。高齢の顧客が自宅で安全に暮らせるようサポートするとはつまり、「テクノロジーを通して暮らしを豊かにする」ことだ。しかし、どうすればそうしたパーパスを会社に深く根付かせ、事業のあらゆる面の指針とし、スタンリーの例のように実践で活かしていけるだろう？

これは簡単なことではない。それを実現するためには、ノーブル・パーパスを会社の戦略の要にすること、すべてのステークホルダーを大切にしながら協働すること、そしてパーパスに沿った経営慣行を作ることが必要だ。そのためには、たいていビジネス慣行に対する根本的な見直しが求められ、私を含めた多くのリーダーが不変の真実として教え込まれてきた慣行から抜け出さなければならない。

ノーブル・パーパスを会社の戦略の要にする

「テクノロジーを通して暮らしを豊かにする」というベスト・バイのノーブル・パーパスは、プレゼンテーションのスライドに書かれて終わりではなかった。それは私たちの戦略とビジネスのやり方を根本から変え、大きなイノベーションと成長を引き起こした。私たちは数ヶ月にわたって徹底したデータ分析をおこない、ベスト・バイが応えていくべき重要なニーズはエンターテインメント、生産性、コミュニケーション、食、安全、ヘルス&ウェルネスの分野にあると特定した。これらの分野なら、ベスト・バイがテクノロジーを通して暮らしを豊かにしていける。その実現に向け、ただ取引や販売に専念するのではなく、ソリューション開発や顧客との永続的な関係構築に注力したビジネスへ移行していく。

スタンリーが利用していたサービスは、それを体現した一例だった。

高齢者にヘルスケアサービスを提供する事業は「会社のパーパスに沿っているか」「顧客にとって良いものか」「実現可能か」「ベスト・バイに利益をもたらすか」というあの4つの問いによるテストを通過したものだ。アメリカでは毎日1万人が65歳を迎えているうえ、人々の寿命も伸びている。高齢者は、3分の2が慢性疾患を少なくとも1つ抱えているものの、できるだけ長く自宅で年をとりたいと考えている人が多い。ホームヘルス・サービスは、そうした高齢者たちはもちろんのこと、その子どもや介護従事者の暮らしも豊かにするものだ。ますます高価になっている介護付き住宅の代替案となるだけでなく、ヘルスケアや保険業界のコスト削減にも役立つ。

パーパスを軸に戦略を作っていなかったら、「トータル・テック・サポート（家のすべての電化製品に対するサポート）」の提供や、「インホーム・アドバイザー」の導入など、今ベスト・バイで実っているさまざまな好機に気づけなかっただろう。私たちの軸は「テクノロジーを通して暮らしを豊かにすること」であるため、ベスト・バイの技術サポート部門「ギーク・スクワッド（Geek Squad）」は、トータル・テック・サポートの一環としてベスト・バイ以外の小売店で購入した製品であっても相談に応じることにした。またインホーム・アドバイザーは、店舗で対応するのではなく家に出向くことで、顧客の家に最適なテクノロジー・ソリューションを提供できる。アドバイザーたちは、やがて顧客個人の「最高技術責任者（CTO）」のような存在となっていく。こうして顧客は、テクノロジーを最大限に活用する手助けをしてくれるプロと永続的な関係を築いていける。それはもちろん、ベスト・バイのためにもなる。顧客に対する新しいサポート方法の発見は、新しい収入や利益にもつながるからだ。

2012年の段階では、家電製品の分野はあまり成長できておらず、コモディティ化も進んでいたため、ベスト・バイは死にゆく運命にあると思われていた。「我々は家電製品を売る店なのだ」という考えに基づいた戦略だったら、死に絶えていたかもしれない。しかし、ノーブル・パーパスというより広い視点に基づいて戦略を築いたことで状況が変わった。ベスト・バイの周りは、実はチャンスに満ちていたのだ。再建がひと段落した2017年に立ち上げた成長戦略「ベスト・バイ2020／ビルディング・ザ・ニュー・ブルー」におけるすべての取り組みは、「テクノロジーを通して顧客の暮らしを豊かにする」というひとつのパーパスに根ざしたものだった。

しかし、このような形で戦略立案をすると、これまでの慣行に反する部分が出てくる。従来、戦略というものは自分の業界で「ベスト」や「ナンバーワン」の会社を目指して作られる。たとえばGEは、常に各ターゲット市場でナンバーワンやナンバーツーを追い求めてきた。それは私も同じだった。カールソン・ワゴンリー・トラベルのCEOだったころは、ビジネス渡航の分野でアメリカン・エキスプレスからナンバーワンの座を奪うことを目指していた。しかし、「他社との競争に勝つこと」は戦略に書き込めないし、書き込むべきでもない。そうした野心はゼロサムゲームを生み、戦略や活動の視野を狭めてしまう。そのうえ、特に士気が高まるものでも、意義があるものでも、充実感のあるものでもない。

あなたが医療保険や生命保険を扱う会社の戦略担当者だとしよう。あなたがパーパスを利益という点から定義している場合、契約した顧客に保険料だけを納めさせ、できるだけ自社の保険サービスを利用させないのが最善の戦略ということになる。この場合の顧客とのやりとりは、保険料の徴収と保険金請求の処理だけに注意が向いてしまう。一方で、「人々がより健康に暮らす手助けをする」というノーブル・パーパスを持っていたら、戦略は変わるはずだ。それも、劇的に。

まさにこのノーブル・パーパスを掲げてきたのが、南アフリカのグローバル金融サービス企業ディスカバリー社だ。このパーパスに基づいて作られた戦略から、従来の保険を覆す「バイタリティ」という保険モデルが生まれた。同社はハイテク企業や食料品店、小売店、ジムなどと提携し、行動経済学や臨床科学を踏まえたさまざまなインセンティブやゲームやイベントを顧客に提供することで、運動や十分な食事や定期的な健康診断へと誘導している。また、こうした活動による健康リスクの増減を評価することで保険料を変動させてもいる。結果はどうだったか？　ディスカバリー社から見返りをもらえる関わりが増えたことで、顧客は同社への愛着を強く持ち続けることになった。健康を増進する取り組みは顧客の暮らしを向上させるだけではない。ヘルスケアの負担やコストが下がるため、地域コミュニティのためにもなる。その成果として利益が生まれ、企業、取引先、株主にも恩恵がもたらされる。誰もがこの「価値共有型保険」から恩恵を受けているのだ。

すべてのステークホルダーを大切にしながら協働する

何年も前にマッキンゼーに勤めていたころ、招待した夕食の席でフランス人のCEOジャン＝マリー・デスカーペントリーズから、二者択一の問いの98パーセントは「どちらも（and）」と答えたほうがいいと教わった。

この言葉も、当時私が慣れ親しんでいた考え方から抜け出すきっかけとなった。二者択一の世界観からの脱却だ。注力すべきはコストか、それとも収益か。コストか、それとも品質か。大切にするべきは顧客か、それとも従業員か、それとも株主か。取引先とは提携するべきか、それとも競合するべきか。環境やコミュニティに配慮するべきか、それとも利益を重視するべきか。大事にすべきは長期視点か、それとも短期視点か。

今の私は、デスカーペントリーズと同じように、こうした二者択一の問いは人為的なトレードオフだと考えている。ベスト・バイはどのステークホルダーを重視するか取捨選択するのではなく、すべてのステークホルダーを大切にしながら協働することで業績を最大化している。私たちは、従業員も、顧客も、株主も、地域コミュニティも重視しているのだ。

私と同じように利益を第一に考えるよう教えられてきた人は、すべてのステークホルダーを大事にするという考え方は甘すぎると感じるかもしれない。私もそれが簡単だとは言わないが、ゼロサムゲーム的な考え方は改めていくことができる。この章ではベスト・バイが実践してきた方法をいくつか紹介しよう。

顧客を喜ばせる

ベスト・バイのノーブル・パーパスを定めたあと、課題は山積みであることがすぐに明らかになった。どうも何かが欠けていたのだ。従業員の多くは、会社のパーパスが自分や自分の仕事にとって具体的に何を意味するのかが掴《つか》めていなかった。従業員たちが理解しない限り、会社のノーブル・パーパスが実現されることはない。

「内側から始める必要があります」とマイク・モーハンが言ってきた。それは２０１７年のことで、のちにベスト・バイの社長およびＣＯＯとなるマイクは、当時最高マーケティング責任者だったホイット・アレクサンダーと会社の改革に取り組んでいた。２人は私にこう言った。

「テクノロジーを通して暮らしを豊かにするには、まず人から――従業員たちから始めるべきです」

私たちの最高の姿はどのようなものだろう？　ベスト・バイが人間だとしたら、どのように行動するだろう？　この問いの答えを探るため、会社のことをよく知るリーダーたちと何度かワークショップをおこなった。それを経て、ひとつの考えにたどり着いた。ベスト・バイとは、「背中を押す友人」のような存在なのだ。顧客が自分のやりたいことを理解したり、テクノロジーの活用方法を想像できるよう販売員たちがサポートしていく。

そんな考えをもとに、「背中を押す友人」――ベスト・バイの全従業員になってほしい人物像――ならどのような行動をとるかを定義していった。そうして決まった行動指針のひとつが「人間らしく」だった。これが実際の仕事においてどんな意味を持つのかを明確にするために、アメリカの全店舗でワークショップをおこなった。ある土曜日の朝7時半から、各店舗でスタッフが2時間にわたり集まった。そこでは最高マーケティング責任者やCEOからの動画でも観たのか？　違う。まず各店舗の店長が、従業員に期待する行動の土台にある考え方を説明する。それから対話の時間が設けられ、販売員たちは自分の人生ストーリーを共有し、特に自分を後押ししてくれた友人について語り合った。

私はニューヨーク店のワークショップに参加した。ある販売員は、暴力的なボーイフレンドから逃れてホームレスとなったことや、ベスト・バイがどれほど自分にとって家族のような存在であるかを語った。そして私は、尽きることのないエネルギーを持ち、温かで寛大な兄のフィリップにいつも憧れてきたことを語った。

こうして周りと「人間らしく」接する経験をしたことで、従業員たちはスタンリーのような高齢者をサポートするときにも、最適なヘッドフォンを探している顧客をサポートするときにも、同じように人間らしく接すればいいのだとはっきり理解した。ワークショップには、役員たちも含め、会社の全員が参加した。

短期的な利益ではなく人や顧客を重視することで良い結果を得るという経験は、今回が初めてではなかった。1999年にビベンディ社ビデオゲーム部門のCEOになってすぐ、私はカリフォルニア州アーバインに行き、ブリザード・エンターテインメント社の経営チームと会合を持った。ゲーム好きには、この会社のことは説明するまでもないだろう。「ディアブロ」や「ワールドオブウォークラフト」などの大人気ゲームを送り出している会社で、ビデオゲーム界のピクサーのような存在だ。

オフィスに入るなり、私は感銘を受けた。会社の誰もが、可能な限り最高のゲームを作ることだけに力を注いでいたのだ。そんな雰囲気が、本当に壁からにじみ出ていた。受付係から社長まで、すべての従業員が熱烈なゲーマーだった。顧客との直接的なつながりを持っているだけでなく、自分たち自身が顧客だった。熱心なゲーマーたちを開発過程に参加させ、フィードバックを取り入れてもいた。作品の質に対する宗教的なまでのこだわりがあり、可能な限り多くの人に、可能な限り楽しんでもらえるゲーム作りを目指していた。

共同創業者で社長のマイク・モーハイムは、私にこう言った。

「ゲームの発売日を決めよう、なんて言うのはよしてくれよ」

ブリザードでは、万全の準備が整うまで新作ゲームに発売を迫るプレッシャーはないのだという。ゲームが最高のものである限り、遅れることは問題ではない。利益は追うものではなく、結果としてついてくるものだとチームは理解していた。会社の成功の核は顧客との関係であることを知っていたのだ。ブリザードには世界中に何百万という熱狂的なファンがいる。「ワールドオブウォークラフト」だけでも、2010年の段階で1200万人もの月額課金者がいた。可能な限り最高のものに仕上げる前に質やタイミングを妥協してゲームを発売することは、そうした支持者たちを大きく減らしかねない──それは長期的に見れば利益を損ねるだけだ。このアプローチはブリザードの顧客だけでなく、ビベンディ社の株主たちのためにもなるだろうと感じられた。

取引先や競合と力を合わせる

コストの最小化や、利益率の向上を目指した取引先との綱引きは、特に会社が再生段階にあるなら進んでやるべき良いことだ──そう思うだろう。たしかに、取引先とは綱引きをすることもある。しかし、それは双方に利益がある形で手を組める道がないという意味ではない。競合とみなされる会社も含めた取引先との関わり方は、ベスト・バイ再生の大きな要因のひとつだ。ビジネスは勝つか負けるかのゼロサムゲーム──そんな考え方を超えた協力関係をベスト・バイは体現してきたのである。

私がベスト・バイの経営に参加したころは、アップル、マイクロソフト、ソニーなど、多くの取引先と奇妙な関係にあった。こうした企業は自社で小売店を展開していたため、ベスト・バイの競合であるとも言えた。しかし一方で、アメリカで数多くの店舗を持っているベスト・バイには、こうした企業が自分たちのテクノロジーを売って利益を出すために必要なアクセスの良さや販売網があった。私は旅行業界での経験から、取引先も会社の収入源になりうることを知っていた。それに加えてベスト・バイは、さまざまなコストを埋め合わせる必要もあった。私はCEOになってすぐ、顧客が店舗に来てアドバイスを受けたり製品を試したりしたあとにオンラインで購入してしまう「ショールーミング」を減らすべく、店舗での販売価格をオンライン価格に応じて値引きすることに決めていたからだ。

つまりベスト・バイは取引先の協力を必要としていたし、取引先もベスト・バイの協力を必要としていた。戦略的なパートナーシップなどを通して、助け合う方法があるに違いなかった。

このようなことを、私はベスト・バイに入った最初の週に、ミネアポリスの『スター・トリビューン』紙で語った。すると、当時サムスン電子の共同CEOだったJ・K・シンは私の主張を信じ、ミネアポリスまで話を聞きにきてくれた。私たちは夕食をとりながら、サムスンのミニストアをベスト・バイの店舗内に独占的に設置するプランを検討した。この「店舗内店舗」というアイデアは、サムスンにとって大きな時間と資本の節約になる。同時にベスト・バイにとっても、サムスンが発表するGalaxyシリーズの話題の新製品を試したい顧客が店舗に足を運ぶ良い動機になる。ベスト・バイが小売を担当することで、サムスンは製品開発とイノベーションに集中できる。その関係は両社にとっても顧客にとっても合理的なものだった。食事が終わるころには、合意の握手をしていた。

それから数ヶ月後、ベスト・バイはニューヨークのユニオン・スクエア店で、サムスンのミニストア「サムスン・エクスペリエンス」を展開した。そしてこれが成功をおさめた。すぐに、アメリカ中のすべてのベスト・バイ店舗にミニストアが導入され、サムスンのアメリカにおける売り上げ拡大と、ベスト・バイのコスト削減に貢献したのだった。

私たちはマイクロソフト、ソニー、LG、AT&T、ベライゾン、スプリント、キヤノン、ニコン、グーグルなど、ほかの取引先にも同じモデルを適用した。この戦略は、低迷していたソニーのテレビ事業再生にも貢献した。すでに2007年に最初の店舗内店舗を展開していたアップルも、自社の旗艦店を持っているにもかかわらずミニストアの数を倍増させ、そのスペースへの投資を増やした。そして2019年、アップルはベスト・バイがアップル製品のサポートに対応することを発表した。そのおかげで、アップルの店舗が近くにない多くの顧客を手助けできるようになった。これは顧客が店舗を訪れる新たな動機となるため、顧客やアップルだけでなく、ベスト・バイにとっても素晴らしいことだった。

ベスト・バイのミッションが「電化製品を販売すること」のままだったら、ショールーミングによって殺されていたかもしれない。ますます多くの顧客が、店舗で製品を確認してからアマゾンで注文していたことだろう。しかしパーパスを練り直した私たちは、世界最前線のテクノロジー企業と効果的に手を組む方法を見つけることができた。いまでは、マーケティングやスタッフのトレーニングを含め、各ストア内のコストはそれぞれの会社が負担するようになっている。私たちは「ショールーミング」の問題を、ベスト・バイの用語でいう「ショーケーシング」という機会に変えたのだ。

そうした過程を経て、現在のベスト・バイの店舗には、アップル・ストア、マイクロソフト・ストア、サムスン・ストアのほか、ソニー、LG、グーグルなどのストアがある。

そして、アマゾン・ストアも。

そう、アマゾンだ。破壊的な競合相手であり、私たちを殺すと思われていた巨人ゴリアテである。

キンドルのタブレットを皮切りに、私たちは常にアマゾン製品も販売してきた。アマゾンがアレクサ対応製品を筆頭にラインナップを広げていくと、ベスト・バイはアマゾン専用のスペースを設け、競合するグーグル製品のスペースの隣で実演販売などをおこなった。世間はアマゾンがベスト・バイの生存を脅かすと考えていたが、私たちはショーケーシングの成功例とも言える互恵的な協力関係を築いたのだった。

2018年にはアマゾンの新しいプラットフォーム「Fire TV」をめぐり、さらに大きなチャンスが訪れた。アマゾンのシアトル本社から湖を隔てたベルビューにあるベスト・バイの店舗でおこなわれた記者会見で、ジェフ・ベゾスと私はパートナーシップの拡大を発表した。アマゾンはベスト・バイにFire TVを内蔵したスマートテレビの独占販売権を与えた。十数種ものモデルはベスト・バイの店舗か、Amazon.comのマーケットプレイスに出店したベスト・バイを通してしか購入できない。

ジェフ・ベゾスは記者会見でこう語っている。

「テレビは考えてから買われるものだ。顧客は店に来て実物を見たいと思っている。そのテレビに実際に触れ、試したがっている」

『スター・トリビューン』紙は、現実とは思えないとでも言うような驚きをもって伝えている。

「かつて多くの人がベスト・バイを廃業に追い込むと考えていたアマゾンのジェフ・ベゾスが、競合相手に賛辞を送っただけでなく、自社製品の販売にベスト・バイの力が活用できることを認めたのだ[1]」

「実店舗はなくならない」とジェフは言った。「Eコマースは全体の一部を占めていくだろうが、それがすべてになるわけではない[2]」

この「クーデター」は、パーパスと人こそがハート・オブ・ビジネスだと位置づけたことから自然に生まれていったものだ。それまでに何年も協業して築き上げてきた信頼関係が、これほど密なパートナーシップを結ぶ大きな決め手だったとジェフは教えてくれた。

コミュニティの繁栄を支える

第5章で語ったように、私は社会的な問題に関わっていくことがビジネスの務めだと強く信じている。

だが、どうすれば企業は取り組むべき問題の優先順位を決められるだろう？　どんなときに立ち上がって行動し、どんなときはそうすべきでないのか？　企業の社会的責任（CSR）プログラムの多くが陥りがちな、関連性のないことにバラバラと取り組んで整合性がとれなくなり、CEOの積極的な関与も得られないという罠を避けるにはどうすればいいだろう？[3]必要なのは、会社の行動計画をノーブル・パーパスに沿わせることだ。ノーブル・パーパスを行き当たりばったりに後付けするのではなく、戦略の一部として確実に組み込むのである。環境問題を例に取ろう。ビジネスの未来は地球の未来に大きく依存している。そのため当然ながら、ますます多くの企業が気候変動や環境悪化への対策を取り入れたビジネスをおこなうようになってきている。

ベスト・バイは、この10年でCO_2排出量を55パーセント減らしたことを誇りに思っている。たとえば各店舗全体にLED照明を設置し、ギーク・スクワッドの技術者たちはハイブリッド車を使用するようにした。これは環境のためだけでなく、会社のエネルギー消費額を減らす助けにもなった。繰り返すが、ゼロサムゲームではないのだ。

環境対策に大きな変化をもたらすにあたり、業界内の別のプレーヤーたちとの協力も増えてきている。集合的に取り組む《コレクティブ・アクション》ことで、大きなインパクトをより早く生み出すことができるからだ。ある業界のクリティカル・マス［物事が動く一定数］が共同誓約に参加したら、「社会課題なんかに取り組んでいるうちに競合に負けてしまうから」という言い訳は使えなくなる。そのような集合的な取り組みの一例が、２０１９年8月のＧ7ビアリッツ・サミットで発表された協定だ。規模や影響力が大きなファッション関連の企業、たとえばフランスの高級ブランド大手ケリング、アディダス、シャネル、ナイキ、ラルフローレンなどが名を連ねている。その協定は、ファッション業界が気候変動、生物多様性、海洋汚染に与えている影響の改善に取り組むものだ。加盟したブランドの生産量は業界全体の30パーセント以上を占める。

企業間はもちろんのこと、企業、ＮＧＯ、政府、支援機関をまたいでもおこなわれている集合的な取り組みは、まさにユニリーバの元ＣＥＯポール・ポールマンが共同創設して会長を務める財団「Imagine」が目指しているものだ。ＣＥＯたちが手を取り合って「ファッション協定」を結ぶのに貢献したImagineは、この協定の規模を迅速に拡大していく方法を模索している。この協定は不完全なものだという批判もあるが、こうした集合的かつ協調的な行動は正しい一歩だと言える。[4]

自社が事業を展開している地域コミュニティに深刻な不平等が存在するならば、その問題に取り組むことも優先すべきだ。この点に関して、ベスト・バイは「ベスト・バイ・ティーン・テック・センター」を各地に設立してきた。サービスの行き届いていないコミュニティの子どもたちにテクノロジー関連の実践的なトレーニングを提供することで、その先のキャリアに活かしてもらう施設だ。2020年末の時点で、およそ40のセンターが作られている。ベスト・バイの取引先もセンターの建設に協力してくれたが、それは企業が互いの強みを持ち寄って善を為せることの証しだと言える。企業が地域コミュニティをサポートする方法はさまざまだが、気まぐれの取ってつけたような活動ではなく、企業のパーパスに沿ったビジネスの延長線上にある取り組みのほうが、はるかに力強く広範囲に届き、成功する。

多くの企業は、教育、移民、マイノリティの権利など、現在および未来の従業員が深く関心を持つ社会問題にも力を注いできた。これらの動きの分水嶺となったのは、セールスフォースの創業者であり共同CEOでもあるマーク・ベニオフの行動だった。彼は、収益に影響が出るリスクがあったとしてもLGBTQ+の権利を支援しようと、断固たる行動をとったのだった。ベニオフは、それが会社にとってもCEOとしての自分の役割にとっても分岐点だったと語っている。彼が表立って立場を明確にしたことで、セールスフォースの認知度はさらに高まり、会社は最高益を更新し続けた。さらに、彼の取り組みは従業員たちへ会社の価値観を伝える明確なシグナルにもなった。彼は言う。

「企業がバリュー（価値観）へのコミットメントを掲げずとも最も優秀な人材を雇用し、つなぎとめておける時代は去った。価値は価値観から創造するものだという考えを受け入れない限り、どんな企業にも将来的な成功はない[5]」

ベスト・バイもさまざまな問題に声をあげている。その一例は、2017年8月末の早朝に始まった。オフィスでニュースをチェックしていると、トランプ大統領と全議員に宛てて公開書簡が送られたことを知った。その書簡には西海岸のビジネスリーダーたちが数多く署名していた。トランプ政権は、ドリーマー（幼いころにアメリカへ不法入国した移民）がアメリカで合法的に就学・就職できるようにする「若年移民に対する国外強制退去の延期措置」（DACA）の撤廃を宣言していた。公開書簡は、ドリーマーに与えられた救済措置を維持し、恒久的な制度化に向けた法案を可決するよう、政治指導者たちに迫るものだった。

アメリカの大手企業の多くと同じように、ベスト・バイの従業員にもドリーマーがいて、ワシントンでの政治的な綱引きの行方をとても不安がっていた。そんな従業員たちを守る必要があった。私自身も移民だったため、この状況には深く心を動かされた。だが、私が動いた理由はそれだけではない。誠実に申告してこのプログラムに登録していた若者約80万人のうち、97パーセントが仕事を持つか学校に通っていた。そんななかで突然、即時強制送還という危機に直面することになったのだ。これは移民問題についての議論を超えていた。これは公正さと人道の問題だった。この集合的な取り組みにベスト・バイが参加しない理由があるだろうか？

何か行動を起こさなければ。それも迅速に。私はコミュニケーションおよび広報部門を統括していたマット・ファーマンに連絡をとった。そしてその日の終わりには公開書簡に署名し、ビジネスリーダーたちが発表した声明に私や会社の声を加えた。さらに従業員たちに対しては、ベスト・バイはドリーマーに寄り添い、必要に応じて法的支援をすることを強調した。

1ヶ月後、ベスト・バイは「Coalition for the American Dream（アメリカのドリーマーのための連合）」を共同で設立し、ドリーマーたちへの恒久的な解決策を模索していくこととなった。残念ながら、そうした解決策は今のところ見つかっておらず、裁判を通した争いが続いている。2019年10月には、DACAプログラムをサポートするべく、最高裁判所に提出するアミカス・ブリーフ〔第三者による意見書〕にも名を連ねた。2020年6月18日、最高裁はトランプ政権によるDACAプログラム廃止案を差し止めた。これによって生まれた時間の猶予を活かして、ドリーマーに向けた恒久的な解決策が見つかることを願っている。それまでのあいだ、ベスト・バイは自分たちが正しいと思うことに声をあげていくつもりだ。

株主に報いる

すべてのステークホルダーに配慮すると言っても、決して株主を軽んじるという意味ではない。はっきりさせておこう。問題なのは株主自体ではなく、株主のことを顔や心を持たない謎の石版のように考え、ほかのすべてのステークホルダーを犠牲にしてでも優先しなければと思ってしまうことだ。こちらが人間として扱えば、株主はよく描かれるような目先の利益ばかりを追求するモンスターではなくなることに、私は気がついた。ベスト・バイは株主たちに、会社のパーパスは金儲けではないことを明確に伝えてきた。２０１２年11月に再建計画「リニュー・ブルー」を発表したときもそうだった。事業が死の間際にあったにもかかわらず、その再建計画は株主だけでなくすべてのステークホルダーを大切にするものだった。２０１９年４月の株主総会でも同じことを伝えたが、こうしたアプローチを株主は完全に理解してくれていると感じた。

株主を味方につけるのは想像よりも簡単だ。ノーブル・パーパスを持ち、すべてのステークホルダーを大切にすれば、株主にとっても良い結果が生まれる傾向にあるからである。ベスト・バイの株価は２０１２年11月に11ドルという安値をつけたが、およそ8年後にこれを執筆している段階では１１０ドル以上になっている。

人間味のある関係をハート・オブ・ビジネスに位置づけるとは、すべての人を大切に扱うという意味だ。そこには、この会社の株を好まない投資家やアナリストも含まれる。再建から回復へと至るあいだ、ある金融アナリストは何年もずっとベスト・バイの株を「売り」推奨していた。私たちは彼に怒りをぶつけることだってできた。どうしてこの男には会社の前進が見えないのだろう？　しかし彼は彼の仕事をして、自分の顧客に力の限りアドバイスをしていただけだ。そのため、投資家に向けた広報活動をおこなうＩＲチームは、他のアナリストたちと同じように彼に対しても丁重に接した。すると最終的には、そんな彼すらも負けを認め、「売り」推奨の意見を変更してくれた。

すべての人を顧客のように、そして切実なニーズを持った人間として扱う。なんという革命だろう！

ビジネスはゼロサムゲームだという世界観を捨てれば、「どちらか（either/or）」ではなく「どちらも（and）」という視点が持つ力は無限大になる。ビジネスは善を為すことと成功することと、どちらも可能なのだ。ベスト・バイは、スタンリーのようなアメリカの高齢者のニーズに応えると同時に、まったく新しいビジネスを成長させることもできている。電化製品リサイクルプログラムは、貴重な金属の節約になると同時に、顧客への真のサービスを提供することで来店を促すこともできている。エネルギー効率のいいLED照明に投資することは、CO_2排出量の削減になると同時に、エネルギーの節約により運営コストの削減もできている。ベスト・バイ・ティーン・テック・センターに投資することは、サービスの行き届かない地域で不利な立場にある10代の子どもたちが技術を習得する支援になっていると同時に、ベスト・バイの従業員の多様化にも貢献している。

ビジネスを成功させると同時に、世界の火急の課題――私の子どもたちや、その世代の多くを悩ませている問題——に対処する鍵は何か。それは、顧客も取引先も地域コミュニティも株主も含めたすべてのステークホルダーを大切にしながら協働し、自分たちが定めたノーブル・パーパスを追求することだ。それが実現するのは、従業員がそれらすべての人と心《ハート》でつながったときである。

ノーブル・パーパスに沿った経営慣行を作る

パーパスと人を重視したモデルへの移行には、主だった経営慣行の変更が必要になる。ベスト・バイでは、ジャン＝マリー・デスカーペントリーズの言う「人」→「ビジネス」→「財務」のアプローチを反映した慣行作りをおこなった。

それはつまり、時間の使い方と周りとの接し方をリセットすることを意味する。たとえば、ベスト・バイのCEOだったころ、私は新しい慣行として毎月のビジネスレビューのやり方を変えた。まず最初に従業員についての話し合いから始め、次に顧客、それから財務の話をするようにしたのだ。一般的ではない形だが、優先順位がはっきりと感じられる方法である。取締役会に最新情報を伝える際にも、同じ順序でおこなうようにした。会社の存続がかかっている再建の最中でさえも、財務ではなく人やビジネスの立て直しを考えることに多くの時間を割いた。

私がこのアプローチを習得するまでには少し時間がかかった。EDSフランスの社長だったころ、私は何時間も財務報告書を分析し、延々と数字について問いただし、本当に細かい部分にまで首を突っ込んでいた。数字や分析が好きな私は、それに満足していた。「人」↓「ビジネス」↓「財務」のアプローチを導入したあとでさえ、結果が芳しくないときは昔の習慣に戻ってしまっていた。しかし今では、それだとチームをかき乱すばかりで何も生まないと分かっている。会社のCFOに仕事を任せることも、私に必要なスキルであり訓練だった。

ホリデーシーズンに向けてベスト・バイの店長たちがアメリカ各地から集まる、「ホリデー・リーダーシップ・ミーティング」という取り組みがある。これも、経営慣行をどのように変える必要があるか、またどのように変えることができるかを示す一例だ。どう考えても、ホリデーシーズンはベスト・バイの成功にとって決定的に重要だ。このホリデーシーズンがある第4四半期だけで、1年の利益の半分を占める。そのため、ホリデー・リーダーシップ・ミーティングの内容は「いかに成果を最大化するか」が焦点になると考えることだろう。しかしそうではない。2019年の秋、私が参加した最後のミーティングは、「自分の士気を高めるもの」について現場スタッフやマネジャーが個人的な話を披露することから始まったのだ。ステージは正面ではなく中央に位置していた。CEOは2日目まで発言することがなかった。

同じくパーパスと人を重視するという観点から、年に一度のこの集まりは慈善活動をおこなってから会が始まることになっている。たとえば社会的に不利な立場にある子どもたちのためにパソコンを組み立てる作業などをおこない、経済的な成果ではなく人間性こそがハート・オブ・ビジネスであることを全員に思い出させるのである。

ベスト・バイは、評価指標を変えることによっても経営慣行を変革した。重要業績評価指標（KPI）として設定されるのは、利益や順位だけとは限らない。従業員アンケート、顧客体験を評価するネット・プロモーター・スコア、そしてカーボンフットプリントやダイバーシティの達成度など、あらゆるステークホルダーから見た評価指標も、長い時間をかけて大きく増やしてきた。環境への影響などを考慮した会計基準も開発されている。さらには、会社の慣行にどれほどパーパスが組み込まれているかを測定するツールも現れ始めている[6]。

こうした指標は完璧なものではない。しかし、完璧な指標など存在しないのだから、「評価指標が不完全で行動できない」という言い訳は通用しない。そのような言い訳をする人を見ると、夜道で鍵をなくした男の話を思い出す。彼は街灯が照らしている範囲を一生懸命探している。「本当にそこでなくしたの？」と友人に聞かれると、彼はこう答える。

「違うよ。でもここしか明かりがなくてさ」

私たちは街灯の外に踏み出すことができるし、そうするべきだ。特に、社内の変化が促進されるような外部の評価基準を取り入れて進むべきである。格付け会社、金融アナリスト、議決権行使助言会社（株主総会における議案への投票を株主にアドバイスする会社）は、企業の業績や見通しを評価する際、これまでより多岐にわたる指標を考慮するようになってきているが、まだ若干の遅れがある。たとえば議決権行使助言会社は、役員報酬の評価をする際に、まだ株主へのリターンのみを踏まえて判断する傾向がある。

より優れ、よりバランスのとれた、より汎用性のある業績評価指標を生み出して導入していく旅は、継続していかなければならない。

ノーブル・パーパスを持ち、心《ハート》から人とつながるビジネスは素晴らしいものに聞こえるかもしれないが、会社が苦境に陥るときもあるだろう。すると現実が襲ってきて、昔ながらの形に戻ってしまうのでは？

ベスト・バイ再建の物語が体現しているように、このアプローチが有効なのはうまくいっている企業だけではない。事実、次の章で示すように、このアプローチこそベスト・バイが危機から復活できた大きな要因だった。

あなたへの質問

6

あなたの会社の戦略は、どのようにノーブル・パーパスを反映しているだろうか。

あなたの会社と従業員、顧客、取引先、地域コミュニティ、株主との関係は、完全にパーパスに沿ったものだろうか。

あなたは「どちらか（either/or）」のアプローチをとる傾向にあるだろうか。それとも「どちらも（and）」の精神で課題に向き合えるだろうか。現在の問題を捉え直し、Win-Winの解決策を引き出すことができるだろうか。

ミーティングでは何を最初に議論しているだろうか。人？　ビジネス？　財務？

従業員、顧客、取引先、地域コミュニティ、株主との関係をどうやって評価しているだろうか。

第7章

誰にも憎まれずにビジネスを再建する方法

あれは最良の時代であり、最悪の時代だった。
――チャールズ・ディケンズ*

再建をめぐる典型的なシナリオは、次のようなものだ。

会社が不振に陥る。そしてその会社が、人員整理、一時解雇、組織再編を発表する。それをウォール街が称賛し、何千人という従業員が会社を去るなか株価が上昇する。こんな映画はどこかで見たことがあるし、恐怖、怒り、不信感を表すサウンドトラックも耳にしたことがある。それに、この映画にはたいてい何本もの続編があり、リストラが繰り返される。

*『二都物語』加賀山卓朗訳, 新潮社, 2014年, 13頁

企業再建とは血を流すスポーツ、底辺への競争、従業員数や支出や顧客へのサービスを容赦なく削減するものだと考えられている。

——本当にそうだろうか？

パーパスと人こそハート・オブ・ビジネスだという考えや、これまでの章で説明してきたような実践モデルは、成功しているビジネスだけに有用なものではない。実際、このアプローチはベスト・バイを含めた各社での私自身の経験や、他社の企業再建を研究して得た学びに基づき、私が長い年月をかけて作り上げてきた「再建の手引き」の核心をなすものだ。ジム・シトリンのアドバイスに従ってベスト・バイでの仕事を引き受けようと決めたころ、私はすでに6つの企業再建を手がけてきていた。そうした経験から、ベスト・バイの再建に乗り出す自信をいだいていたのだった。最終的には素晴らしい冒険となったが、当時のミネアポリスの友人の多くは、私のことを頭がおかしいやつだと考えていた。

この「手引き」にある原則は、先ほどのシナリオのような血みどろの戦いに対するアンチテーゼだ。「削減、削減、削減」とは正反対の思想である。ビジネスが窮地に陥っていると き、人こそが再建成功の鍵となる。生存は従業員にかかっている。従業員がどれほどエネルギーを持てるか。顧客をはじめとしたすべてのステークホルダーをどれほど大切にできるか。キャンプファイヤーを囲んでスモアを食べながら語り合うような、和やかな関係を推奨しているわけではない。私が重視しているのは、目的に向けて結集し、エネルギーを持ち、物事を迅速に実現していくような人同士の関係だ。

2012年の秋に開始したベスト・バイの再建計画「リニュー・ブルー」の物語は、人のエネルギーやつながりの力を解き放つ方法を示している。そうした力は、特に危機や困難と向き合う際に関係が深く、有意義で、効果的だ。ここでは、その再建ストーリーを時系列で追っていくのではなく、再建の指針となった原則をもとに紹介していく。その原則とは、「どんなときも人から始める」「どんなときも人が最後」「人のエネルギーを生む」というものだ。

どんなときも人から始める

2012年9月4日は、ベスト・バイのCEOとしての初日だった。しかしミネソタ州リッチフィールドにある本社へと車を走らせる代わりに、私は100キロほど北のミネアポリスに向かった。私が目指したセントクラウドという町はミシシッピ川沿いにあり、農地の多いこの州の中心部に位置している。私は最初の3日間、その町にあるベスト・バイの店舗で働くことになっていたのだった。

現場から学ぶ

ベスト・バイはおろか小売業自体が初めてだったため、私はたくさんのことを学ぶ必要があった。それには現場で働く人の話を聞くのが一番だ。カーキのパンツをはき、ベスト・バイの代名詞でもあるブルーのポロシャツに「CEOトレーニング中」のバッジをつけて、初日はスタッフと会い、耳を傾け、質問をし、店舗をあちこち歩き回り、あらゆる売り場を訪ね、販売員が接客する様子を観察し、さらに質問を重ねた。自分のシフトが終わると、店の運営チームと夕食に地元のピザ屋へ行った。そこでは語らいながら互いのことを知っていくだけでなく、うまくいっている部分とそうでない部分を教えてもらった。この人たちこそ毎日顧客と向き合い、与えられた環境のなかで職務を果たしていかねばならない当事者なのだ。

従業員たちはベスト・バイの現実をよく知っていた。本当によく知っていた！　夕食のあいだには、たとえば販売員の一人がbestbuy.comのウェブサイトの検索エンジンに問題があると指摘した。顧客が探しものを見つけられないのだという。試しに彼女は検索バーに「シンデレラ」と入力した。検索エンジンがはじき出したのは、ニコンのカメラの一覧だった。どうしてこんなことが起きるのか分からない。

デザートを食べているときには、数ヶ月前に従業員割引が廃止されたことにも不満をいだいていることが分かった。多くの「ブルー・シャツ」たちがベスト・バイで働いているのは電子機器を愛しているからでもある。自分たちにとって価値のある福利厚生が廃止されたのは、少し厳しい決定だった。さらに腹立たしいことに、同じ時期に取締役会は、再建の荒波を進んでいくあいだ会社に残り続けてもらうべく特定の上級幹部たちに「ステイボーナス」を導入することを決定していたのだとも教えてくれた。

翌日、私は店長のマット・ノスカとランチに行った。就任前の覆面調査のときもそうだったが、その日の午前中に見たときも、CDやDVDやゲームがフロアのスペースを取りすぎているように感じた。私はナプキンを手にとって、マットに大まかなフロアの見取り図を描いてもらった。彼が描いた店内図では、オンライン配信に急速に地位を奪われつつある物理メディアがフロアのおよそ5分の1を占めていた。一方、携帯電話は需要が大きく高まっているにもかかわらず、ごくわずかな面積（4パーセント）を占めているだけだった。ジューサー、ミキサー、コーヒーメーカーなどの小型家電製品も、人気があるうえ利益も上がる――アメリカ国内で160億ドルほどの市場規模があり、しかも拡大を続けている。[1] しかし残念ながら、それらの製品はセントクラウド店でほとんど目にすることがなかった。ひとつだけミキサーを見つけたが、それは店の奥に隠すように置かれた棚にあった。これらはどれも、明らかに店にとっての好機であるはずだった。

店舗に戻り、顧客を観察してみた。すると、販売員としばらく話した顧客が何も買わずに帰っていくことがあるのに気がついた。そうした顧客はショールーミング、つまり店員の意見を聞いたりサンプルを試したりしたあと、店より安く買えると思ってオンラインで購入していたのだ。この現象が販売員のやる気を削いでいた。

私はぜひ知りたいと思った。ブルー・シャツたちは、なぜ顧客がベスト・バイに来るべきだと考えているのだろう。他の店にはなく、私たちだけが提供できているものはなんだろう？　それぞれ思いつく限りの意見を出してくれたが、それらに一貫性や強い説得力はなかった。そうして私は、会社がブルー・シャツたちに「私たちは何を提供できるのか」という決定的に重要な問いへの明確な答えを与えていなかったことを知った。そんな状況では、顧客もベスト・バイを選ぶべき理由など分かるはずがない。

研修期間が終わりに近づいたころ、マット・ノスカのオフィスでミーティングがおこなわれた。そこでは、店舗の業績を測るにあたり、ストアカードの申し込み数や延長保証の数から、製品カテゴリー別のアクセサリー販売数に至るまで、30〜40もの指標があることを教えてもらった。会社の各部門が独自の指標を展開し、自分たちの指標が最優先事項だと言うため、現場の販売員や店長たちは何に注力するべきか理解できなくなっていたのだ。こうした指標が特に効果的ではないことや、顧客を大切にしているものではないことは考えられてもいなかった。店のスタッフたちは戸惑い、混乱し、途方に暮れていた。それが顧客の目に映るベスト・バイのブランドを傷つけていることは明らかだった。

最初の数日で現場の従業員に話を聞き、店の様子を観察して学んだこれらの情報は、会計記録を精査したり、本社の会議室で他の幹部たちと話し合ったりしても決して得られなかっただろう。数日かけて新たな同僚たちの意見を聞き、仕事ぶりを観察すると、ビジネスを軌道修正していくためにできること、およびすぐに取りかかるべきことについて、たくさんのアイデアが得られた。ビジネスが困難に直面しているときの最善策は、現場の従業員たちに耳を傾けることだ。のちに店長たちに伝えたような、仕事を妨害する「クレイジーで、愚かで、バカげた」物事を速やかに特定できる。ベスト・バイの再建は、このセントクラウドのブルー・シャツたちと共に始まった。

ふさわしい人をトップに選ぶ

「人から始める」とは、適切な経営陣にするという意味でもある。ビジネスがうまくいっていたら、それは現場の従業員たちのおかげだ。ビジネスが苦戦しているなら、その責任はトップの経営陣にある。毛沢東と同じで、私も「魚は頭から腐る」と思っている。

ベスト・バイは苦境に立っていた。つまりトップの経営陣は結果に対する責任を持つべきだった。しかし、だからといって私はチームメンバーを全員入れ替えたわけではない。初日に経営陣には、全員が「A」評価からスタートし、その「A」を維持できるかは個人次第だと伝えた。

経営陣の適切化は、自然淘汰のようなプロセスになる場合がある。少し経てば、必要なことを実行する能力や意志がなく、経営陣から去るべきメンバーは見えてきた。

モバイル事業を成長させている者を含め、何人かは内部から引き上げたが、外部からも新しいメンバーを招いた。幸運なことに、シャロン・マッコラムを説得し、引退生活から復帰してベスト・バイのCFOに就いてもらうことができた。マルチチャネル化して成功をおさめている小売企業、ウィリアムズ・ソノマでCFOとCOOを務めていた人物だ。私たちはまさに彼女を必要としていた。投資家たちから尊敬され、Eコマース分野での素晴らしい経験を持ち、実務能力が非常に高い財務責任者だった。加えて、スコット・ダーチスラグも、エクスペディアで得た専門知識と経験を活かしてベスト・バイのEコマースをリードしてくれることになった。

経営メンバーの変更は、経営陣の働きぶりを真剣に査定しているという強力なメッセージとなり、組織の末端にいる従業員たちにエネルギーを与えることにもなった。

ベスト・バイの創業者であり、筆頭株主でもあったディック・シュルツとの関係を修復することも、「人から始める」ことの一環だった。

ワンチーム、ワンドリーム

2012年5月に、ディック・シュルツはベスト・バイの会長職から降りていた。私が新CEOの打診を受ける前の話だ。私が就任した9月ごろ、シュルツは会社を非公開企業にしようと攻撃を仕掛けてきていて、取締役会と対立していた。創業者と争っている会社なんて、私からすれば狂気の沙汰だった。私はディックが成し遂げてきたことに大きな敬意をいだいており、従業員たちにもそれを伝えた。非公開会社になろうが公開会社になろうが、彼が創業者であり筆頭株主であることに変わりはない。だから私は彼とポジティブな関係を築きたかった。長年ディックの右腕を務め、2002年から2009年までベスト・バイのCEOだったブラッド・アンダーソンとは親交があったため、ディックを紹介してもらえないかと頼むと、対面する機会を設けてくれた。

10月、セントクラウドでの勤務から1ヶ月後、私はディック・シュルツの家族が運営する財団のオフィスに向かった。ベスト・バイの本社から数分のところだ。スーツにネクタイ姿でディックのオフィスに入り、履歴書を渡した。

「通常の状況なら、あなたが私の面接をしていたはずなので。きちんと自己紹介をしようと思って来たんです」と私は言った。のちにディックは、この行動に心を動かされたと教えてくれた。

ディックと私はこれ以上ないほどにタイプが違った。彼は人生のすべてを小売事業の確立に費やしてきた一方で、私には小売業の経験がなかった。彼はベスト・バイを内側から知り尽くしていたが、私は部外者だった。それでも、私たちはなんとか共通点を見いだすことができた。ディックに会った瞬間、善良な心を持った思いやりある人だと感じた。彼はただただ自分が築いたビジネスの行く末を心配していて、口を出さずにはいられなかったのだ。私は彼に、人や顧客を中心とした自分の基本的なビジネス哲学を伝えた。むやみに店舗や人員を削減していくつもりはなく、どちらもベスト・バイの大きな強みだと考えていることも伝えた。会話が終わるころには、氷は解けていた。

翌月の感謝祭の日には、当時ベスト・バイの会長を務めていたハティム・ティヤブジと共にフロリダにあるディックの家へ飛んだ。このときすでに、投資家たちにはベスト・バイの再建プランを提案すると伝えていた。ハティムと私はベスト・バイの健全性を取り戻すべく、ディックやブラッドとどう連携できるかを相談しようと考えていた。全員が、会社のために力を尽くそうとしているのは明白だった。ハティムは、問題があるのであれば自分が会長の職を降りることも辞さないと語った。たとえばハティムは、まだ完全に歩みが揃っているわけではないことも確かだった。ディックの弁護士のオフィスで議論しているとき、ディックは自分がベスト・バイの買収に成功したら、私をCEOに置き続けるという寛大な申し出をしてきた。ブラッドや元CFO兼COOのアル・レンツマイアーと共にプランは練り上げてあるため、CEOとしてそれを実行してくれればいいという。だがそれに対し、私は敬意を持って答えた。

「私は意見に耳を貸すのはかなり得意ですが、指示に従うのは全然得意じゃないんです。おそらくですが、あなたと同じようにね！」

みんな笑い出し、場の空気はさらになごんでいった。

2013年1月ごろ、ディックのプライベート・エクイティ・パートナーは、非上場化に向けた買収の資金を集めるのに苦戦していた。2月末には、上場企業であるベスト・バイの私募増資をプライベート・エクイティが引き受けるという代替案も、条件面で合意できずに消滅した。しかし私は、なおもディックと協力し合う方法を見つけたかった。ディックがCEOだった時代から知っている者も多く、彼と会社の確執は従業員たちの気持ちを乱し、影響を及ぼしていた。10ヶ月におよぶドラマに終止符を打って、前に進むべき時期だった。

そして4月、ようやくディック・シュルツは名誉会長という形で会社に復帰することに合意してくれた。取締役会に復帰することはなかったものの、私の賢明なる相談役になってくれた。ベスト・バイ・ファミリーは再びひとつになった。正式に戦争が終結し、互いの力を持ち寄って再建へと向かえるようになったのだった。

どんなときも人が最後

ベスト・バイのコストは肥大化していたので、もちろんベルトを締める必要もあった。

しかし「人が最後」である。つまり船が沈みかけていたとしても、人員を減らすのは最初ではなく、最後なのだ。

これもジャン＝マリー・デスカーペントリーズから何年も前に教えられたことだ。再建において優先すべきは次の順序であるという。

①売り上げの成長
②給料以外のコストの精査
③従業員の福利厚生に関するコストの最適化

①〜③では十分でない場合に限り、初めてしかるべき人員削減の検討に移るのだという。それこそが人を中心に据えた、パーパスフルな人間らしい組織だ。

アナリストのなかには血を流せと騒ぎ立てる人もいた。店舗を閉鎖し、人員を削減しろと助言してきたのだ。削減、削減、削減。しかし店舗を大量に閉鎖してしまうのは正しい答えではなかった。それまでの経験上、「人が最後」だと考える企業のほうが、よりうまく再生できることを私は知っていた。

カールソンにいた2008年は大不況に見舞われた。そのときの旅行部門ドイツ支社の対応に、私は感銘を受けた。企業の出張は、顧客の期待に細部にわたって応えられる旅行代理店が頼りにされるものだ。そうした会社は、行き先が複数ある旅の手配を最適化し、飛行機の複雑な運賃設定をかいくぐって最適な価格を案内することで、クライアントとの関係を深めていける。しかし、不況でカールソン・ワゴンリー・グループのサービスに対する需要は大きく減っていた。各地域で、支社の経営陣は「削減、削減、削減」をおこなった。しかしドイツでは、現地の労働法を踏まえ、経営陣は労働時間を短縮することで全員が仕事を続けられるようにした。幹部たちは自分の給料も減らした。市場の回復までどれほどの時間がかかるか分からなかったが、従業員を手放さないことが最優先だと理解していたのだ。そうすれば市場が回復したときに対応できる。

ドイツの経営陣は、厳しい状況のときに人員を削減して専門知識や経験が失われると、不況が改善してもその埋め合わせに大きなコストがかかることを強く認識していたのだ。あとから新規で採用しても、育成には時間がかかる。助言を求めてベスト・バイの店舗に行く顧客を想像してみるといい。新人の販売員と話したいとはあまり思わないはずだ。それはあなただけではない。まったく未経験の従業員のほうがいい顧客は皆無だろう。

コストについて考えるとき、私は常にカールソンのドイツ支社のことを思い出し、「人は最後」であろうと心がけた。ジャン゠マリーの方針に従いながら、ベスト・バイでは次のような取り組みをおこなった。

売り上げの成長

最初の優先事項は、収入を上げることだ。業界のアナリストたちはオンラインでの競争激化を理由に、大型小売店の死を予測していた。そこで私たちは、アマゾンに立ち向かうことに決めた。2012年10月、重要なホリデーシーズンに先駆け、ベスト・バイはオンライン小売業者の価格に合わせて値引きをすることにした。もちろん、アマゾンの価格も含めてだ。そうすることで、顧客がショールーミングをする理由をなくした。これで同じ来店数でも売り上げが増えるはずだ。ひそかにシカゴ店で実験をおこない、効果を分析した結果、賭けてみるに足る施策だという結論が出ていた。売り上げの増加は値引きによるマイナスを上回るだろう。この決断は大成功をおさめた。

ウェブサイトや、オンラインショッピングへのアプローチも改善した。「シンデレラ」の検索結果にニコンのカメラが出てくることもなくなった。最も劇的な変化はシャロン・マッコラムが先導したもので、オンラインショップで受けた注文を店舗から直接発送できるようになったことだ。アメリカでは人口の70パーセントがベスト・バイの店舗から10マイル（約16キロ）圏内に暮らしている。そのため、店舗から発送すればオンラインで購入された製品の配送時間が劇的に短縮され、それがオンラインでの売り上げ上昇に貢献した。

それから、店舗での買い物をより快適で価値あるものにできるよう尽力した。ブルー・シャツの研修に力を入れただけではない。第6章で紹介したように、テクノロジー企業と手を組んで、各企業が何十億ドルもの研究開発費をかけて作り上げた製品を陳列できるよう、店舗内店舗を設けた。

それに加えて、フロア図も徹底して見直した。携帯電話やタブレット、家電などの成長カテゴリーは売場面積を拡大し、CDやDVDといったメディアの面積は劇的に縮小させた。

給料以外のコストの削減

次に、給料以外のコストを真剣に点検した。私たちは当初、数年間で7億2500万ドルのコスト削減を目指していた。削減できる部分はたくさんあったが、それでも達成するには大変な数字だ。小売業での豊富な経験を活かしてCFOのシャロン・マッコラムが算出した数値によると、返品、交換、破損の改善だけで4億ドルのコスト削減になるという。薄型テレビは、その好例だ。フラットスクリーンは壊れやすいうえ、工場から店舗へ運ばれ、車で家庭に持ち帰られることが多いため、よく破損する。ベスト・バイのテレビも2パーセントが道中で破損し、1年で1億8000万ドルものコストが発生していた。破損の割合をほんの少し減らすだけでも、膨大なコストを抑えることになる。

私たちは工場と協力して、ダメージに強いテレビの設計や、より確実に商品を保護する梱包方法を模索した。箱には「寝かさず、立てて置く」という保管方法をはっきりと印刷もした。倉庫や販売のスタッフに商品の扱い方を指導し、テレビを低いところに保管してもらい、落ちて壊れる可能性も減らしていった。購入者には無料配送を提案し、自分の車に積んで帰りたいという人には、破損のリスクを最小限にする箱の扱い方を伝えた。

同じように、商品の返品についても最適化の方法を探った。顧客は購入した製品のおよそ10パーセントを返品していて、コストや時間がかかっていた。冷蔵庫のような大型家電を例にとってみよう。顧客の家へと配送する際に、階段を上ったり狭い角を曲がったりする際にぶつけて凹んでしまうことは珍しくない。そのため私たちはまず、インターネットに掲載している冷蔵庫設置スペースの測り方をより分かりやすくした。また、たとえばビルトイン冷蔵庫の設置の際に側面や裏にくぼみがあった場合の対応も工夫した。設置してしまえば表からは見えなくなる些細な傷であれば、返品を受けるのではなく顧客にギフトカードを渡して済ませられるよう、配送や販売スタッフに裁量を与えることにしたのだ。同じように、返品されたパソコンは製造元に送り返すのではなく、自前の幅広いネットワークを活用し、実店舗やオンラインでの再販に取り組んだ。それにより回収コストが最適化されると同時に、返品された商品に対してメーカーから手当を得ることもできた。

「クレイジーで、愚かで、バカげた」浪費を防ぐために緩めたルールもある。たとえば2013年4月、私はケンタッキー州にある返品受付センターを訪ねた。そこは広大な場所で、ベルトコンベアには顧客が使えないと判断した不良品が流れていた。そのベルトコンベアのひとつに、緑色のペンがあった。たった1本のペンが、店舗から返品センターに送られていたのだ。そのペンは、返品受付センターが回収・修繕することで得られる利益よりもはるかに大きな費用をかけて何百キロも旅をしてきたのだった。

クレイジーだと思ったが、店舗からすれば規則や手順を遵守《じゅんしゅ》しただけだ。私はそのたった1本の緑のペンを写真に撮り、次のミーティングで店長たちに見せた。そして、1本のペンが店舗から返品されてくるような「クレイジーで、愚かで、バカげた」ことに現場の人が気づいたら、どんな規則であってもそれを無視して行動するべきだと伝えた。何か問題を見つけたら、声をあげて何かしらの対処をするべきだ。

返品、交換、破損のほかに、より身近で贅沢なコストにも目を向けた。プライベート機を使った幹部の出張を廃止したのだ。2013年1月、私はコンシューマー・エレクトロニクス・ショーに向かうべく、喜んでエコノミークラスの36B席に座った。これは取引先やチームに送る非常に明確なメッセージとなった。一方、シャロン・マッコラムが目指していたのは大きな額のコストカットだけではない。どんなに小さなものでも、削減は削減だ。コピーもカラーではなく、白黒の両面刷りになった。ごくわずかな金額の節約であったとしても、あるべき方向性を示すことができる。

従業員の福利厚生に関するコストの最適化

福利厚生に関してまず早々に決まったことのひとつは、社員割引の復活だった。私はセントクラウドでの研修時に、この制度の廃止がどれほど従業員たちに不評であるかを学んでいた。この廃止は従業員たちの士気を下げ、それゆえベスト・バイ再生にすべてを捧げようという意志や能力も低下させていた。そのほかにも、アメリカの雇い主にとっては毎年6〜8パーセントほども増加していく、医療保険料の負担にも大きな注意を払っていた。従業員の健康を十分に守ったまま、こうしたコストを最適化するにはどうすればいいだろう？　私たちは医療費がかさんでいる原因をつぶさに点検した。そうして、従業員がこれまで以上に健康を維持できるウェルネス・プログラムを立ち上げ、予防策を拡充することとなった。ここでも、取引先（このときは保険会社）と協力しながら解決策を探ったのだった。

最後の手段として人員を削減する

ベスト・バイでは①〜③の施策（160頁）だけでは十分でなく、人員削減もおこなうこととなった。「リニュー・ブルー」を掲げた再建の時期には、余剰の中間管理層を省き、非戦略的な部門や取り組みを廃止した。「ギーク・スクワッド」を他の小売業者も利用できるようにするサービスなどは、その一例だ。同時に経営層のスリム化も図った。経営層の誰もが自分の補佐役を従えているようだったが、それは不要なことだった。

しかし、ポジションの削減が人員の削減を意味するとは限らない。2018年、ベスト・バイは携帯電話ストアを閉鎖することに決めた。もはや携帯電話だけで独立した店舗を構えておくのは合理的ではなかったのだ。それでも、私は一律で退職手当の話に移っていくことはしなかった。代わりに、携帯電話ストアに勤めていたスタッフ全員に手紙を送った。従業員の貢献を大切に思っているため、ベスト・バイ社内で別の役割を見つけられるよういかなるサポートも提供すること、そして心からそのサポートの利用を願っていることを伝えたのである。

そうしたスタッフが就ける役割はたくさんあった。多くの小売企業と同じように、自然に生じる離職者や会社の規模の大きさから、ベスト・バイにも従業員の流動性がある。学費の足しにするために働く大学生たちは卒業したら去っていく。引っ越しもあれば、転職もある。意欲が高まる職場環境を築くためにあらゆる試みをしたあとでさえ、店舗の離職率は30パーセントにも及ぶ。再建前の50パーセント近くに比べるとはるかに低くはなったが、毎年たくさんのポジションを埋めなければならない。そのうえ、ベスト・バイのビジネスは成長を遂げている最中だった。たとえばインホーム・アドバイザー事業の開発は、新しい仕事が生まれることを意味していた。

こうした仕事を携帯電話ストアのスタッフの多くにオファーし、希望すれば会社に残れるのだと全員に感じてもらえるよう懸命に取り組んだ。全員が希望したわけではなく、解雇手当を得て退社した人もいたが、会社としては全員に残留という選択肢を与えられるよう力を尽くした。それは正しい行動だったと言える。人を大切にすると同時に、経済的な合理性もあるからだ。「どちらか（either/or）」の二者択一が存在する余地はない。人と経済性の両方を追求するという決断や、株主たちへの説明は簡単なことだった。

収入を増やし、給料以外のコストを削減し、従業員の福利厚生を最適化する――これらは通常、新聞の見出しにはならない取り組みだ（例外的に、オンライン価格に合わせて値引きするという決定だけは紙面に掲載された）。人員削減よりも劇的ではないかもしれないが、こうした取り組みのほうがはるかに効果的だ。2012年以来、ベスト・バイは当初目標としていた7億2500万ドルを大きく上回る、約20億ドルのコストを削減してきた。そのうち約3分の2は給料以外のコスト削減だ。現在も毎年2億～3億ドルのコストを削減する方法を模索し続けている。削減されたコストの大部分は事業に再投資しており、すべてのステークホルダーを大切にする姿勢を示し続けている。

リニュー・ブルーの再建プランは、人員削減を避ける努力をしたにもかかわらず成功したのではない。そうした努力をしたからこそ成功したのだ。人員削減以外の施策のほうが、顧客や取引先にとって有意義で、収益にも大きな影響を与えられるため、より効果的だ。そのうえ、パーパスを持った人間らしい組織の核をなす従業員の能力、経験、献身、心《ハート》といった、企業の生命線が守られるという点でも効果的である。

人のエネルギーを生む

私がベスト・バイに参加した2012年9月、雰囲気は陰鬱なものだった。会社はすでに半年も激しいドラマの渦中にあった。前CEOはスキャンダルに巻き込まれて解雇され、暫定的に引き継いでいたCEOも去り、そこに見知らぬ部外者の私がやってきた。株価が急落するなか、創業者のディック・シュルツは会社を非公開にするための攻撃を仕掛けてきていた。家電量販店サーキット・シティと同じように、ベスト・バイも市場の変化やネット通販の低価格戦略に対応できず死に絶えるだろうと、あらゆる記事で予測されていた。2012年10月の『ブルームバーグ・ビジネスウィーク』誌の表紙には、ベスト・バイの青いポロシャツを着たゾンビの姿が描かれていた。

ベスト・バイは優れた人材と「為せば成る」という強靭《きょうじん》な精神を持ち合わせていたとはいえ、従業員たちが不安を抱え、士気が低下しているのも仕方がなかった。

再建フェーズにおける優先事項は、死にかけているビジネスを救うために必要なエネルギーを生み出すことだ。それはつまり、早期に優れたプランを立て、全員が明確でシンプルな優先事項に集中し、熱意と安心が共存する環境を作り、楽観的でありながらも危機感を持ち、たとえ小さな一歩であっても迅速な前進を見せることを意味する。私はそれを「組織に緊張をかける」と呼んでいる。ベスト・バイでは、次のようにしてビジネスの再建に必要なエネルギーを生んできた。

完璧ではないが、ひとまず十分なプランを共創する

私がCEOになってすぐ、取締役会から11月1日までに再建プランを立てる必要があると告げられた。[2] 残り57日。「そんなのふざけてる！」ベスト・バイの広報アドバイザーであるピュブリシス・グループのCEOモーリス・レヴィは言った。そんなのは不可能で、何より危険なことだという。

マッキンゼーで働いていたキャリアの初期に、私は事業を診断して長期的な戦略を立てる訓練を受けてきた。そうして立てた戦略を、ほかの誰かが実行する。この従来型の戦略策定アプローチは1960〜70年代にかけて発展したものだが、いまだに標準とされていた。トップにいる少数の賢い人間が戦略と長期的なプランを立て、それを下の階層の人間たちが実行していくのである。

8週間しかないと、さすがに従来型の戦略策定は間に合わない。しかし私はそれで構わなかった。なぜなら、こうしたアプローチには時間がかかること以外にも多くの問題があるからだ。そもそもこの方法だと、成功のために何が必要か上層部よりも詳しく知っている従業員の知見を活用できない可能性がある。それにたいていの人は、計画の立案に関わっていな

いのに指示だけされるのを嫌がるものだ。

私は期限が短いことは気にしていなかった。それまでの経験から、少なくとも再建の初期段階においては、長期プランが大事なわけではないことを知っていたからだ。大事なのは、業績を引き上げる要素の特定、業務の改善、そして何より行動である。「業務の改善は戦略面での自由を生む」という考え方は、カールソンの取締役会に名を連ねていたカーギル社のCEOから学んだ。必要なのは長期的な戦略ではなかった。必要なのは「出血を止める」プランであり、素早く確実に業務を改善するプランだった。それには8週間もあれば十分だ。8週間あれば、解決しなければならない問題を整理し、大まかな方向性を決めて進むことはできる。

トップダウン型の大戦略は存在しない。会社を救う方法を見つけだすためには、全員が全力で取り組む必要があった。何度もおこなった2〜3日間のワークショップには、あらゆる部門からおよそ30人が集まり、ベスト・バイ本社1階にある会議室のU字形テーブルを囲んだ。

再建プラン立案のアプローチはどのようなものであったか。私たちはジャン＝マリー・デスカーペントリーズの言う「人」→「ビジネス」→「財務」の順序で取り組んだ。まずは社員割引を復活させた。次に店舗のレイアウトについて検討した――セントクラウド店での研修時に描いてもらったナプキンはずっと捨てずにいた。それから価格について見直した。業務上の欠陥やボトルネックも特定した。一連の集中的なワークショップのあいだ、私は休憩を取らず水もコーヒーも飲まなかったため、「ラクダ」と呼ばれるようになっていた。

そうして期限前に、再建プランを作ることができたのだった。

しかしまだプランの名前が決まっていなかった。私は長年の経験から、従業員たちの記憶に残るよう計画には名前をつけるべきだと学んでいた。そこで全員に、名前の候補を一晩考えてきてほしいと頼んだ。翌日、全員が意見を出しながら30ほどの候補をフリップチャートに書き出した。投票をおこなった結果、メッセージが適切で覚えやすいということから「リニュー・ブルー」に決まった。

リニュー・ブルーを投資家たちに発表する前に、私は上位150人の幹部を含む広範なリーダーシップ・グループ「ベスト・バイ運営審議会」からも同意を取りつけた。全員がその気にならなければ、計画も意味をなさない。

11月、リニュー・ブルーを投資家たちに説明するときがきた。株主のためのみならず、従業員、顧客、取引先、そして世界のために実現したいことを伝えた。会社は深刻な危機にあったが、私たちのアプローチはすべてのステークホルダーを大切にするものだった。「どちらか（either/or）」の二者択一ではない。株主利益を優先するフリードマンの思想もない。

作ったプランは完璧ではなかったが、ひとまず十分なものだった。そのプランは、社内の全員に私たちの強みを思い出させ、欠点を明らかにし、顧客、従業員、取引先、株主、地域コミュニティに対する優先順位を明確にしてくれた。私たちが前進し、存続していくための道を描くものだった。

ペダルを漕ぎ続け、シンプルであり続ける

勢いや希望をもたらし、従業員に意欲を持たせるために何より必要なのは、優れたプランだった。オンライン価格に合わせた値引きや、社員割引の復活など、迅速な意思決定も欠かせなかった。それは従業員のエネルギーを増幅させ、可能性や希望を抱かせる。偉大なリーダーと良いリーダーを分けるものは、意思決定の質ではない。その量だ。意思決定の量が多いほど、勢いやエネルギーが生まれていく。そうした意思決定はすべてが良質なものとは限らない。しかし、自転車の乗り方を知っている人なら分かるはずだ――方向転換はペダルを漕がずにするよりも、漕いで前進しながらのほうがはるかに簡単なのである。

勢いを生むのは意思決定だけではない。何が最も重要かを明確かつシンプルに示し続けることもエネルギーを引き出す。複雑さは混乱、困惑、惰性を生む。セントクラウドへ研修に行って気づいたことだが、たとえば店長たちは実に多くの指標に目を配ることを求められていたため、「木を見て森を見ず」の状態になっていた。そんな店長たちが、「この会社の問題は2つしかない。収益の低下と、利益率の低下だ」と聞いたときの反応を想像してみてほしい。2つだけだって？　40個のＫＰＩではなく？　これは朗報だろう。たった2つを解決

するくらい大したことないじゃないか？　収益と利益率の向上の前には何が立ちはだかっている？　まずは一番の障害となっているものを取り除き、それから次の障害に向き合おう。そうやって全員が、この2つに目と頭とエネルギーを集中させるはずだ。

ちょっと待って。前に、数字へのこだわりは士気を高めるものではないと言ってなかった？　企業のパーパスは金を稼ぐことじゃないのでは？

確かにそうだ。しかし数字を無視していいわけではない。利益は取り組みの成果だが、必要不可欠なものでもある。ビジネスが死にかけているときは、出血を止めなければならない。それを実践しながら、パーパス志向の会社へと成長していくのだ。2012年と言えば「テクノロジーを通して暮らしを豊かにする」というパーパスを明確にする数年前であったが、私たちはテクノロジー分野で人に選ばれる権威ある存在になりたいという思いから、すべてのステークホルダーを大切にしたプランにたどり着いていたのだった。

生き残ることに集中しながらも、収益と利益率の2つ（だけ）を指標とすることで、自分たちがビジネスとして生き残っていけるかどうかを把握することができた。そうやって脈を測りながら前進し、進捗を計測してきた。その2つの指標において最善・最速の改善を進めている部門や人物を特定し、そこから学びを得ることもできた。

ポジティブな環境を作る

危機感と明確さがあると、組織に（生産的な）緊張がかかる。それらの要素は、ポジティブな環境作りと密接に関わっている。ストレスが大きい場合や恐怖に突き動かされている場合、誰も最高の仕事をすることはできない。将来に対する楽観性やエネルギーや自信を持つ試みは、CEOである私から始まった。どんなときも、私が明るく楽観的である必要があった。カールソンに在籍していたころ、ホテルのフランチャイズ加盟店の責任者が何千人も集まる会議で長い一日を過ごしていると、深い疲労を感じたものだ。そんなときは、「自分は疲れていない」と思うようにしていた。リニュー・ブルーの初めの時期も同じだった。毎日自分をどう見せたいかは、自分で決めることができる。

私たちは、事あるごとに勝利を祝った。マット・ファーマン率いる広報チームは、積極的に良いニュースを探して共有した。見てください、シカゴで売り上げを伸ばしてる！　こっちでは、小型家電がすごく健闘してる！　すべてのチームミーティングや会社の全体集会で、うまくいっている部分を強調した。これはチーム全体にとって素晴らしいメッセージとなった。

投資家に対しても同じだ。2012年11月のプレゼンテーションは、たとえば家電市場での成長を牽引《けんいん》しているイノベーションの力や、同市場での売り上げシェアが最大である事実など、ベスト・バイの大きな強みを強調することから始めた。一方で、顧客満足度の低迷やオンラインの業績不振など、収益を圧迫する経営課題についても取り繕うことなく説明した。

再建のあいだ、勝利を共有し続けた。2013年の前半に、オンラインで購入された製品を近場の店舗から配送する試みを50店舗で始めたときもそうだ。これは復活に向かう最初の芽ではあったが、収益に対する影響はごくわずかなものだった。しかしCFOのシャロン・マッコラムは、この取り組みを投資家たちとの会話のなかで頻繁に持ち出して、いかに意義深いものであるかを説明した。この最初の芽は、実施店舗の拡大につれて次第に大きな根を張っていき、最終的にはオンラインの売り上げを伸ばす大きな要因となった。

明るい面に目をやり、勢いを生みだし、勝利を祝うからといって、うまくいっていない部分を見ないわけではない。アラン・ムラーリーが採用していた「赤・黄・緑」の報告システムを覚えているだろうか？　フォードは破産の危機に直面していたにもかかわらず、会議ではどの取り組みも「緑（問題なし）」と報告されていた。だが会社を救うためには、少なくとも良いニュースと同じくらいの速さで悪いニュースも共有される必要がある。問題の存在を認識できなければ、問題を解決することはできない。

ポジティブになることと課題を認識することはどちらも大切だが、どちらかだけになってはいけない。リニュー・ブルーの再建プランに取り組んでいたとき、戦略部門の聡明なスタッフのひとりが300ページものパワーポイント資料を作ってきた。よくある問題や対処すべき課題が余すところなく取り上げられたそのプレゼンテーションは、ベスト・バイが「死すべき運命にある」と締めくくられていた。だがそうした課題を可能性や光明に変えられない限り、再建を牽引することなどできない。私はそのパワーポイント資料の悲観的な予測は無視することにしたのだった。

透明性を持ち、弱さを見せることを奨励する

リニュー・ブルーの再建プランを準備していたとき、私たちはジレンマに直面した。2012年11月の投資家向け説明会まで、この計画を秘密にしておくべきか。それとも社内に共有し、フィードバックをもらい、誰もが全力で取り組めるようにするべきか。ベスト・バイは上場企業であるため、計画が事前にメディアに漏れたら株価に影響してしまう。従業員のことを恐れ、疑うべきだろうか？　それとも信じるべきだろうか？

経営陣の意見は割れた。過去には損失を被るようなメディアへのリークもあったからだ。しかし私は、従業員たちが再建プランを自分のものと感じなくなるリスクに比べれば、情報が漏れるリスクなんてはるかに小さなものだと信じていた。そこで投資家たちへのプレゼンテーションの3週間前、150人の管理職を集め、この資料や議論の内容は極秘であることを念押ししたうえで、計画案を共有した。その会では貴重なフィードバックと賛同を得ることができ、情報の漏洩もなかった。

再建のあいだ、私たちは現状や、優先順位、事業の好機、課題、進捗、そして有言実行率（say/do ratio）について、社内のメンバーや株主とオープンに議論した。これによって、チーム

の士気を高め、説明責任を果たしていくことができた。

他者にサポートを求めることもためらわなかった。CEOになって3ヶ月後には、マーシャル・ゴールドスミスにコーチングを依頼した。再建に取り組むなかで、チームにも私へのフィードバックを求めた。たとえば「人に仕事を任せる」といった点など、自分のなかでもっと向上させたい部分をチームに伝えておくことにしたのだ。そうして自分がすべての答えを知っている完璧な人間かのようなフリはしないように心がけた。ベスト・バイにやってきた最初の日から、セントクラウドの店舗で働いているときも、経営チームと働いているときも、私はいつも助けを求め、助けを受け取ってきた。

会社としても同じことをする必要があった。生き残りたければ、他社の長所を活用し、協力相手を探さなければならない。だからこそ、第6章で語ったような取引先との連携に取り組んだほか、アクセンチュア、IBM、UPSなどの供給元に一時的な割引を頼みもした。ベスト・バイは、ためらわずにサポートを求め、それを受け取ることができた。

こうしたことが、社内に対して「弱さを見せることを恐れるな」というメッセージになった。誰もサポートを求めることを恐れるべきではない。何にも屈しない人間や、完璧な人間のフリをする必要もない。私たちはみな人間であり、弱さがあるからこそ人とつながり、集団としてのパワーが引き出される。ベスト・バイでは、そうやって従業員同士がつながっている。そして顧客、取引先、コミュニティ、株主ともつながっている。病めるときも健やかなるときも、業績が良いときも悪いときも、そうやってパーパスフルな人間らしい組織は成り立っているのだ。

2013年1月、リニュー・ブルーを開始して2ヶ月が経ち、2012年11月と12月の売り上げを報告した。ひとつ前の四半期の成績は壊滅的だったが、今回は素晴らしいニュースを発表することになった。前年同期と比べて、売り上げが同等になったのだ。

同等の売り上げ！　なんてめでたいんだ！　アナリストたちが予想していた低調な数字をはるかに上回った。それはつまり、止血に成功したことを意味していた。市場もひどく驚いて、株価が回復し始めた。ひとまず危機を脱したのだ。社内の空気の変化は明らかだった。私たちは背中に心地よい風を感じながら再建プランを進めていった。

今もなお、再建の数年間が仕事人生で最良の時期のひとつだったと言ってくれる従業員は多い。私たちは力を合わせてミッションに取り組んだ。そのエネルギーには震えるような感動があった。一緒に嵐を航海し、あらゆる予想を覆しては喜び合った。私たちは死ぬ運命にあった。しかし今でも、その危機を切り抜けた従業員たちは、ベスト・バイの問題が2つだけだったこと、そして私たちはそれを解決したのだということを鮮明に覚えている。

リニュー・ブルーの再建時にベスト・バイで起きていたのは、私の言葉で言えば「ヒューマン・

マジック」だ。それは、社内の一人ひとりに火がついて、全員が力を合わせて想像以上の成果を上げることを指す。ヒューマン・マジックは、信じられないような――つまり信じられないほど素晴らしい――パフォーマンスを生む。

景気がいいときであろうが、再建のときであろうが、パーパスフルな人間らしい組織を築くためには、人が持つエネルギーを解き放つ必要がある。

ヒューマン・マジックは、一人ひとりが意欲を持って全力を捧げられるような日々の仕事環境を作ることで引き出すことができる。第3部では、その過程を説明していこう。

あなたへの質問

7

困難な時期に、どのようなアプローチで従業員と接しているだろうか。

人から始める

現場の従業員とどのようにつながりを保っているだろうか。

適切な経営チームを形成するにあたり、どのようなアプローチをとっているだろうか。

人が最後

収益拡大とコスト削減の優先順位をどのように決めているだろうか。

給与以外の費用削減や、創造的な福利厚生によって得られる最良の結果は、どのようなものだろうか。

人のエネルギーを生み出す

エネルギーを生み出すために何をしているだろうか。

計画を立案する際、どの程度、そしてどのように周囲の人を関わらせているだろうか。

ポジティブな環境を作るために何をしているだろう。それはどれくらいうまく機能しているだろうか。

今日は職場でどんな自分を見せていくか、どうやって決めているだろうか。

どれほど透明性を持ちたいだろうか。全体とコミュニケーションを図るために、どのようなアプローチを使っているだろうか。

[次ページへつづく]

全般

再建において、特にどのアプローチが業績向上に効果的だと感じるだろうか。

もっとうまくなりたいことは何だろう。どんな部分の向上に取り組んでいるだろうか。

第3部

ヒューマン・マジックを解き放つ

数人の賢い人間が戦略を立て、
綿密な実行計画を練り、それを全員に伝え、
インセンティブを使って人を動かす——
そのような従来型のアプローチが
機能することはめったにない。

第1部では働く理由について検討し、
第2部では企業を「パーパスフルな人間らしい組織」
だと定義した。
第3部で紹介するのは、
時代遅れとなった経営手法に代わるアプローチだ。
その鍵となるものを、私は
「ヒューマン・マジック（人に備わる魔法のような力）」
と呼んでいる。

この驚くべき力を解き放つための5つの材料について、
各章で説明していく。
これらの材料によってエンゲージメントを高めるには、
会社のパーパスに賛同する全員が
エネルギッシュに働ける環境を作ることが必要だ。

そしてそこに健全な戦略が加わると、
並外れたパフォーマンスが生まれる。
このような「人」に焦点を当てたアプローチこそが、
パーパスフルな人間らしい組織としての企業を
力強く動かしていく。

第8章

「アメとムチ」を脱却する

「アメとムチ」は広く普及しており、
筋が通っているように思える動機付けの手段だ。
しかし人間をロバのように扱うと、
パフォーマンスもロバのようなものになる。
――ジョン・ウィットモア*

1986年、ベスト・バイの創業者ディック・シュルツは深刻な問題に直面していた。彼が20年前に始めた会社が、デトロイトに拠点を置く家電量販チェーン「ハイランド・スーパーストアズ」からの攻撃を受けていたのだ。アメリカで当時第2位の家電量販店だったハイランドは、ベスト・バイのホームとも言えるミネアポリスに店舗をオープンし、持続不可能なほどの低価格で販売を始めていた。

* *Coaching for Performance, GROWing Human Potential and Purpose*
（未邦訳『パフォーマンスのためのコーチング：人間のポテンシャルとパーパスを伸ばす』）

ベスト・バイは破産寸前になったことが二度あったが、今回はそれに匹敵するほど生死のかかった局面だった。ディックは、自分たちよりもはるかに規模が大きく、しばらくの損失には耐えることができるハイランドが、なんとしてでもベスト・バイを商売から追い出そうとしているのだと感じていた。

非常事態のなか、ディックはひとつの問いに集中した。どうすればベスト・バイは形勢を変えられるだろう？　答えは「販売奨励金」を撤廃することではないかと思うに至った。各メーカーが、自社の製品を売ってくれた販売員に支払うボーナスだ。

ディックが販売員に望んでいたのは、顧客への最も適切で客観的なアドバイスに専念することだった。しかし販売奨励金があることで、それが難しくなっていた。当時はベスト・バイだけでなく、どこでも販売奨励金は販売員の報酬の中心だった。しかし驚くまでもなく、顧客は「販売奨励金」という言葉を知らずとも、その制度を嫌っていた。買い物客のニーズを無視して、奨励金が一番高い製品を売りつけてくるように感じていたからだ。

ディックは販売奨励金を廃止し、ブルー・シャツたちに時給を払うという案を考えていたが、それは彼いわく「そんな変更を考えるだけでも大ごとなのに、実行に移そうなんて異端者に等しかった」という。[1] リスクは甚大だった。当時ベスト・バイの従業員１０００人のうち半数が奨励金による歩合制で働いており、しかもキャリアを通してずっとそうだった。販売の仕事とはそういうものであり、誰も異議を投げかけることのないシステムだったのだ。

ディックは従業員の士気の低下や業務の混乱は避けたいと思っていたし、何より従業員との敵対は避けたかった。販売奨励金を廃止すると、ベスト・バイは最良の販売員たちを失ってしまうかもしれない。

一方で、その廃止は顧客のためになることであり、競合他社と差別化できる可能性があった。ブルー・シャツたちはメーカーの代理販売員に等しい存在から、顧客の選択をサポートするファシリテーターになるのだ。在庫も店舗の奥に隠しておくのではなく、フロアに出してすべての顧客が確認できるようにする。セメントの床、金属製の棚、蛍光灯を備えたスペースに在庫が置かれることで、より量販店らしくなる。重視するのは特定のブランドを売りつけることではなく、顧客に価値を提供することだ。

スタッフへのボーナスは、個人の達成度合いではなく店舗や地区の業績を反映したものにする。それと同時に、マネジャーを目指す販売員には基本給の高い社内昇進のキャリアパスが用意される。

1988年、準備を整えたディックはこのアイデアを「コンセプトⅡ」と名付け、中西部に新規オープンする7店舗で実験すると、見事に機能した。これら新店舗の売り上げは十分に高いものだったため、コンセプトⅡは各地に広がることとなった。最終的に、そうした店舗は歩合制の店舗に比べ売り上げが倍になった。

ディックの賭けはうまくいった。コンセプトⅡはベスト・バイを救い、何年にもわたって高い業績を後押しした。1999年には、ビベンディ・ゲームズのリーダーだった私もベンダーとして初めてベスト・バイと関わり、感銘を受けた。私が知る限り最も洗練され最も顧客を重視した家電量販企業が、素晴らしい従業員たちによって営まれていたのだ。

ハイランド・スーパーストアズはどうなったか？　この会社は倒産してしまった。ディック・シュルツが多くの人よりも早く気づいたのは、現代の経済環境において金銭的なインセンティブはパフォーマンスを後押しするものではないという点だった。アメとムチ型のアプローチは、実は逆効果になる場合が多い。金銭的なインセンティブの役割もまだ残ってはいるが、意欲の向上を期待することはできない。

もはや金銭的なインセンティブではパフォーマンスは向上しない

驚くべきことに、今なお金銭的なインセンティブは人の意欲を高めるために広く利用されている。世界中の人事チームはこうしたインセンティブ・プログラムを設計し管理するために過剰な時間、リソース、頭脳を注ぎ込んでいる。

私も、お金をモチベーションとするシステムをキャリアの大半で信じてきた。2008年にカールソングループのCEOになって最初に下した意思決定のひとつも、会社が創造を目指す価値にひも付いた長期的なインセンティブ・プランを上級管理職に向けて設計することだった。成果を中心に組織を動かしていこうと考えていたのだ。

しかし2015年、モチベーションに関するダニエル・ピンクのプレゼンテーション[2]に基づいて作られたアニメーション動画を知った。そこでピンクはマサチューセッツ工科大学（MIT）の研究を引用している。その研究では、学生グループにさまざまな精神的・身体的負荷のかかる作業をおこなってもらう。よいパフォーマンスを発揮するためのインセンティブとして、成績に応じて3段階の現金報酬が用意された。すると、おこなう作業がわずかにでも思考を必要とするものである場合、約束された報酬が大きいほど成績が低下したのである。

あまりに戸惑う結果であったため、研究をおこなう経済学者たちはもう一度実験してみることにした。もしかしたら前回の実験で提示した現金報酬は、MITの学生たちのモチベーションを引き出すには不十分だったのかもしれない。でもインドの田舎で試せば、一番高い報酬額は2ヶ月分の給料相当になる。しかし結果は同じだった。

同じような結果が、経済学者、心理学者、社会学者たちによって繰り返し発表されてきた。作業が込み入った創造的なものであればあるほど、インセンティブは逆効果になる。そうしたインセンティブは視野や思考を狭めてしまうのだった。複雑で創造的な作業に求められるのは、その正反対のことだ。より思考を広げ、従来の枠を超えて考えていくほうが、より良い成果が得られる。[3]

ダニエル・ピンクの話を聞いて、私は椅子から転げ落ちそうになった。さらなる調査で裏付けられたこれらの実験結果は、私が教えられてきたこととは正反対だったのだ。その実験結果は、これまで私が勤めてきた各社で周到に用意されていたインセンティブの存在意義を否定するものだった。そうしたインセンティブの多くは私も設計に協力していた。なんということだろう？　我々の古き良き資本主義システムは、「人はお金によって動いている」という信念に基づいているんじゃなかったのか？

しかし時とともに、私はインセンティブが逆効果だという考えを常識に近いものとして受け入れられるようになっていった。何度か自分で実験してみたこともある。最近、知り合いのCEOと夕食に行ったとき、金銭的なインセンティブがパフォーマンスを向上させると思うか尋ねてみた。

「もちろんだ！」彼は声をあげた。

そこで私は、金銭的なインセンティブが彼自身をかり立て、最高のパフォーマンスを発揮させるかと尋ねた。

「もちろんそんなことはないね！」

自分の意欲を高めないものなのに、他の人の意欲は高めるはずだと思っているのはなぜだろう？　今の私は、金銭的なインセンティブに対して次のように考えている。

- 時代遅れ
- 的外れ
- 危険で有害な可能性がある
- どんな場合でも正しく運用するのが難しい

ひとつずつ詳しく説明していこう。

金銭的なインセンティブは、現在とは違うタイプの仕事に向けて設計されたものであるため、時代遅れである

フレデリック・テイラーは科学的管理法を提唱した。その前提には、仕事とは目的達成のためにおこなう単調でつまらない手段だという考え方があり（第1章参照）、意欲の持ちようがない労働者たちに意欲を持たせる唯一の方法は金銭なのだとされていた。実際、インセンティブによって視野が狭められると、自由な発想を生み出す水平思考やイノベーションにはひどく悪影響だが、シンプルなタスクの速度を上げることには役立つ。

テイラーの考え方は、20世紀の大半における報酬体系や一般的な経営慣行を大きく形作ってきた。1960～70年代にかけて発展した「長期戦略計画」も、似たような世界観に根ざしている。労働者が戦略を実行するためにはアメとムチが必要だ、という世界観である。戦略は賢い経営陣と専門スタッフによって設計され、それが計画や一連の目標、それに沿った金銭的なインセンティブ、そして従業員のパフォーマンスを測定するための管理・規則システムに落とし込まれる。

こうして企業は金銭的なインセンティブ、ボーナス、手当、その他の報酬を用いて従業員の意欲を高めるシステムを作り上げてきた。だが従業員たちの取り組む仕事内容が変わってきているため、このシステムには問題が生じている。

金銭的なインセンティブは、エンゲージメントではなく従順さに焦点を当てているため、的外れなものである

反復作業の場合、金銭的なインセンティブがモチベーションとなって生産の量やスピードが上がるが、そこには大きな限界が存在する。アメもムチも人の行動を長期にわたって変え続けるのが得意ではないのだ。永続的に変えるとなるとなおさらである。褒美と罰は心理学者が「外発的動機付け」と呼ぶものであり、ダイエットであれ、禁煙であれ、仕事のやり方であれ、根本的に行動を促したり変えたりするものではない。

仕事への意欲やエンゲージメントは内に燃える炎から生まれる。アメとムチでは炎は生まれない。むしろ、能動的に炎を消してしまう。[4]

金銭的なインセンティブは、危険で有害な可能性がある

ＥＤＳフランスの社長だったとき、フランスの大手食料品チェーンの子会社と契約に至った。その契約は何百万ドルもの収益を生むと考えられており、大きな手柄だった。しかし残念ながら、チームは提携にあたっての課題を過小評価し、相手の会社が約束を果たす能力を過大評価していた。最終的にはなんとかプロジェクトを形にできたものの、この契約で損失を出す結果となってしまった。このビジネスの性質上、当初の収入予想に到達できないと見極めるまでには何年もかかった。

振り返ると、問題の一因はＥＤＳのインセンティブ制度にあったように思う。営業チームは契約をとってくると高額な手当を与えられたが、その額は営業チームが算出する契約の推定価値に基づくものだった。そうなると営業の人間たちは、必ずしも現実的とは言えないほどに数字を盛った予測や見積もりを出してしまう。

このようにして、インセンティブは有害なものとなりうる。業績給をぶら下げると、助けを求めたり、挑戦を学びと成長の機会だと考えたりするのではなく、ミスや欠点を隠そうとするようにもなってしまう。よりインセンティブを強化してしまうと、明確な不正行為を呼

ぶ可能性もある。

加えて、利己的な動機と倫理的な動機の両方に訴えかけても失敗に終わることが多い。インセンティブは「私たちは利己的に行動する生き物だ」というメッセージを送るものであり、アダム・スミスの言う「道徳感情[5]」をないがしろにするからだ。

金銭的なインセンティブは、正しく運用するのが難しい

多くの企業やリーダーは、完璧なインセンティブ・システムを設計するために過剰な時間とリソースを注ぎ続けている。もちろん私もこの30年間、最初は経営コンサルタントとして、その後はさまざまな業界のＣＥＯや取締役として、何度もそれを続けてきた。

しかし、変化にも対応できるはずの洗練されたシステムを作っても、状況が変われればすぐに使えなくなってしまう。未上場のカールソンにいたとき、人事チームと私は上場企業にあるようなインセンティブ・システムを苦心して作り、２００８年に実施した。だが数ヶ月後、入念に作り上げたそのプランは不況に打ち砕かれたのだった。

対象期間という問題もある。たとえば航空機メーカー、エネルギー会社、製薬会社など、長期のサイクルで進んでいくビジネスは、経営者の在任期間と結果が出る時期にズレが生じる。インセンティブはその年か、よくても3年ごとの業績に基づいて支払われるが、そうした業績は5年、10年、果ては15年前の意思決定が反映されたものであることが多い。

インセンティブは何のためにあるのか

こんなふうに語ってはきたが、いまだインセンティブが効果的な場面もある。意欲を高め、組織を動かすためのものだという考えを捨てさえすれば、活用は可能だ。たとえば会社の業績に連動したボーナスは、株主だけでなく従業員たちとも好業績の喜びを分かち合ううえで役立つツールだ。インセンティブは、何が最も重要であるかを伝えるメッセージにもなる。

EDSフランスにいたころ、私は経済的な成果のみを基準としていたボーナスのシステムを変えた。私が「人→ビジネス→財務」と言うとき、本当にその順番で大切に思っていることを明確に伝えたかったのだ。そこで新しいボーナスは、同じ重みを持たせた次の3つの指標に基づいて算出することにした。

1　離職率、エンゲージメント、期待されるパフォーマンスが実行できたか／それは予定通りだったかなどの指標を含む「人」の要素

2　顧客満足度や解約率などの良し悪しを反映した「ビジネス」面

3　会社の業績に基づく財務の部分

「本当にこれをやる気ですか？」

ＥＤＳのヨーロッパ、中東、アフリカ支部の事業を統括するデイビット・ソープは言った。彼は、これだと業績が悪かったときもボーナスを払うことになる可能性があることを懸念していた。「心配はしていない」と彼に伝えた。人とビジネスがうまくいっていれば、業績もついてくるはずだ。この新しい指標を導入すれば、「人」と「ビジネス」の要素にもっと目が向くようになる。新しいインセンティブ・システムは効果的な拡声器として機能した。

２０１２年にベスト・バイにやってきたとき、会社の上層部はそれぞれ自分の部門ばかりを見ていて、連携がとれていなかった。自分の部門だけでなく全体に目を向けてもらうことが急務だったため、ボーナスのシステムを変えて明確なメッセージを送った。経営陣は全員、ベスト・バイ全体の業績に基づいて同じ額のボーナスを受け取ることにしたのだ。また、その計算方法も、「リニュー・ブルー」再建計画（第7章）に取り組むあいだ何を優先すべきかを全員に明確に思い出させるものだった。つまり、売り上げの成長、Ｅコマースの強化、顧客満足度の改善、コスト削減が、査定項目の大部分を占めるようにしたのである。

こうしたボーナスが、従業員を毎朝ベッドから飛び起きさせ、通勤する車のなかでボーナス額を最大化する方法を考えるほどの意欲を生むとは少しも思っていなかった。確かに、ベスト・バイにはインセンティブ制度があったし、今も存在する。しかしそれは意欲を持たせるためのものではない。従業員たちとコミュニケーションを図り、成果として生まれた利益を分かち合うためのものだ。

インセンティブではさらなる努力への意欲が高まらないのだとしたら、何なら高まるのだろう？　第2部で紹介した、パーパスフルな人間らしい組織の原動力となるヒューマン・マジックを解き放つものは何なのか？

それは1つの根本的な考えの変化から始まる。従業員たちを「リソース」ではなく「ソース（力の源泉）」と捉えるのだ。従業員たちは「人材」ではなく、共通のパーパスを追って協働する個人として扱われなければならない。従業員はそれぞれのモチベーションや目的意識を持った個人であり、お金だけに動かされる人的資本ではない。今こそ、集団的な労働力を動かす方法ではなく、一人ひとりが大切にしているものとの結びつきを生むことによって意欲を高める方法を追求するときだ。ヒューマン・マジックを解き放つとは、一人ひとりが生き生きと働ける環境作りを意味する。自分にとって大切なことや自分が信じるものに取り組んでいるときにこそ、人は障害を乗り越え、エネルギーや創造性や感情を仕事に注ぎ込むのだ。

この意識の変化が実際の場面にどのような影響を及ぼすかについて、ベスト・バイとその従業員たちはたくさんのことを教えてくれた。こうした環境作りのレシピは、主に5つの材料で構成されている。

- 一人ひとりの生きる意味の探求と、会社のノーブル・パーパスを結びつける
- 人と人との本物のつながりを築く
- 自主性を育む
- マスタリーを目指す
- 成長できる環境を作る

これからの章では、各材料をひとつずつ詳しく紹介していく。

あなたへの質問

8

金銭的なインセンティブが従業員の士気を高め、パフォーマンスにつながると考えているだろうか。あなた自身はそのインセンティブで士気が高まるだろうか。

あなたの会社では、インセンティブはどのように使われているだろうか。そのインセンティブはどのような優先順位を反映しているだろうか。

何があなたをかり立てるだろうか。

第9章

第1の材料
――個人の夢と会社のパーパスを結びつける

審査員1――どんな気持ちになるの？　踊っているときは
ビリー――分からない…／いい気持ちです／
踊りだす前は／緊張するけど／
すぐ何もかも忘れて／
で…／全てが消えます／全てが消えて／
自分の体が変わってく／体が燃え上がって…／
僕はただ、飛ぶだけ／
鳥のように／電気のように／
そう…／電気みたいに。

――『リトル・ダンサー』（映画字幕より抜粋）

「あなたの夢は何ですか?」

ジェイソン・ルチアーノは、チームの一人ひとりにこの質問をした。ボストン南部ドーチェスターにある、ベスト・バイのサウス・ベイ店でマネジャーを務める人物だ。全販売員の回答は、横に名前を添えて休憩室のホワイトボードに書き出された。それが終わると、ジェイソンはいつもこう伝える。

「あなたがそれを叶えていけるよう、一緒に力を合わせて働こう」

私は2016年にサウス・ベイ店を訪ねた。「ビルディング・ザ・ニュー・ブルー」と題した成長プランを開始したころだ。誰も私が来ることは知らなかった。こうした突然の訪問は、現場や店舗の様子を把握するのに役立つ。2019年まで小売部門のトップとして手腕を発揮したシャーリー・バラードが数年前に鋭く指摘してくれたように、ベスト・バイのような企業のトップは、オフィスでスプレッドシートを眺めているだけでは務まらない。

訪問する前から、サウス・ベイ店の売り上げは好調であることを知っていた。私は他の店舗が学べる取り組みはないかぜひとも探りたいと考えていた。そして分かったのは、「あなたの夢は何ですか?」というシンプルな質問と、それぞれの回答に対してジェイソンがとった行動こそが、この店舗の成功の大きな要因だということだった。このアプローチを紹介した地区マネジャーからヒントを得たジェイソンは、チームメンバーそれぞれの原動力を知ることによって、真に一人ひとりとつながっていった。しかし彼が本当に偉大だったのは、各自の夢と会社のパーパスを結びつける道を見つけたことだ。

彼は、アパートメントで一人暮らしをできるようになるのが夢だという販売員のことを教えてくれた。彼女を根本的に突き動かしているのは独立心だった。もし彼女が携帯電話部門で時給仕事を続けていたら、一人暮らしの家賃を払うのは難しいだろう。2人は一緒になって、彼女がスーパーバイザーやアシスタントマネジャーになるプランを立てた。プラン実現には何が必要か。昇進には、どんなスキルを伸ばす必要があるだろう？　そして、彼はどうやって彼女が夢を実現させるサポートができるだろう？

マネジャーとチームのサポートもあり、その若い女性は自信を育み、自分のチームの業績を向上させ、仲間たちを鼓舞する存在になった。コンピュータ部門をリードするポジションに空きが出ると、そこに就くことができた。最終的に、彼女は自分の夢を叶え、自分のアパートメントを手に入れたのだった。

チーム全員が夢を叶える手助けをしようという店長の熱意は並外れたもので、目の当たりにすると凄まじいものだった。彼の貢献はチームにエネルギーを与えており、メンバーたちのスキルと相まって、店の優れた業績の原動力となっていた。テクノロジーを通して顧客の暮らしを豊かにすることで、従業員自身の暮らしも豊かになっていた。それは、会社のパーパスと各自の夢がどのように結びついているかを認識できるよう店長がサポートしてきたからだった。チームは、「パーパス」と「人同士のつながり」——店長と従業員だけでなく、従業員と仕事仲間、顧客、取引先、コミュニティ、株主とのつながり――こそがハート・オブ・ビジネスであることを理解していたのだ。

朝ベッドから飛び起きたくなるような自分の夢と結びついているからこそ、会社が掲げるパーパスに力を注げる。それはエンゲージメントに欠かせない材料のひとつだ。それゆえ、メンバーそれぞれと会社のパーパスの結びつきを明確にし、その結びつきを育むことは、トップの経営陣であれ店長であれ、どんなリーダーにとっても何より重要な役割のひとつである。その結びつきによって生まれる感覚は、ビリー・エリオット（2000年の映画『リトル・ダンサー』の主人公で、炭鉱夫の父を持つ少年）が踊っているときの気分を尋ねられて答えた「電気のよう」なものだ。私のようにデータや分析を尊重するよう教えられてきた人は、これを曖昧な感情論のように感じるかもしれない。キャリアの初期であれば、私もその意見に賛成していたことだろう。しかし、パーパスとの結びつきは効果を発揮するのだ。私はそれをベスト・バイで目撃してきたし、あり得ない奇跡だと言われるような物事が起きるのを目にしてきた。この結びつきが「愛されるブランド」を生み、企業とそれに関わる人たちのあいだの感情的なつながりや愛着を永続的なものにしている。

個人と集団のパーパスを結びつけるものは、人間への愛だ。多くの人は他者のために善いことをしたいと願っている。企業が善を為し人を支援しようと試みれば、個人の動機と会社のノーブル・パーパスは容易に結びついていく。

これに賛同してくれるビジネスパーソンは増えてきている。しかしどのように実践できるだろう？　どうすればパーパス同士の結びつきを促進し、育んでいけるだろう？

ベスト・バイでは、現在でも続く次のようなプロセスを繰り返してきた。

- 人が第一という哲学を明確に伝える
- 何が周りの人の原動力かを探る
- 決定的な出来事を活かす
- 物語を共有し、ロールモデルの提示を奨励する
- 有意義で、人間的で、偽りのない形で会社のパーパスを表現する
- 意義を浸透させる

人が第一という哲学を明確に伝える

2012年8月20日、月曜日。私がベスト・バイのCEOに就任すると発表された日、本社に集まった500人ほどの取締役や役員たちの前でスピーチをおこなった。もちろん私は、

ベスト・バイでの仕事をどれほど楽しみにしているかを語り、自分のビジネス観や、力を合わせれば再建は可能だという自信を伝えた。それから、大切なのは「人→ビジネス→財務」の順番であり、利益は必須ではあるが目標ではなく、取り組みの成果として生まれるものだという経営哲学も共有した。そして企業のパーパスとはお金を稼ぐことではなく、人々の暮らしにポジティブな形で貢献することだという信念も包み隠さず語った。

こうした考え方を早期に、繰り返し明確にすることが重要だ。そうすれば考えが根を張って組織中に育っていき、そこにいる全員が繁栄する豊かな土壌を作ることができる。

小売部門元トップのシャーリー・バラードは12万5000人の従業員に対し、一人ひとりが大切な存在だということを非常にうまく伝えてくれた。彼女は力強く何度も会社の大きさは関係ないと主張した。会社は一人ひとりの従業員の人生と向き合っている。シャーリーは店長やブルー・シャツたちに、顧客を家族や友人のように考えるよう促した。母や父が新しいテレビを買おうとしているとき、どんなふうに手助けをする？　姉や妹の場合は？　彼女はこう語る。「そもそも私がこの会社に恋に落ち、今でも愛している理由は、根本的に紛れもなく人間味のあるビジネスをしているから。この会社で私たちは、人の暮らしにとって大切なミッションのもと、他者に奉仕するために力を合わせて働いている」

この数年、会社の重要な集まりがあるたびに、私は各個人とそれぞれの旅こそがビジネスに欠かせないものだと強調してきた。どのミーティングでも、「テクノロジーを通して顧客の暮らしを豊かにする」というベスト・バイのミッションと同様に、個人的なパーパスの尊重が中心に据えられている。2019年のホリデー・リーダーシップ・ミーティングは「私がベスト・バイだ」をテーマに掲げ、いかに各個人のストーリーが会社という組織に貢献しているかに焦点を当てた。

2020年3月、従業員たちとの最初の大きな対話集会からおよそ8年後、そして私が代表取締役会長の座を降りると発表した直後、カリフォルニアで家電の訪問アドバイザーをしているアーニーからメッセージが届いた。私が在任中に「自分らしくあること」「他者に奉仕すること」「自分のパーパスを見つけること」が大切だと明確にしてきたことに対する感謝を述べてくれたのだ。それは彼の仕事のみならず、人生全般にも役立ったという。彼の感謝の言葉はもちろん私の心に深く響いたが、同時にこうした考えを明確にすることは、自分の想像よりも多くの人の心に響いていたことも知った。

何が周りの人の原動力かを探る

ボストンのサウス・ベイ店が「従業員の原動力を探る」ことで成功をおさめたことは紹介

した。しかし私が目にしてきた事例は他にもある。経営チームのリトリート研修では、自分の人生を形作ってきたストーリーや、自分を突き動かすものを語り合うことで周りとのつながりが生まれ、自分と会社のミッションの結びつきに対する理解が深まった。カールソンのCEOとなる際にマリリン・カールソン・ネルソンの面接を受けたときのことも覚えている。「あなたの魂について教えて」と彼女は言った。何が私の原動力か、それが会社のパーパスと価値観に沿ったものかを探ろうとしていたのだ。私はイエズス会の創設者ロヨラ流の修養から得たもの、自分のスピリチュアル・ライフの重要性、自分の進化の道のり、そして利益や会社のパーパスに対する考え方を伝えた。その面談はパリからミネアポリスへの9時間のフライトでおこなわれていたため、この問いを掘り下げる時間は十分にあった。

何十年ものあいだ「mean business（本気であること）」があらゆる企業の信条となっていたが、今は「meaning in business（ビジネスの意味）」を追い求めるときだ。それは各個人のパーパスを探っていくこと、そしてそれが会社のパーパスに沿ったものであるかを知ることから始まる。

決定的な出来事を活かす

ベスト・バイでCEOを務めていた期間中、ハリケーン・マリアがプエルトリコを襲ったときほど重要で影響の大きな瞬間はなかっただろう。

初めのうち、アメリカからは壊滅の度合いを計り知ることは難しかった。嵐は島の電気や通信のインフラを破壊。家屋は吹き飛ばされるか、修繕不可能なほどに浸水し、道は不通。病院はアクセスができなくなるか、空になっていた。翌朝、フロリダに住む地区マネジャーでプエルトリコ地域も担当していたダビアン・アルタミランダは、まだハリケーンのことを何も知らず、朝9時に予定されていた会議のためにプエルトリコの3店舗の店長たちへ電話をかけた——店長たちが欠席することなど一度もなかった会議だ。誰も電話にでなかったため、ダビアンは不安になった。プエルトリコには店舗と配送センターにおよそ300人の従業員がいるのに、最初は誰もつかまえることができなかった。みんなどこに行ったのだろう？　大丈夫だろうか？

私たちのチームはただちに行動に移った。まず、無事かどうか全員に連絡を取る方法を考える必要があった。従業員たちに同僚を探してもらったり、無事であれば連絡がほしいと地域に知らせを出したりもした。少しずつではあったが、全員と連絡を取ることができた。しかしだからといって、全員に問題がなかったわけではない。家やすべての所有物を失った人もおり、その人たちには生きるために十分な食事ときれいな水もなかった。1型糖尿病を患っていた妊娠7ヶ月の従業員は、電気が途絶えて薬を冷やしておけなくなってしまった。こちらはテレビでたくさんの支援物資が送られていくのを見ていたが、プエルトリコの従業員たちは支援物資などひとつも見当たらないと語っていた。みんな途方に暮れていた。

ダビアン・アルタミランダは、アメリカ南東部を統括するベスト・バイの部長アンバー・ケールズに電話をかけた。「私たちも何かやるべきです」とダビアンは言った。

「何か案はある？」アンバーは答えた。港は使えない状態だった。

「貨物機が必要です！」ダビアンは言った。

「分かった、私たちに何ができるか考えましょう」と彼女はためらわずに返事をした。

アンバーは任務に取りかかった。「どうしたらビジネスジェットを借りられます？」とアンバーは自分の上司に尋ねた。「私のクレジットカードで借りましょうか？」

数日後、ダビアンと彼のチームは最初の支援物資と共に現地へ降り立った。サンフアン店では200人以上の従業員が、多くはベスト・バイのブルー・シャツを着て出迎えてくれた。感極まったダビアンは店にあった仮設の台に立ち、この国の従業員たちのことは誰も忘れていなかったと伝えた。

緊急物資の購入費として、すべての従業員に200ドルが手渡された。店舗は閉まっていたものの、まずは当面の金銭的な余裕を持たせるために1000ドルの前払いをおこない、ハリケーンから4週間は給料の支払いも続けた。それから、プエルトリコの復興のために地域でボランティアに参加した従業員にも給料を払い続けた。飛行機は、避難を選んだ従業員とその家族70人と共にアメリカへ戻った。アメリカに来た従業員たちには、フロリダの店舗での仕事を割り当てた。

オムツ、水、食料などの物資を載せた飛行機は、合計14回プエルトリコへ飛び、そのうち7回は、あの妊娠中で糖尿病を患っていた女性を含め、従業員たちを乗せて帰ってきた。そして、もとの生活に戻れるよう時間をかけて支援した。従業員たちもお返しに、ベスト・バイがもとの状態に戻るよう力を貸してくれたのだった。

ハリケーンの3ヶ月後、修繕されたばかりのサンファアン店には開店前に100人以上の買い物客が並んでいた。音楽隊はテープカットの式典でにぎやかな音楽を演奏した。店に入ってきた最初の客たちは、ベスト・バイのスタッフからの大きな拍手で出迎えられた。状況が違えば、この店のオープンは失敗だとみなされていたかもしれない。ホリデーシーズンの口火を切るブラックフライデーには間に合わなかったからだ。

しかし私はこの上なく満足していた。ハリケーン・マリアからわずか3ヶ月後に店を開けたというのは、レジリエンス（回復力）やパーパスの力を示す一例だった。1年以内に、全3店舗と配送センターを再オープンさせることもできた。驚くべきことに、それらの店舗の売り上げは前年比10〜15パーセントも増加した。

その素晴らしい業績は偶然だったのかもしれない。しかし私の考えでは、一夜にしてすべてを失うトラウマを従業員たちが支え合って切り抜けたことこそ、真の達成だった。プエルトリコで従業員たちが成し遂げたことは、ベスト・バイのCEO在任期間のなかで最も誇らしいことのひとつだ。特に、私がほとんど関与していないという点が誇らしかった。これは、全員が力を合わせた結果だった。アンバー・ケールズは言う。

「私たちは家族です、という言葉は本気で言ってるの。このブルー・シャツを着ている人がいたら、私たちはどんな方法を使ってもその人を助ける」

ダビアン・アルタミランダによれば、必要な人にサポートを提供することは、まさにベスト・バイの精神だという。

こうした決定的な出来事を活かせば、その出来事の効果を増幅することができる。次のホリデー・リーダーシップ・ミーティングでは、このハリケーンの試練についての動画を流した。プエルトリコの従業員たちや、支援をおこなったアメリカの従業員たちの視点を反映したものだ。私たちはどのような組織であるか、そしてどのような組織でありたいと願っているか、その本質をしっかりと伝えることが狙いだった。ベスト・バイとしての実践を物語にしたおかげで、誰にとってもパーパスが明確になった。私たちは常に「人」が第一だと言ってきた。プエルトリコの物語は、それが言葉だけのものでないことを伝えるものだった。従業員たちは、私たちのパーパスがどのような顔をしているかを——実際の従業員たちの顔と共に——目にすることができた。それは私たちが物事を築いていく足場となった。

物語を共有し、ロールモデルの提示を奨励する

人間の脳は物語を通してつながるようにできている。物語は私たちに共通の経験や人間性を感じさせてくれる。人はおのずと物語のなかに意味や啓示を見いだす。従業員、顧客、そしてコミュニティの話や、互いに与え合っている影響関係などの日常的な物語を語ることは、パーパスや職場や一緒に働く人たちに対するつながりを生む。

どんな会社であっても、物語を伝える簡単な方法はいくつもある。ベスト・バイは集めた物語をブログで公開している。壊れた恐竜のおもちゃの修理をしたブルー・シャツ（第2章）、ホームレスの退役軍人やカリフォルニアの火災で何もかも失った家族の手助けをする従業員、父と息子で揃ってブルー・シャツを着ている何組もの親子。パーパスが実践に活かされている例は他にもたくさんある。

ロールモデルを示すことも役に立つようだ。意義深い仕事の経験をしっかりと伝え合い、会社のパーパスとの結びつきを明確にすると、組織内に仕事の意義が共有されていく。[1] ロールモデルを示すと、従業員が自分のパーパスを見つけられる豊かな育成環境が生まれるうえ、

個人のパーパスが大切であるというメッセージを送ることにもなる。ベスト・バイが成長戦略「ビルディング・ザ・ニュー・ブルー」に取り組み始めてずいぶん経った現在でも、会議はロールモデルを示すことから始まる。そこでは自分の変化の物語、その物語が自分にとって重要である理由、そしてベスト・バイや会社のパーパスが自分の物語とどのようにつながっているかが語られる。

会社の親睦会では、パーパスをめぐる従業員たちのさまざまな物語がステージやスクリーン越しに語られる。2019年のホリデー・ミーティングでは、ある幹部が18歳だった自分に「スイッチを入れてくれた」店長をはじめ、ベスト・バイでの24年で築いてきた人間関係が自分にパーパスを与えてくれたと語った。ある動画では、耳の聞こえない顧客が手話のできる販売員を雇用していることへの感謝を述べる様子が流れた。声で操作する照明スイッチやドアロックを家のいたるところに設置して、障害がある女性の人生を変えた訪問アドバイザーの物語もある。

企業のプロパガンダのように聞こえるかもしれない。だがこれらの物語は、会社のパーパスが何であり、いかに全従業員がパーパスに貢献していて、それがいかに人々の暮らしを変えているかを、ベスト・バイの全員に思い出させるものとなっている。そうやって個人と会社のパーパスを結びつけ続けることが、従業員たちのエンゲージメントにとって非常に重要なのだ。

有意義で、人間的で、偽りのない形で会社のパーパスを表現する

ミネソタ州に拠点を置く医療機器メーカーのメドトロニックは、パーパスを有意義で偽りのない形で表現している会社の好例だ。私の近所に住む友人で『True North リーダーたちの羅針盤』[2]の著者でもあるビル・ジョージが長いあいだトップを務めてきた会社だ。1960年に制定された同社のミッションは「生体工学技術を応用し、人々の痛みをやわらげ、健康を回復し、生命を延ばす」ことに焦点が当てられている。メドトロニックの従業員がこのパーパスを見失ってしまったときは、ただ会社のロゴを見返せばいい。そのロゴには人間の体が寝ている状態から起き上がっていく様子が描かれている。

パーパスを有意義で偽りのない形で表現すべきなのは、人命を救う企業に限ったことではない。「有意義」とは、従業員たちにとって意味のある形で人の暮らしに変化をもたらすことだ。「偽りのない」とは信用性、つまり会社がやっていることが、会社の能力やDNAの核にあるものと一致していることを指す。たとえば私がカールソン・ワゴンリー・トラベルにいたころ、私たちは顧客のCO_2排出量削減を手助けするために、さまざまな交通手段が

環境に与える影響を比較していた。これは有意義なことではあったが、突き詰めれば旅行業という自分たちのビジネスとは矛盾する取り組みであったため、信用性があるとは言えなかった。CO_2排出を削減する最適な方法は出張旅行そのものをなくすことであり、それは自社を殺してしまうことになる。

第6章で語ったように、ベスト・バイが再建できた大きな要因は、「テクノロジーを通して人間の主なニーズに応え、暮らしを豊かにすること」という会社のパーパスを定義し、それを会社の日々の行動に落とし込んだことだった。ベスト・バイのパーパスは、広報コンサルタントが夢想したパワーポイント資料に載っている気の利いた表現などではない。前の章で紹介したように、自分たちの最高の姿を観察することなどを通して、有機的に生まれてきたものだ。それによって、心からの、深く根ざした偽りのなさがもたらされている。

私はラルフローレンの「よりよい人生という夢を後押しする」というパーパスにも、偽りのなさを体現する例として敬意を抱いている。その気持ちは、コロラドにいるラルフと妻のリッキーを訪ねて深まるばかりだった。私はその前からすでに、このパーパスが彼自身の人生に深く根ざしたものであることを知っていた。ベラルーシから来たユダヤ人移民の息子としてブロンクスで育ったラルフは、プレッピーでスポーティな「ポロ」ブランドから典型的なアメリカン・カウボーイのスタイルまで、彼の思い描くアメリカン・ドリームを反映した服や家庭用品をデザインしてきた。そのアメリカン・ドリームが、裕福ではない少年の心をかき立て、彼の人生を途方もない成功へと導いていったのだ。

コロラドの彼の家に滞在して、パーパスの偽りのなさをさらに実感した。その飾り気のない牧場は、まさにラルフ・ローレンその人を体現しているかのようだった。そこは温かく人を迎えてくれるような場所で、モンタナの古い納屋の板を再利用したアンティークの家具から、ネイティブ・アメリカンのアーティストがデザインしたティピーテントに至るまで、飾ったところや作り物めいたところが一切なかった。「よりよい人生という夢を後押しする」とは、空虚なスローガンではない。それはラルフ・ローレンという人の核であり、彼が信じているものであり、彼の会社で働く全員が理解し、感じ、鼓舞されているスローガンだ。

顧客が人ではなく企業である場合も、その仕事と自分のパーパスとのつながりを見つけることに関してあまり違いはない。突き詰めれば、そうした企業も人の暮らしに影響を与えているからだ。たとえば私がEDSにいたころ、クライアントはすべて企業だった。しかしそうした企業は人にサービスを提供していた。この事実を従業員の誰もがはっきりと理解したのは、サッカーのワールドカップを世界中の無数のファンに届けるための放送を支えるITシステムを手がけたときのことだった。このプロジェクトはチームだけでなく、組織全体にエネルギーを与えるものとなった。

意義を浸透させる

最後に、仕事の意義を業務や規則の隅々に行き渡らせると、個人やその人が大切にしているものと会社のパーパスを結びつけやすくなる。これは意外な方法でも実行できる。ベスト・バイは2019年度版の倫理綱領に仕事の意義という視点を組み込んだ。通常、こうした綱領は解雇につながる可能性のある行動を細かく記したルールとして弁護士が書くものだ。防衛的な表現となり、何をすべきでないかが列挙される。

私はこの綱領に命を吹き込むべく、2018年にコンプライアンスチームと熱心に取り組んだ。そうして作り上げたのは、法律用語で書かれた厳格な綱領ではない。従業員たちが日々のあらゆる意思決定において「最高の自分」であれるように、各自の判断も尊重された文書となっている。

この新しい綱領は、会社の信念、パーパス、指針となる行動、価値観を記して始まる。それらは困難な状況のなかでも各自が進んでいけるコンパスとなるものだ。この綱領は規則というより想いに目を向けたものであり、使われる言葉はポジティブかつシンプルで、顧客、従業員、取引先、株主、コミュニティについても明記されている。もちろん、もっと詳細に踏み込んだ内容もある。たとえば顧客対応に関する指針では、広告、製品の安全性、データのプライバシーなどがカバーされている。しかしそこに記されたやるべきこと／やってはいけないことも、会社のパーパスや価値観とリンクしている。狙いはすべての状況を網羅することではなく――どんな文書にもそれは不可能だ――一人ひとりの善意と判断力をうまく活用するよう後押しすることだ。2019年にシャーリー・バラードからベスト・バイの小売部門トップを引き継いだカミー・スカーレットは、このアプローチについて見事な表現をしている。店長たちにSOPとは「Standard Operating Procedures（標準作業手順書）」の略ではなく「Service Over Policy（規則よりもサービス）」の略だと伝えたのだ。会社のパーパスと哲学を知ったうえで、何が正しい行動かは一人ひとりに任されているのである。

従業員一人ひとりが、自分の原動力との結びつきを感じることによって会社のパーパスに全精力を注げる環境を作り出すこと――これがヒューマン・マジックを解き放つ第1の材料だ。個人と会社のこうしたつながりは、他者の暮らしを良い方向に変えていくことと深く関係している。そうした良い変化を生む直接の要因となるのが第2の材料「偽りのない人間的なつながりを作る」だ。

あなたへの質問

9

何があなたを突き動かすか、明確に把握しているだろうか。

あなたのパーパスと会社のパーパスは、どのように結びついているだろうか。

チームメンバー一人ひとりを突き動かすものは何か知っているだろうか。何がメンバーそれぞれにエネルギーを与えているだろうか。

メンバーたちのパーパスを実現するために、チームとどのように力を合わせているだろうか。

周囲の人々の個人的な原動力と会社のパーパスを結びつけるために、どのような手助けをしているだろうか。

第10章

第2の材料——人と人とのつながりを育む

これだけは確かなこと……愛はいつもそこにある。
——シェリル・クロウ

ベスト・バイの人事部トップだったカミー・スカーレットは、包み隠さずに自身の物語を共有した。

「私は自分が鬱であることを10年間誰にも言わずにきました。レッテルを貼られたり色眼鏡で見られたりしたくなかったし、何よりきっと同情されると思っていて、それはもっと嫌だったのです」

会社のブログにそう記し、心の健康やウェルネスの重要性を訴えた。彼女は半年のうちに両親をどちらも脳腫瘍で相次いで失い、重い鬱に苦しんだことを語った。それをやり過ごすため、仕事や忙しさに身を任せて友人や家族から距離を置いていたが、やがて夫のマイクが周りに助けを求めるよう促したという。彼女はセラピーに行き、薬も飲むようになった。気分は徐々に上向いていき、鬱が近づかないよう毎日心を鍛えている。そんな彼女はこう記している。

「他者が与えてくれた後押しが、私に語る勇気をくれました。受けた恩を別の人に送っていくペイ・フォワードの精神で、私のストーリーによる後押しが、あなたに勇気をもたらすことを願います」

カミーはベスト・バイの従業員たちから溢《あふ》れんばかりのサポートを引き出した。多くの人は彼女の経験に自分の姿を垣間見て、その経験と、彼女という人につながりをいだいた。彼女の投稿には何百人もの人からの反応があった。個人的なメールを371通も受け取り、どのメールにも個人的なストーリーが記されていたという。ある店舗を訪問したとき、彼女は若い女性従業員に話しかけられた。その従業員は自殺を図ったことがあったが、カミーの投稿を見て助けを求めることにしたのだと語った。

第9章では、個人のパーパスと会社のパーパスが結びつくと並外れたパフォーマンスをもたらす深いエンゲージメントが生まれることを説明した。第2の材料は、カミーと従業員たちのように、人と人とのつながりが花開く環境を作ることだ。

人と人とのつながりは、エンゲージメントとパフォーマンスを向上させる

ギャラップ社による従業員エンゲージメント調査にある10番目の質問事項は「職場に親友はいますか?」だ。カールソン・ワゴンリー・トラベルに勤めていたころにこの質問を初めて知り、私は内容に首を傾げた。こんなのは戯言で、取るに足らないことだと思ったのだ。私はデカルト的な厳密さ、科学、数学を教え込まれてきた。つまりデータだ。マッキンゼー、EDS、ビベンディ、カールソン・ワゴンリー・トラベルの時代を通して、優れたリーダーシップとはおおよそ知性、理性、勤勉のことだと信じていた。もちろん人当たりがいいことも重要だが、職場に親友を持つことと仕事のパフォーマンスとのあいだにどんな関係があるというのだろう?

そう思っていた私だったが、カールソンにいたころから少しずつ、職場にいる親友はかけがえのない存在かもしれないと思い始めた。

私がカールソン・ワゴンリー・トラベルからカールソン・グループに移ったとき、まだ同グループはホテルやレストランのフランチャイズ事業を保有していた。TGIフライデーズのようなレストランチェーンは、どの店舗も同じ戦略的ポジショニング、同じ内装、同じメニューだった。しかし売り上げパフォーマンスは店ごとに大きく異なっていた。

その違いを説明できるとすれば、「人」の要素だった。店長とスタッフとの関係は、スタッフと顧客とのつながりを特徴づける。帰属意識や自分が大切にされている感覚をいだける環境を店長が作ると、従業員たちは最高の力を発揮することを目にしてきた。2012年にベスト・バイに参加するころには、私はあの10番目の質問に対する意見を変えていた。結局のところ、「上の人は頭がいいから」と圧倒されていると、人は全力を出そうとしない。どれだけ自分の仕事に力を注げるかは、どれほど敬意を払われ、価値を認められ、大切に思われていると実感できるかが直接的に影響している。それはまさに友人同士のあいだにあるような感覚だ。

私たちは他者とのつながり抜きには存在できない。実際に、ブルー・ゾーン（日本の沖縄やイタリアのサルデーニャなど世界の5地域）の人たちがより長く、より良く生きている要因のひとつは「人とのつながり」だと特定している研究もある。[1] この文脈でいう人とのつながりは、帰属意識や、家族（両親・パートナー・子どもなど）を第一にすること、そして協力的な社会サークルなどを指す。たとえば沖縄の人たちは「模合《もあい》」という生涯にわたる親密な友人グループを形成している。

人とのつながりに対する基本的な欲求は、新型コロナウイルス感染症の危機を受けて特に鮮明になった。自主隔離やロックダウンのあいだ、テクノロジーを介したバーチャルでのつながりが爆発的に増えた。そんななか中国やイタリアなどでは、人々が家のバルコニーで歌や演奏をおこなって近隣住民に孤独ではないのだと思い出させ、心の健康に大きな影響を与える独房のような感覚をやわらげ合っていた。

職場における人とのつながりに対する私の考えの変化は、ベスト・バイでの最初のホリデー・リーダーシップ・ミーティングのやり方にも影響した。利益や収入が減っていくなか再建プランも作成途中の時期だったため、アナリストたちはベスト・バイの死亡追悼記事を書き連ねていた。そのミーティングで何を語ったか正確には覚えていない。出席していた人に尋ねても私の言葉を覚えている人はほとんどいないだろう。しかし多くの人は、私の話から何を感じたかは覚えているのではないかと思う。現実主義と危機感は持ちつつも、希望と自信があったはずだ。私の口調やエネルギーは覚えているだろう。私は明るく楽観的でありながら、正直でもあった。参加した誰もが私の話に元気づけられただろうが、同時にアナリストたちの意見が正しいことも理解していた。自分たちが変化しなければベスト・バイは死んでしまう。

CEOを降りたとき、それからのちに取締役会長を降りたときも、私の能力や計画の実行方法など従業員は覚えていないだろうと改めて感じた。従業員が覚えているのは、私からどんなことを感じたかだ。私が受け取った心温まるメッセージの数々からは、従業員たちが希望やエネルギーやインスピレーションを感じたことが伝わってくる。

今でこそ私は人と人とのつながりがエンゲージメントには不可欠だと確信しているが、そのように考えたり語ったりしているビジネススクールや取締役会はまだ多くない。この状況は変えていく必要がある。なぜなら効果的な戦略という点において、ヒューマン・マジックこそ信じられないほどのパフォーマンスをもたらすからだ。

ベスト・バイで仕事を始めた時点で、人のつながりがなぜ大切かは理解していたが、そうしたつながりをどうやって築いていくかを学んだのはCEOの在任期間中だった。当時の同僚だったシャーリー・バラードは、会社とは魂のないモノなどではないとよく言っていた。共通のパーパスに向けて協働する個人によって構成された人間らしい組織なのだ。ヒューマン・マジックを解き放つためには、誰もが安心感を抱き、自分という存在の価値を全面的に認められ、自分らしくいられる余裕や自由が必要になる。それが実現して初めて人は仕事に最高の自分を投じることができるのだ。そうした環境は次の実践によって作られていく。

- 全員をひとりの個人として扱うことで敬意を育む
- 信頼を築くために安全で透明な環境を作る
- 弱さを見せることを奨励する
- 効果的なチームダイナミクスを生み出す
- ダイバーシティ&インクルージョンを推進する

これらはベスト・バイの戦略的な変革の柱であると同時に、会社の魂となっている。

全員をひとりの個人として扱うことで敬意を育む

「従業員には自分が重要な存在なのだと感じてもらわなきゃ」

このシャーリー・バラードの言葉には、私も心から賛同する。これは小規模なビジネスと同じように大企業でもできることだ。どんな会社であれ、たいてい一般的なマネジャーは直属の部下を5～10人抱え、数十人と直接やり取りしている。従業員3000人のEDSフランスでも、2万2000人のカールソン・ワゴンリー・トラベルでも、12万5000人のベスト・バイでもそうだった。私のアプローチに会社の規模は関係なかった。経営は「集団」を率いるものだと考えるべきではない。

調査のために集めた従業員グループのなかで、「一人の個人」として扱われているときに生まれる違いについて、若い販売員が自分の体験を語ってくれた。彼は18歳のときに採用されたが、内気で自信がなかったという。ベスト・バイでの大切な経験について尋ねると、彼はすぐに地区を統括するマネジャーが自分の店舗を訪れたときのことを挙げた。面接のときに会っただけの地区マネジャーは彼に気づき、名前を覚えていたのだ。その1つの小さなつながりが忘れられない印象を残していた。この若い販売員はブルー・シャツであるだけではなかった。周りから知られ、大切にされる一個人だったのだ。2年後、シャイで自信のなかった青年は成長し自信に満ちていた。

10代のころに経験したスーパーでの恐ろしい夏のアルバイト（第1章）を振り返ってみると、そこには私の存在を知る人が誰もいなかったのだと気づく。私の存在など大切ではなく、つまり私のやっていることも大切ではないと感じていたのだ。ベスト・バイのCEOとして、私はすべての従業員が自分と自分の仕事が重要なのだと感じられるように全力を尽くした。『隠れた人材価値』（翔泳社）のなかで、スタンフォード大学で教鞭をとるチャールズ・オライリーとジェフリー・フェファーは、並外れた成功をおさめた企業の要因はより優秀でより賢い人がいることではなく、従業員から最高の力を引き出し、すべてのステークホルダーが繁栄できる方法を見つけだしたことだと述べている。[2] いわゆる「愛される企業」は、職位にかかわらず貢献してくれる一人ひとりの従業員の価値を理解している。[3] そうした企業は従業員のことを顧客のように扱う。相手を尊重し、ニーズへの深い理解を持って接するのだ。

相手の尊重は、理解し認めることから始まる。フランスの哲学者ルネ・デカルトは「コギト・エルゴ・スム」――我思う、ゆえに我あり――という有名な言葉を残している。しかし真の人間らしい組織を作るにあたっては、より効果的な宣言があるように思う。「エゴ・ウィデオル・エルゴ・スム」――我見られる、ゆえに我あり。1952年に出版されたラルフ・エリスンの古典的名作『見えない人間』(白水社)では、主人公であるアフリカ系アメリカ人の青年が、社会のなかで自分が見えない存在にされている経験をさまざまな形で回想する。私はこの物語が現在でも切実な問題であることに衝撃を受けた。2016年にベスト・バイは、マイノリティの従業員やマネジャーのグループを集めて定性調査をおこなった。ヒスパニックとアジア系の従業員は基本的に問題なくやっているようだったが、黒人やアフリカ系アメリカ人の従業員たちは自分が大切にされていないだけでなく、見えない存在にされているとさえ感じていた(これについては本章の後半で詳述する)。

相手を尊重するとは、相手の存在を認め、ありのままの姿を受け入れることだ。あるトランスジェンダーの従業員が人事チームのもとにやってきて、ジェンダー移行の道のりでベスト・バイから十分な補助が得られなかったと伝えてきたことがあった。それを受けて会社は現行の福利厚生を見直し、豊胸や顔の女性化などの美容整形にも手当を出すことにした。人事部長のカミー・スカーレットは、たった一人の従業員の訴えで制度を変えた理由を完璧な言葉でまとめている。
「なぜなら彼女はそれに値するから」

信頼を築くために安全で透明な環境を作る

2014年のブラックフライデー。午前4時に携帯電話が鳴った。ベスト・バイのEコマース部門トップであるメアリー・ルー・ケリーからだった。トラフィックが急増して会社のウェブサイトがダウンしたという。1年で最も忙しく最も重要な日に、これは致命的なダメージとなってしまう。道は1つしかなかった。力を合わせて解決することだ。私たちはそれを成し遂げることができた。その年のホリデーシーズンは、既存店売り上げ高が4年ぶりに上昇した。

信頼について考えるとき、このときの電話のことをよく思い出す。悪い知らせは少なくとも良い知らせと同じ早さで共有されなければならない。そのために必要なのは、どんな問題が生じようとも互いを責め合うことではなく、全員が問題解決に集中してくれるという信頼感だ。信頼は、特に厳しい状況のなかで互いに支え合う経験から育まれる。問題が生じていることを認めたらクビになるかもしれないとメアリー・ルーが恐れていたら、私に電話はかかってこなかったかもしれない。

人と人との真のつながりは互いに信頼し合うことで初めて花開く。ホールフーズの共同CEOであるジョン・マッキーとラジェンドラ・シソーディアは『世界でいちばん大切にしたい会社』（翔泳社）のなかで、彼らの言う「意識の高い文化」において「信頼」と「思いやり」が2大要素だとしている。[4] 信頼がなければ恐怖が生まれる。そして恐怖はエンゲージメントと創造性を奪う。信頼を築くためには4つのことが必要だ。第1に、時間をかけること。第2に、やると言ったら実行すること。第3に、身近に感じられる人であること。見えない相手のことは信頼できない。第4に、透明性を持つことだ。

カミーをはじめベスト・バイの実に多くの従業員たちは自分のストーリーを共有することに安全を感じており、そういうオープンな空気は他の人も自分の弱さを見せていく後押しとなっている。[5] 安心感は人間の基本的な欲求だ。フォードの元CEOアラン・ムラーリーが導入した赤・黄・緑のシステムの土台となるものでもあり、安心感があるがゆえに幹部たちは問題を報告することができ、同僚たちは助けの手を差し伸べることができた。ミスを犯したり、知識がなかったり、単に人間として不完全な部分があったときに、それらを欠陥だとみなされたら誰も安心感を抱けない。

アラン・ムラーリーは明確な行動規範を作って実行させることで信頼と安心感を育む名人だ。フォードでは、誰かをダシにして笑いをとったり、その場にいない人を批判したりすることは決して許されない。そしてチームを全面的にサポートすることが求められている。アランのチームメンバーは互いに信頼し協力し合えると感じる必要があった。アランは、これらのルールから外れた行動を断固として許さなかった。彼は毎週のビジネスプラン・レビュー会議において、携帯電話をチェックする人や脇道にそれた議論をしている人を見つけると、会議を中断することで有名だった。彼はその人のことをじっと見つめて言うのだ。

「みんなであなたの協力をしましょう。フォード・モーター・カンパニーを救うことよりも重要な何かに取り組んでいるようですからね」

彼が大切にしているのは、信頼のもととなる周りへの敬意を持ち、全員が議題に集中することだった。求められる行動ができない相手に対しては、最終的に笑顔でこう言うのだった。

「それでも構いません。ここで働く必要はないんだから。それはあなたの選択です」

弱さを見せることを奨励する

「弱さを見せることは関係を築く接着剤だ」と、このテーマについて何冊もの本を執筆しているブレーネ・ブラウンは言う。[6] 自分の弱さをさらけ出して本来の姿を見せることで、私たちは思いやりや、真の帰属意識や、偽りのないつながりを持つことができるとブラウンは言う。彼女によれば、その偽りのなさこそが創造性や喜びや愛を生む。[7] 職場に愛と思いやりを生むには、それらを持った従業員を採用・昇進させる以外にどんな方法があるか。それは、愛と思いやりをよりオープンに表現できるようにすることだ。[8]

鬱に苦しむ経験を共有したカミーのようなリーダーがいることは、誰もが人間としての旅をしていて、本当の自分を隠したり援助の要請をためらったりするべきではないというメッセージになる。それはCEOも実践する必要がある。ベスト・バイのCEOに就任したとき、私はチームに向けて、この再建は困難なものであるため、私を筆頭に一人ひとりが可能な限り最高のリーダーになる必要があると語った。私の行動に対するチームのフィードバックをコーチのマーシャル・ゴールドスミスから集めてもらうことも伝えた。フィードバックを受け取ったあとは、チームに感謝を述べ、改善に取り組むことにした3つの事柄を報告した。このことは再建に向けた環境作りの役に立ったと思う。

しかし、自分の弱さを見せることは私にとって簡単ではなかった。今でこそ不完全さやフィードバックを受け止めることができるようになったが、私はそれまで仕事と私生活は別物で、職場に感情が入り込む余地はほとんどないと教えられてきた。それに私はどちらかというと自分を打ち明けるタイプではない。ベスト・バイにやってきたとき、私は再建に没頭して、離婚したばかりの痛みを脇に置いていた。私のなかに挫折感を残していた離婚については、数年経ってようやく友人たちに打ち明けることができた。それによって自分の感情と向き合い気持ちが癒やされただけでなく、職場で自分を包み隠さず見せられるようになった。おかげで私は頭だけでなく、心や腹の底から会社をリードできるようになった。

とはいえ、弱さを見せることとは自分の私生活をすべて見せることとは違う。ポイントは、偽りのないもの、その場に関係するもの、周りのためになるものを共有することだ。[9] だから、2019年のホリデー・リーダーシップ・ミーティングで、ある従業員は自分がアルコール依存症の両親のもとに育ち、高校を卒業してからは勉強もせず、同性と交際していたという話を共有したが、それは単に「自分を知ってほしい」という類いの物語ではなかった。彼女は明らかに感極まった様子で、こうした物事を自分は恥じてきたし、語ろうと思ったことなどなかったと言った。しかしそんなストーリーを語ったのは、そのミーティングに関係するものだったからだという。彼女は職場を家のように安全な場所だと感じていた。そのおかげで自分をさらけ出し、再び周りを信頼し、精神的な赦《ゆる》しを得ていく勇気と場が生まれたのだ。彼女が弱さを見せたのは、周りの人もあるがままの自分になって自分の声を見つけるように励まし、勇気を与えるためだった。

このように弱さを見せるには勇気がいる。しかし彼女のようなリーダーやカミーの物語が示しているように、信頼が築かれ各自が尊重される環境で弱さを見せると、周りはその人を助けたくなる。そして、周りの人も助けを求めてよいのだという合図にもなる。これが支え合う組織を築くものであり、ベスト・バイも含めてそうした組織がしばしば「家族」と呼ばれる理由だ。

リーダーシップには、弱さを見せるだけでなく、ときに厳しい決断を下したり希望を与えたりすることも求められる。2020年3月19日、新型コロナウイルス感染症のパンデミックのさなかにマリオットのCEOアーン・ソレンソンから従業員へ送られた動画メッセージは、感情的知性や弱さを見せることを学べる最上の教材だ。動画に姿を現した彼はすっかり頭髪が抜け落ちていて、多くの人が驚いた。それは膵臓《すいぞう》がんの治療によるものだった。彼はまずウイルスによって直接影響を受けた従業員たちについて話し、支援を申し出た。そのあとで、パンデミックの影響と拡大防止の規制によってマリオットのホスピタリティビジネスが大きな打撃を受けていることを説明した。

包み隠すことなく語られたが、危機を軽減するための会社の取り組みについても説明されたためパニックは起こらなかった。新規の雇用は停止され、マーケティングや広告費などのコストが削減される。彼は年内無給とし、経営陣は50パーセントの減給となる。世界中で週の労働時間が減らされ、一時的な休職制度も実施された。

それから彼は世界に希望をもたらした中国での回復の兆しにも触れた。「今回ほどの困難に見舞われたことはない」と、マリオットでの8年の在任期間を振り返って彼は言った。「とても大切な仲間たち、つまりこの会社の心臓部である従業員たちに、どうしようもできない出来事によって活動に影響が出てしまうと告げることほどつらいことはない」。そして口調を変えてこう付け加えた。

「今このときほど、みんなで切り抜けてやろうという強い気持ちになったことはない」

彼は世界中のコミュニティがパンデミックを乗り越えて、人々が再び旅行し始める日を思い描きながら、希望の言葉で締めくくった。

「その素晴らしい日が来たとき、私たちは世界に知られる温かさと思いやりをもって旅行客たちを迎えるだろう」

そのメッセージは嘘のない心からの感動的なものであると同時に、気持ちや士気を高めるものだった[10]。

効果的なチームダイナミクスを生み出す

パフォーマンスの高いチームを作るためには、最高の力を発揮する個人が集まって、最高の力を発揮する集団へと変わらなければならない。そしてそれに必要なのが、人と人とのつながりを活かすことだ。

2016年、ベスト・バイはリニュー・ブルーの再建計画から成長戦略へと移行中で、適材適所の人事を確立することからギアを変え、チームとしてのパフォーマンス向上を目指す時期だった。そこでエグゼクティブ・コーチのエリック・プライナーに来てもらい、私を含めた経営幹部たちにコーチングをしてもらった（第3章）。当初の目標は各個人のパフォーマンスを向上させることだったが、エリックの言葉で、その目標はすぐに変わった。

「最高のチームとはAクラスのチームであって、Aクラスのプレーヤーの集まりではありません」

私たちにはAクラスのプレーヤーはいたが、まだAクラスのチームではなかった。

エリックの分析によると、その理由は2つだった。1つめは、幹部たちが英雄であるかのような精神でいたこと。幹部たちはパフォーマンスが高いがゆえに、自分が問題を解決するのだという気持ちを持っていた。2つめは、「思いやり（caring）」をもって欠点を指摘するよりも、欠点をもつ人たちの「世話（caretaking）」に重きが置かれていたこと。これはささいだが重要な違いだ。みな欠点に対して寛容ではあったが、相手の気分を害するリスクを冒そうとはせず、厳しいメッセージを伝えることを避けていた。

そこでまずエリックは、メンバーが互いの違いを理解し合えるように、周りとの交流への欲求、コントロールへの欲求、内省への欲求、感情的になる傾向など複数の象限を説明し、一人ひとりがどの立場にあるかを理解できるようにした。それから個別にフィードバックを与え、象限分けした図に一人ひとりを位置づけた。そして最後に理解の定着を図るべく、部屋のなかで図に対応する位置に各自を立たせ、それぞれの位置関係を物理的に体験させた。各自がどの位置に置かれているのかを見るのが楽しいだけでなく、どれほど互いに似ているか、あるいは違うかが視覚的・身体的に理解できる体験だった。

人と関わる際の一人ひとりのニーズやパターンの違いを理解することで、よりよい関係を築けるようになった。相手をどのようにいら立たせてしまう可能性があるかや自分の行動が招く結果を理解することがはるかに簡単になり、誰かが自分を変える必要もなくなった。あの部屋に立ったことで、私たちは「この人のここに腹が立つ」という考えから「違う伝え方をすればお互いに必要なものを得られる」という考えに変わっていった。

もうひとつ印象的だったのは、エリックが幹部たちに「自分にとって第一のチームは何か」と尋ねたときのことだ。幹部たちは自分が担当する機能別のチーム——マーチャンダイジング、マーケティング、サプライチェーン、小売、財務、人事チーム——だと答えた。一緒にコーチングを受けているエグゼクティブチームが第一だと答えた人は誰もいなかったのだ。私たちはまだプレーヤーの集まりに過ぎなかった。これが変わりだしたのは、当時マーチャンダイジング部門のトップだったマイク・モーハンが、このエグゼクティブチームを第一のチームにする必要があると認めてからだった。

人と人とのつながりを強化するべく、私たちは「世話」から「思いやり」への移行も学んでいった。「人の気持ちを傷つけたくない」という考えから、率直なフィードバックへと変わるのだ。私たちは「継続・開始・停止」エクササイズを実践した。相手が人との関わりにおいて継続すべきこと、開始すべきこと、停止すべきことを指摘し合うのだ。私たちは「ミネソタ・ナイス（礼儀正しく控えめなミネソタ人の気質）」から、はるかにオープンで正直な関係に変わっていった。

数年のあいだ、私たちはエリックと四半期ごとに丸一日（年間でおよそ1週間の労働時間分）を費やして、より効果的な幹部チームになるための取り組みをおこなった。20年前なら、あるいは10年前ですら、自分が職場におけるよりよい関係構築の取り組みに時間を割くなんて聞いても、首を振って信じなかったはずだ。嘘だろう？　1日や1日半も自分自身や、自分の気持ちや、互いの接し方について話し合うだって？　以前の私は、より効果的なチームになるために1週間を費やすほうが、スプレッドシートや売り上げの数字とのにらめっこに同じ時間を費やすよりもはるかに価値があると理解していなかったのである。

ダイバーシティ&インクルージョンを推進する

従業員を個人として称えることでヒューマン・マジックを解き放つとはまさに、ダイバーシティ&インクルージョン（多様性と包摂）のことを指しているとも言える。これを執筆している2020年、ダイバーシティ&インクルージョンという概念は取り組まねばならない死活問題であることがますます明らかになってきている。ダイバーシティを推進する環境を作れば、従業員のエンゲージメントや会社の業績が大きく向上する。[11] この見地から言えば、ダイバーシティ&インクルージョンは片手間に取り組むようなものではない。ビジネスに欠かせない必須事項だ。

ヒューマン・マジックを生み出すという文脈において私が言う「ダイバーシティ&インクルージョン」とは、一人ひとりが本来のありのままの姿で、自分なりの観点や経験をもって貢献し大切にされる空間を作ることを指している。そこにはもちろんジェンダー、人種、民族性、性的指向だけでなく、認知的、年齢的、社会的、文化的な多様性への配慮も含まれる。

ダイバーシティを持とうと尽力する企業は多いものの、変化のスピードはあまりに緩やかだ。人間は自分に似た見た目や考え方の相手を好むようにできているため、特にジェンダーや人種に関して根強い排除が続いている。このアンバランスな状態に対処するためには、善意や、ダイバーシティ・公平性・インクルージョンを推進するプログラム以上のものが必要だ。大胆かつ持続的な行動が求められている。そこにはリーダーシップも欠かせない。私はダイバーシティ&インクルージョンに関するほとんどのことを、ベスト・バイ在籍時に学んだ。

2012年当時、ベスト・バイの販売員たちはかなり多様で、ダイバーシティの好例だと言えた。しかし店長レベルから上に行くほど白人の男性が増えていった。たとえば店長で言えば女性は5人に1人以下で、地区マネジャーは全員男だった。この分野は伝統的にオールド・ボーイズ・ネットワークとなっており、多くの女性にとっては居心地の悪い場所だった。有色人種、特にアフリカ系アメリカ人が就いているマネジャー職はほとんどなかった。この人種的なバランスの悪さは地域の人口比を反映したものでもあった。昔からミネソタにはドイツ、スカンジナビア、フィンランド、アイルランドからの移民が暮らしており、白人が多かった。しかし最近ではもっと多様になり、現在はラテン系、ソマリア系、アジア系の移民コミュニティが増えている。そうしたダイバーシティは、ベスト・バイの現場より上には反映されていなかった。

何か対処しなければならない。

私たちはトップから始めた。マネジャーや取締役のなかに自分と属性が似た人物がいなかったら、従業員たちは自分にもチャンスがあると感じられないだろう。それに、チャンスが少ないと感じたら心から熱意を持って仕事に全力を尽くすことはできない。私は幸運にも経営陣のアンバランスを素早く解消することができた。多くの研究で、トップの経営層に女性が多い企業のほうが業績がいいことが裏付けられている。[12] 女性と長らく仕事をしてきた個人的な経験から言っても、それは確かだ。カールソン・ワゴンリー・トラベルやカールソン・グループでの上司はマリリン・カールソン・ネルソンという女性で、ビベンディ・ゲームズのリーダーだった際の直属の上司もアグネス・トゥーレーヌという女性だった。

ベスト・バイの幹部チームでは、CFOのシャロン・マッコラムや店舗を統括するシャーリー・バラード、そして2015年にフォーチュン誌の「ベスト・バイを救った女性たちを訪ねる」という記事[13]で紹介されたEコマース部門のトップ、メアリー・ルー・ケリーなど、優れた女性たちがすぐに要職に就いていった。

私は経験や研究から、女性たちの力が見いだされ、それにふさわしい昇進ができるよう支援するべきだという考えを得てきた。たとえば女性のリーダーシップについて研究するサリー・ヘルゲセンと私の元コーチであるマーシャル・ゴールドスミスは共著のなかで、成功している女性のさらなる成功を阻む12の悪癖を取り上げているが、それらの癖は男性が示しがちなものとはタイプが異なる。[14] たとえば女性は男性に比べ、すべての条件を満たすかそれ以上の力を備えている場合でないと、自分の実績を主張したり何かの仕事に進み出たりするのが難しいと感じることが多いという。

私はサリーとマーシャルの本をベスト・バイの全リーダーに配った。行動の違いを理解し、必要だと思う以上のことをしなければならないのだと全員に分かってもらいたかったのだ。そうでないと何も変わらない。そうして2019年の上半期、ベスト・バイのコーポレート部門における外部からの採用は58パーセントが女性となった。さらに同年には、女性として初めてコリー・バリーがCEOに就任した。

取締役会の見直しはダイバーシティに向けた取り組みのひとつでもあった。大きな再建とその後の成長戦略を支えていくには、当時の取締役会が持つ以上に多様なスキル、ものの見方、経験が必要だった。そこで2013年以降、ベスト・バイは大企業の変革を成功させた経験を持つ人たちを採用していった。たとえばイノベーション、テクノロジー、データ、Eコマースの分野に強みを持つ取締役たちや、より最近では健康分野での経験を持つリーダーを採用した。執筆段階の2020年には、取締役会もスキル、ジェンダー、人種の面で多様になり、その誰もが貴重な貢献を果たしてきた。13人の取締役のうち、アフリカ系アメリカ人は3人、女性は7人いる。取締役レベルで効果的なダイバーシティを確保するとはつまり、適切なスキルを持つ者を見つけ出し、見せかけの平等ではなく、異なる意見や視点をより良い成果につなげられるクリティカル・マスを構築することだ[15]。

従業員内での人種的なバランスの悪さは、是正するのがより難しかった。2016年、マイノリティの従業員やマネジャーたちを集めて調査すると、ひとつの事実が痛ましいほど明らかになった。ベスト・バイのアフリカ系アメリカ人の従業員は、昇進の可能性がほとんどなく、入社時のポジションで行き詰まりを感じていることが多かったのだ。本社ではコールセンターに押し込められていると感じ、ほとんど昇進の対象でなかったという。ベスト・バイの法務統括責任者キース・ネルセンは、社内の黒人従業員リソースグループのエグゼクティブ・スポンサーでもあった。何らかのポジションに立候補する黒人たちのために懸命な訴えを続けてきたものの、そうした黒人たちが職を得ることはなかった。有色人種の従業員の多くは別の地域から来ていて、ミネソタは自分の場所でないと感じていた。自分たちの人生経験は一般的なミネソタ人とは異なるということが地元出身の同僚たちにはほとんど認識されず、理解もされていなかったからだ。

調査のために集めたグループの話を聞いて、私は驚き、正直に言って傷ついた。ミネソタに暮らすフランスの白人男性である私には、有色人種の人たちが向き合ってきたような困難に晒《さら》される経験がほとんどなかった。また、私にはダイバーシティに関するさまざまな課題に大きな変革をもたらせるだけの経験が乏しいことも自覚していた。私はこれまで以上に取り組む必要があった。まずはマイノリティの人たち、特にアフリカ系アメリカ人の従業員が直面している障害の根深さをもっと理解することから始めなければならない。

ベスト・バイのダイバーシティ&インクルージョンに関する取り組みを主導したハワード・ランキンが導入したもののひとつに「リバース・メンター（逆メンター）」プログラムがある。幹部と従業員がペアになり、従業員が幹部のメンターとなってさまざまな違いへの理解をサポートするのだ。ローラ・グラッドニーがメンターとなった私は本当に幸運だった。彼女は2児の母で、サプライチェーン・マネジメント部門に所属するアフリカ系アメリカ人だ。彼女との毎月の意見交換は、世界や、特に彼女の目を通して見えるベスト・バイを知る機会となり、歴史の重みや今アメリカにおいてアフリカ系アメリカ人であることの意味に思いを巡らせる助けとなった。

たとえば、かつて活気のあったミネソタ州セントポールのロンド・コミュニティが、1950年代後半から1960年代にかけて衰退していった経緯を知った。すぐそばに州間高速道路94号線ができたことによって立ち退かねばならない家庭があり、地元の商売も立ち行かなくなってしまったのだ。より個人的なレベルで言えば、ローラも多くの同僚と同じように、キャリアアップの機会がなく、それが原因で退職も考えたことがあったという。ほかにも彼女のおかげで「歴史的黒人大学（HBCU）」に対する理解も深まり、豊かな才能が集まる採用の場を見逃していたことを知った。

仲間たちからの勧めで、私はシカゴの財務管理会社アリエル・インベストメンツの社長兼共同CEOであり、スターバックスやJ・P・モルガンなど数々の企業で取締役を務めるメロディ・ホブソンにも会った。「ビジネスの側面から考えてみる必要がある」と彼女はニューヨークでコーヒーを飲みながら語ってくれた。顧客のニーズを理解して対応するために、従業員の構成は顧客層を反映したものでなければならない。たとえば彼女は、公衆トイレにある自動水栓やソープディスペンサーの多くが、アフリカ系アメリカ人にとってはいら立ちの原因になるのだと指摘した。センサーとなる赤外線技術が黒人の肌だとうまく反応しないからだ。従業員が白人ばかりの企業では、そのテクノロジーを黒い肌で試そうと誰も思いつかなかったのである。同様の例はほかにいくつもある。グーグル・フォトの顔認証ソフトウエアは、開発チームの人種構成や写真のデータベースに多様性が足りず、おかしなタグ付けやバイアスが散見されたことで悪名高い[16]。

ベスト・バイのダイバーシティ&インクルージョン向上への取り組みは、従業員、職場、取引先、地域コミュニティに焦点を当ててきた。採用候補者の幅を広げ、採用活動も拡大させた。そうした取り組みのなかには、歴史的黒人大学と提携した採用および奨学金プログラムの設立も含まれている。2019年度の上半期、コーポレート部門における外部からの採用の20パーセントは有色人種となり、店舗レベルでは50パーセントだった。

だが変化はまだ遅い。ベスト・バイは基本的に内部昇進を好んでおり、それには多くの利点があるものの、ダイバーシティ推進は遅くなる。そのうえ、差は縮まってきているものの、相変わらず有色人種の従業員のほうが離職率が高い。まだまだやるべきことはあるのだ。

より多様な人材採用を後押しすることに加え、マイノリティの従業員へのサポート向上にも真剣に取り組んできた。キャリアアップを支援するために、1対1のダイバーシティ・メンターシップ・プログラムを立ち上げた。現在、ダイバーシティ&インクルージョンは全役員への評価項目にも組み込まれている。

他の企業と同じように、ベスト・バイも自分たちの購買力を活かして取引先に影響を与えている。たとえば私はベスト・バイの法務担当者に、当社と仕事をするチームにはダイバーシティがあることを望んでおり、そうでなければ進んで別の会社と仕事をすると法律事務所に伝えるよう後押しした。

こうしたダイバーシティの推進は、どうしても多少の軋轢《あつれき》を生む。少数派だったグループの勢力が大きくなると、周りを押しのけているように見えるのだ。2016年、私は従業員たちに向けたスピーチで、多くのアメリカの企業と同じように、この会社の顔となっている存在の多くがいまだに「白人で、男性で、高齢」であることに言及した。すると1人の従業員が侮辱されたと感じ、人事部に不満を伝えた。私自身が白人男性であることに疑いはなく、自己否定的に言ったつもりだったが、私は謝罪することとなった。

この事例は、私のような白人男性にとって、いかに自分たちが特権的な地位にあったかや、過去に多くの人たちがどのように感じてきたかを知る素晴らしい機会になるように思う。同時に、ゼロサムゲーム的な考え方のままだと、ダイバーシティがなければ結果的に全員が苦しむことになるという点を見落としてしまうことも心に留めておくべきだ。リーマン・ブラザーズを見てみればいい。もしリーマン・ブラザーズ&シスターズだったら、物語はずいぶん違うものになっていたはずだ。

フォーブス誌やグラスドアなどさまざまな媒体で、ベスト・バイは誰にとっても素晴らしい職場だという評価を受けてきた。その要因について尋ねられると多くの従業員が似たようなことを答える。「家族のようだから」。「家のような居心地だから」。それは朝起きて仕事に行きたくなる理由の一部だ。そうしたつながりの感覚は、敬意、信頼、弱さを見せること、効果的なチームの関係性、そしてダイバーシティ&インクルージョンから生まれている。

パーパスに加えて会社内で人と人との強いつながりを持つことは、信じられないようなパフォーマンスをもたらすヒューマン・マジックを解き放つ要因となる。

次の章では、5つの材料の3つめ「自律性」を紹介しよう。

あなたへの質問

10

職場に友人はいるだろうか。

あなたは職場でかけがえのない個人として扱われていると感じるだろうか。周りがそう感じられるように、どんなことをしているだろうか。

あなたはチームを信頼できると感じるだろうか。信頼できる／できないのはなぜだろうか。

職場でどれくらい安心して自分の弱さを見せられるだろうか。周りの人が弱さを見せるとき、あなたはどんな気持ちになるだろう。それはなぜだろうか。

異なるチームメンバーに対して、あなたは相手のコミュニケーションスタイルや好みに応じた接し方を選んでいるだろうか。

あなたはどのようにして職場のダイバーシティ＆インクルージョンを推進しているだろうか。ほかに何ができるだろうか。

第11章

第3の材料——自律性を育む

人間は本来「自律性を発揮し、自己決定し、お互いにつながりたいという欲求」を備えている。その欲求が解き放たれたとき、人は多くを達成し、いっそう豊かな人生を送ることができる。

——ダニエル・ピンク*

1986年にモーリス・グランジに会ったとき、彼はパリのコンピュータ会社ハネウェル・ブルのメンテナンス部門の責任者として何年もの経験があった。私はマッキンゼーの若いコンサルタントで、ハネウェル・ブル社のカスタマーサービス向上をサポートするチームの一員だった。顧客満足度が地区によって大きく異なるのに驚いたが、広く地域のレベルで

*『モチベーション3.0』大前研一訳，講談社，2015年，133-134頁

集約されると、各地区の違いが相殺されある程度平均的な数値が算出されていた。

あるミーティングで私はモーリスに意見をぶつけた。彼が地区レベルを見て回り、パフォーマンスの要因をより正確に理解すると同時に、地域マネジャーたちにも地区の結果に対する責任を取らせるべきではないかと指摘したのだ。

「若者よ」とモーリスは言った。「牝馬《めうま》理論を教えてあげよう」

牝馬理論？　何を言っているのか分からなかったが、関心をそそられた。

牧場に牝馬がいるとする、と彼は言う。その牝馬は足を引きずり、見るからに痛そうにしている。蹄《ひづめ》に石が詰まっているのだ。そこで獣医が呼ばれる。獣医は蹄を持ち上げて、フックで石を取り除かねばならない。しかし蹄を持ち上げると、牝馬は立ち続けるための支えが必要になり、獣医が持っている足にどんどん体重がかかっていくことになる。牝馬の全体重を支えることなどできないので、そのままだと獣医は押し潰されてしまう。唯一の解決策は獣医が手を離し、牝馬に自力で立ってもらうことしかない。

マネジャーがチームを牽引して問題を解決しようとすると、それまで以上にチームはマネジャーの力に寄りかかるようになる、とモーリスは言っているのだった。短期的には介入したくもなるかもしれないが、それだと負担が重くなるばかりで、やがて押し潰されてしまう。モーリスが地区レベルに関与してしまうと、地域マネジャーの仕事を肩代わりするに等しくなる。そうではなく、マネジャーたちが自分の足で立てるようにする必要があった。

これはロバート・マクナマラ元国防長官が体現した科学的管理や戦略的プランニングなどの、私が教えられてきた考え方とはずいぶん異なるものだった。マクナマラ風のアプローチは、計画し、組織し、命令し、コントロールするもので、マネジメントは純粋な科学だという考えに基づいていた。トップの賢い人たちによる少数のチームが、データや統計的分析をもとに合理的な計画を立て、それが下へと伝達されていくという考え方だ。マクナマラが国防総省に在籍していた歳月は、アメリカがベトナム戦争に参加して大きなダメージを受けた時期と重なる。彼自身がのちに気づいたように、数字として定量化できるデータばかりに基づく分析は、モチベーションや希望、あるいは消極性や怒りといった、無形だが欠かせない人間的な要素を取りこぼしてしまう。データの欠陥やバイアスが存在することも、定量データに頼ることの怖さだ。リーダーを含め、人間は全知全能などではない[1]。

しかしながら、それから数十年が経ってもマクナマラ風の分析的なトップダウンのアプローチはビジネスの主流だった。モーリス・グランジの牝馬理論を聞いた私は、はじめ抵抗感を抱いた。私はデータや演繹《えんえき》的な推論が好きで、それらはもちろん非常に役立つものの、必ずしも指揮統制型のアプローチをとる必要はないなど思いもよらなかったからだ。そのようなアプローチはもはや現代の環境にはそぐわないということにも、私は気づいていなかった。今の新しい現実においては俊敏でイノベーティブであることが重要だ。感情的知性、スピード、柔軟性が求められるということはつまり、従業員たちの自律性——自分たちの体重は自分たちで支えること——が成功に不可欠となっているということだ。

多くの場面で、意思決定は上から下へと伝わらないものだし、そのように伝えるべきでもない。

これがヒューマン・マジックとどう関係するんだ？と思う人もいるだろう。自律性、つまりいつ誰と何をするかを自分でコントロールできる力は、人を内側からやる気にさせる根本的な要素のひとつであるため、パフォーマンスの向上に直結する。[2] 自律性があることで創造的に考えるようになり、それがイノベーションを生み出すのだ。新しいアイデアを試す自由がないとイノベーションは起こらない。自律しているとより満足感が得られるという点からも、モチベーションが高まる。指示をされて満足感を得る人はほとんどいない。私だってそうだ。研究においても、職場におけるストレスレベルは、その仕事がどれほど大変かだけでなく、どれほど自分の仕事をコントロールして采配できるかが直接関係していることが示されている。[3] 自由が少ないほど仕事による士気の低下が大きくなるのだ。

自律性によってヒューマン・マジックを生み出す（同時に、誰もが好き勝手なことをしてカオスを生まない）環境を作るには、次のような取り組みが必要だ。

- 意思決定をできるだけ下の層に任せる
- 参加型のプロセスを設計する

- アジャイルな働き方を採用する
- スキルと意欲に合わせて調整する

ひとつずつ見ていこう。

とにかく任せよう！　意思決定をできるだけ下の層に任せる

2016年、コリー・バリーと私は飛行機でサンアントニオに向かった。当時コリーはベスト・バイの成長戦略部門を統括しており、発表したばかりだった成長戦略「ビルディング・ザ・ニュー・ブルー」の一環として新しいアイデアや取り組みを考えてはテストしていた。そのころコリーのチームがテストしていたのが、インホーム・アドバイザー事業だ。チームはサンアントニオで試験運用を始めていた。コリーと私はテストが実際におこなわれている様子を見に行くことになっていたのだ。

飛行機のなかで、コリーからこの新しい事業に関するプレゼン資料を渡された。試験運用は素晴らしい結果を示していて、次のステップはフロリダやアタランタの市場への進出が妥当だろうという。今回の視察の目的を明確にしておきたかったため、私はコリーに、サンアントニオに行くのはこれらの新しいマーケット進出を判断するためなのかと尋ねた。「違うんです！」と彼女は言った。

「進出はもう決めました！」

私は満面の笑みを浮かべた。これこそ会社が発展していくためにベスト・バイが――そしてすべての企業が――必要としている自律性だ。私がサンアントニオに向かう唯一の目的は、直接取り組みを見て、情報を共有しておくためだった。

これは、エリック・プライナーによるコーチングを受けながら幹部チームが取り組んできた変革の成果だった。より効果的なチームになるために（第10章）、エリックの指導で意思決定の方法についても取り組んでいたのだ。再建に向けた非常事態モードのころは、重要な意思決定に関しては私がハンドルを握っていたが、その体制を変える時期に来ていたのだった。

まず私たちは誰が意思決定をするべきか、つまり組織のどのレベルが意思決定をおこなうべきかを見直すことにした。エリックによれば、意思決定はできるだけ下の層でおこなわれるべきだという。その人たちこそ意思決定に十分な、あるいは最善の情報を持っているからだ。しかし「できるだけ下の層」が意思決定をする状況はほとんどない。

ベスト・バイのように規模の大きな小売企業にとって、この意思決定の移行は小さくない意味を持つ。ベスト・バイは単一事業の企業であり、マーチャンダイジング、マーケティング、販売チャネルなどの機能別に組織されているため、これらの機能が集約される上層部に意思決定が託される傾向にあるからだ。

そうは言うものの、意思決定を下へと託していけるチャンスも存在していた。たとえばブルー・シャツたちの研修や顧客とのやりとりのガイドラインに関して、店長は本部で作成された販売トークマニュアルに頼っていた。しかし改めて考えてみると、販売員が心から顧客とつながろうとするのなら、販売員がありのままの自分で接し、自主的に判断できる自由を与えるべきだとすぐに思い至った。テクノロジーを通して顧客の暮らしを豊かにするというパーパスが明確になったなら、販売員たちに必要なのはそれを自分なりの形で実践するための自律性だけだった。上から下へと伝えていくべきは「なぜ」やるのかという意図や目的だ。この方法は厳密なガイドラインのように「どうやって」実行するかを強制するべきではない。この方法は第10章で説明したような信頼と尊重の環境でしか機能しないだろう。

意思決定に関するこのアプローチは「disagree and commit（異議は唱えよ、しかし決定がなされたら全面的にコミットせよ）」というアマゾンの精神に通じるものがある。ジェフ・ベゾスは株主に宛てた書簡のなかで、毎日を「今日が1日目（Day 1）」だと考えるべき理由を語っている。彼はチームが提案してきたアマゾン・スタジオのオリジナル作品製作に説得力がないと感じたものの、チームが自信を持っていたため、それならばと全面的に支援して製作を進めたという。「この例が意味することを考えてみてほしい」と彼は言う。
「これは私が『この人たちは間違っていて的外れだけど、まあ放っておこう』と思った例などではない。これは純粋な意見の相違に過ぎず、私が正直に考えを伝え、チームが私の意見を検討する機会を持ち、そのうえでチームがみずから進む方向に素早く心からコミットした例だ[4]」

誰が意思決定すべきかに加えて、エリックからはどうやって意思決定がなされるべきかについても考えるよう促された。そして彼の助けを借りながら、メンバーを状況に応じて実行責任者（Responsible）、説明責任者（Accountable）、サポート役（Supporting）、協業先（Consulted）、報告先（Informed）に分類するＲＡＳＣＩと呼ばれるモデルの活用法を学んだ。私たち幹部チームは数々の意思決定事項を検討し、それぞれの項目に対して誰がどの役割を担うべきか話し合った。

最終的に、私にはいくつかの項目に関して「説明責任者」および「サポート役」としての役割が残った。多くの項目については「協業先」や単なる「報告先」となった。そして結局、私個人が「実行責任者」の役割を担うものは、会社の全体的な戦略、主にＭ＆Ａなどの大きな投資決定、幹部チームのメンバー選定、会社の価値観の方向づけの４つのみとなった。もちろんさまざまな意思決定に関して相談を受けたり、ブランディングや資本構成などについての考えを伝えたりはする。しかしそうした事柄に最終的な決断を下すのはマーケティングの責任者やCFOだ。インホーム・アドバイザーの事業展開のように、多くのケースで私は報告を受けるだけで済んだ。この新しい運営方法は、これまでよりはるかに強い自律性を組み込んでいるだけではない。誰もが意見を口にしながら誰も決定をせず車輪が動かないという、理想とは真逆の落とし穴を避けることにもつながった。

こうして私たちはより分散型の組織に移っていった。それは私たちの成長戦略にとって完璧なものだったが、ベスト・バイという船を安定させるために私が数々の意思決定を下していた「リニュー・ブルー」再建計画のやり方とは大きく異なるスタイルだった。それまでの習慣を打ち破り、順応する必要があったのだ。第10章で説明したような周りとの関わり方の改善は、この移行の大きな支えとなった。周りは可能な限り最善の意思決定をするはずだと信頼を置く一方で、必要があればいつでもサポートや正直なフィードバックを提供し合える準備が整っていた。エリックとの取り組みを始めたころは、どんなトピックであれ最後の決断が必要になると、メンバーたちはみんな私の方に顔を向けたものだ。「こっちを見ないでくれ！」と私はいつも笑って言い続けた。最終的に幹部チームははるかに分散型の意思決定へと移行することができた。それによって私たちの運営はずいぶん明確になり、加速し、質も高まった。

この出来事はEDSフランスの社長を務めていたころの経験を思い出させるものだった。私はナイキのフランス支社のCEOから「Just Do It!」のステッカーを束でもらっていた。

EDSで何かアイデアを発案した人には、そのステッカーをひとつ渡すようにしていたのだ。アイデアがあればそれを進め、挑戦できるのだと全員に感じてほしかったからである。同時に、ミスを犯すことも許されているのだと知ってほしかった。新しいアイデアがうまくいかなくても、そこから学んで軌道修正すればいい。

参加型のプロセスを設計する

マッキンゼーのコンサルタントだったころ、フランス中部の小さな町にあるミサイルシステム用バッテリーの製造工場と仕事をした。その工場は業務パフォーマンスを改善する必要があり、私たちは約8週にわたる4ステップの改善プロセスに取り組んだ。第1のステップとして、改善の測定基準と目標を定める。ささいな修正ではなく、考え方の根本的な変化を迫る野心的な目標でなければならなかった。第2ステップでは、全員を巻き込んで改善案についてのアイデアを出す。たいてい最善のアイデアは現場の従業員から生まれた。どんな業務がうまくいっていないかを直接体験し、どうすればより良くなるかをすでに知っている場合が多いからだ。第3ステップでは、各アイデアを「Yes」（強力なアイデア）、「No」（コストやリスクが高すぎる）、「Maybe」（有望な可能性あり）という3つのバケツに分ける。第4ステップでは、YesとMaybeに振り分けられた各アイデアについてさらに細かく検討していく。基本的に経営陣の役割は「関わらないでいること」だった。工場の作業員や彼らの直属の上司がアイデアを出せるプロセスを作り、進めていくだけだ。

まだ命令と統制のモデルが深く染み込んでいたマッキンゼーの若いコンサルタントにとって、この取り組みの結果は考えを覆されるようなものだった。工場の作業員たちは、本部の誰も想像できなかったような具体的なアイデアを次々とひねり出した。こうした業務改善プロジェクトはマッキンゼー内では特に花形の仕事とはみなされていなかったが、私にとっては目を開かされる経験で、決して忘れない重要な教訓となった。

周りに広く意見を求めることに対して私が他の人よりも抵抗感を抱かなかったのには理由がある。それまでのキャリアを通して、着任するまでまったく知識のなかった業界の企業をリードする機会に恵まれてきたからだ。多くの場面で、周りを信頼し権限委譲するほかに選択肢はなかったのである。トップダウン型のアプローチに回帰したい気持ちがちらついたとしても、門外漢であることがその誘惑への効果的な解毒剤となっていたのだった。

カールソン・ワゴンリー・トラベルのCEOになったとき、会社は次の取締役会で成長計画を発表しなければならなかった。EDSフランスとビベンディ・ゲームズを経て、CEOの手綱を握るのはこれが3度目であり、そのころには答えを考え出すのが自分の仕事ではないことも理解していた。仮に自分で答えを出したいと思っても無理な話だった。業務渡航業界における経験は自分自身の出張くらいしかなかったのだ。だから私の仕事は、自分よりもはるかにこの分野に詳しい人たちに答えを見つけてもらえるプロセスを作り、そのプロセスを後押ししていくことだった。

カールソン・ワゴンリー・トラベルでは、あのバッテリー製造工場で学んだ4つのステップをうまく取り入れた。現在の状況は？　どこに向かいたい？　そこにたどり着くには何が必要？　具体的に何をしていく？　人事、マーケティング、サプライチェーン・マネジメント、ITなど、あらゆる部門からチームを集め、オフサイトでのワークショップもおこなった。そこで私がアイデアや解決策を考え出すようなことはなかった。私がしたのは、質問を投げかけ、チームが成長プランを作るサポートをし、それをまとめる手助けをし、取締役会で発表をすることだった。

カールソングループのCEOになっても状況は同じだった。ホスピタリティ業界での経験は、ホテルでの宿泊やレストランでの食事だけだ。そのため私は各事業部に成長プランを考えてもらえるようなプロセスを練り上げることにした。

私がベスト・バイのCEOになったときは、小売業界での経験がないのに8週間で再建計画を作り上げる必要があった。第7章で紹介したように、その再建計画はチームからの意見を吸い上げるワークショップによって作り上げ、役員たちに点検してもらってから取締役会や投資家に発表した。あの小さなバッテリー工場は、自分たちがどれほど大きな影響を与えてきたか知る由もないだろう。

しかしベスト・バイではひとつ大きな違いがあった。アイデアや解決策は各部門に考えてもらったものの、オンライン価格に合わせた値引きや従業員割引の復活など、初めのうちは私も数多くの意思決定をおこなった。なぜか？　家が燃えていたからだ。会社が無事に死の間際から復活し、2016年に「ビルディング・ザ・ニュー・ブルー」という成長戦略を考案してからは、それまでよりもはるかに意思決定を手放すスタイルへと移行していった。

アジャイルな働き方を採用する

2018年、ベスト・バイのデジタルおよびテクノロジー部門を統括するブライアン・ティルザーは、幹部チームをミネアポリスのダウンタウンへと連れていった。目的地はUSバンクの本社。新しい働き方を実際に見ることで理解を深めるのがブライアンの狙いだった。2008年の大不況以降、USバンクはアメリカのあらゆる大手銀行と同じく、それまでよりもずいぶん厳しいリスク管理とコンプライアンスを業務に組み込む必要に迫られていた。これは当然ながら、革新性が薄い硬直した環境を生んでしまっていた。しかし私の友人であるティム・ウェルシュは、少し前にUSバンクの個人および法人向け銀行業務部門の副会長に就任し、より顧客に寄り添った銀行にしていこうと取り組んでいた。各部門が分断され上から下へと決定が言い渡されていくのではなく、USバンクではチームごとにテクノロジー、人事、マーケティング、法務、財務など複数の機能を備え、それぞれのチームが決定権を持った。不況後にコンプライアンスが厳しくなったにもかかわらず、この取り組みによって、たとえば中小企業向けの融資や住宅ローンの承認を迅速におこなう方法を見つけ出したのだ。

つまり、USバンクはアジャイルになったのだった。

多くの企業は意思決定や調整を大きくスピードアップするために、迅速に動く小規模で自律的な多機能チームを採用している。ベスト・バイの幹部チームも、USバンクへの訪問が十分な説得材料となり、この新しいアプローチにゴーサインを出した。まず私たちはEコマースの分野から導入を始めた。すると早速、年に数回だったウェブサイトのアップデートが、（CEOの意見ではなく）データと継続的かつリアルタイムなテストに基づいて週に複数回おこなわれるようになった。

それから私たちはこのアジャイルのアプローチを価格設定や宣伝、従業員向けのツールに至るまでさまざまなプロジェクトやプロセスに展開していった。おそらくはそのおかげもあり、新型コロナウイルス感染症の危機が訪れた2020年3月に、ベスト・バイは人と接触しないカーブサイド・ピックアップ〔オンラインで注文した商品を店舗の駐車場で受け取る〕をわずか3日で導入できた。こうした体制でなければ、少なくとも3四半期はかかっていたことだろう。

スキルと意欲に合わせて調整する

意思決定権を委譲し自律性を育てることは重要だが、それがすべての状況で適切なわけではない。

私がベスト・バイに参画した2012年、リッチフィールドにある本社の駐車場は驚くほどガラガラに見えた。どんな日でも、本社に勤める従業員の5分の1から3分の1はオフィスにいなかった。いくつかの部門のチームミーティングでは、半数は不在だった。ベスト・バイ本社の従業員たちは、求められる成果を出している限り好きなところで好きな時間に働くことが許されていたのだ。これはROWE〔完全結果志向の職場環境／Results Only Work Environment〕として知られている。

2013年2月、まだ再建の序盤にあったころ、このプログラムを継続すべきかどうか幹部チームでは激しい議論が繰り広げられていた。CFOのシャロン・マッコラムは、生産性を低下させるとしてこのシステムに断固反対だった。他のメンバーは自分たちが注目するほどの議題ではないと考えていた。そこで私が介入し、膠着《こうちゃく》状態を打破する必要があった。

結局、私はリモートワークを廃止することにした。ご想像の通り、全員一致での決定ではなかった。このシステムを作った人を含め、一部の人々は私のことを成果よりも出勤に関心がある時代遅れの経営者だとみなした。子どもや高齢の両親が病気になったときはどうするんだと訴えるメールも届いた。病気休暇などの例外を認めないなんて誰も言っていないのに。偶然ではあるが、ヤフーのCEOマリッサ・メイヤーも、ちょうど同社独自のリモートワークを廃止したところだった。

新型コロナウイルス感染症を受け、ベスト・バイを含めリモートワークが必要となった現在の世界から見ると、このときの選択は時代遅れに見えるかもしれない。しかし当時は、今リモートワークを必須のものとしているような公衆衛生上の不安もなかったため、現実的かつ理性的な判断から廃止を決めたのだった。

実際問題として、ベスト・バイは死の間際にいた。危機的な状況であったため、全員で力を合わせ、迅速に行動し、足並みを揃え、情報を流し続けねばならなかった。それらを実行するには従業員たちが同じときに同じ場所にいる必要があった。手術台で瀕死の患者に対応するには、医療チームが全員手術室にいるのが一番だ。さらに言えば、リモートワークは全員に適用できるものでもなかった。社内でそれぞれの場所に異なるルールを適用すると反発や怒りを生む。店頭で働く従業員たちは家で仕事をするという選択肢を持てず、時間通りに店へ行かなければならない。

第二にこのプログラムは、権限委譲は常に正しいアプローチだという思想に基づいて作られたものだったが、私はその思想に根本的な欠陥があると考えていた。どんな状況にもどんな人にも機能する、たった一つの万能なリーダーシップのアプローチなど存在しない。私は1980年代半ばにマッキンゼーで初めてマネジメント研修を受けたとき、自律性はスキルとモチベーションに合わせて調整しなければならず、状況に合わせた戦略が必要になることを学んでいたのだ。[5]

権限委譲は、従業員が十分な能力とモチベーションを持ち合わせているときにのみ機能する。たとえばレンガの壁を作ってくれとか5品のコース料理を作ってくれと頼まれても、私が実行したら結果はかなり悲惨なものになるだろう。仮に私が経験豊かな石工であったとしても、壁作りに興味がなければ同じように悲惨な結果になるはずだ。

権限委譲と自律性がヒューマン・マジックを引き出すのは、従業員たちが十分なスキルとモチベーションの両方を持ち合わせているときだけだ。10代のころに車の整備工場で夏のアルバイトをしていたとき、私にはモチベーションもスキルもなかった（第1章）。自律を尊重されても私の——あるいは整備工場の——助けにはならなかっただろう。

ブリザード・エンターテインメントは、高いスキルと意欲を併せ持った企業の好例だ。このゲーム製作会社は、私がCEOを務めていた当時のビベンディ・ゲームズの傘下にあり、業界を牽引する存在だった。ゲーム開発者たちは優秀であると同時に、自分たちも熱心なゲーマーだった。新しいゲームの内容や発売時期に関して私が口を出そうなどとは思わなかった。それらはブリザード社が自分たちで決めていた。ゲームの発売準備ができているかは、同社自身が一番よく知っていたのだ。

しかし、そうした知識はマーケティングや販売にまで及んでいるわけではなかった。たとえば同社が発売したゲーム「スタークラフト」は、アメリカでの成功に比べると、のちに発売されたヨーロッパやアジアでは成績がふるわなかった。北米で発売されたすぐあとに、ゲームの海賊版が出回ってしまったからだ。そのためヨーロッパの大手小売業者は、同作の販売に力を入れなかったのである。ブリザード社は海外販売チームに不満を抱き、海外販売チームも会社に対してまったく満足していなかった。この問題を解決するべく、私は両方のチームを集めてロンドンでワークショップをおこなった。目標は、問題の原因を的確に診断し、両チームで力を合わせて具体的な解決策を考え出すことだった。

このワークショップによって、ゲームにはコピーガード機能が実装されることとなり、次の大作ゲーム「ディアブロⅡ」は世界同時発売を目指すことになった。この2つの対策を組み合わせることで海賊版を減らせるうえ、販売チームとしては話題性を高めることができる。

結果、このゲームは非常に大きな成功をおさめ、『ニューヨーク・タイムズ』紙ではハリー・ポッターの書籍シリーズの成功が引き合いに出されるほどだった。[6] 私が選択したのは状況に合わせてリードすることだ。ブリザード社の場合、意欲は高かったが問題解決のスキルが高くなかったため、自律よりも介入を選択し、当座の問題を解決できるような場を作るのが適切だった。

同じようにベスト・バイでも、会社を救わねばならなかった2012年の状況においては、指示を出すアプローチが適切だった。再建プランは多くの人の協力によって練りあげていったが、初めのうちは多くの意思決定を私が担当していた。会社が落ち着き成長を目指していた2016年の状況においては、大きなアイデアやイノベーションを必要としていただけでなく、今まで以上に自律性を高めて新しい物事に挑戦していく準備が整っていた。そこで私は新しい取り組みがうまくいかなかったときに使える「免罪符」システムを導入した（実際にカードも作った）。これを利用することで、常に成功しなければならないというプレッシャーから離れてイノベーションを目指す機会を設けたのだった。

個人の動機と一致する会社のパーパス、人と人との真のつながり、そして自律性――これらはどれも人が仕事に全力を注ぐ下地となるものだ。しかしヒューマン・マジックを解き放つには、自分が一番得意な分野で最高の力を発揮する機会を得る必要がある。そこで重要なのが、次に語る「マスタリー（熟達）」だ。

あなたへの質問

11

自律性はあなたのエンゲージメントにどう影響しているだろうか。

あなたがリードする組織やチームでは、どのように戦略が決定されているだろうか。

その決定プロセスにメンバーたちをどう参加させているだろうか。

あなた自身は何の意思決定をおこなっているだろうか。その意思決定をどのようにおこなっているだろうか。

チームにどれほどの自律性を与えているだろうか。その影響はどのように現れているだろうか。

自分のリーダーシップスタイルを状況に合わせて調整しているだろうか。しているなら、どのように？　どのような基準を設けているだろうか。

第12章

第4の材料 ——マスタリーを追求する

連勝は決して我々の目標ではなかった。

——ボブ・ラドスール*

カリフォルニア州コンコードにあるデ・ラ・サール高校のアメフトチーム「スパルタンズ」は、151戦無敗を記録し、高校アメフトを極めたかのようだった。これはいかなる競技レベルであれ、間違いなくアメフト史上最長の連勝記録だろう。151試合なんて！　これもまた、信じられないほどのパフォーマンスを生み出すヒューマン・マジックだと言える。

デ・ラ・サール高校の選手たちは飛び抜けて体格が良いわけではなかった。他のチームよ

＊ カリフォルニア州デ・ラ・サール高校のアメフトチーム「スパルタンズ」のコーチ

り資金に恵まれていたわけでもない。この連勝を達成するために他より多くの資金をつぎ込んだり、他の町へ強力な選手の勧誘に行ったりしたわけでもなかった。彼らはただ並外れたリーダーであるコーチのボブ・ラドスールに導かれたのだった。彼は選手たちに揺るぎないパーパスとチームスピリットを植え付けただけでなく、実現しうる最高の自分を目指すよう駆り立てた。「コーチングスタッフの誰も、今夜君たちに完璧なプレイを求めてはいない。そんなのは不可能だ」とラドスールは試合前の選手たちに言う。

「だが私たちが求めていて、君たちも自分自身やメンバーに対して求めるべきなのは、完璧な努力だ」

ラドスールがチームに教えたのはマスタリー（熟達）を目指して努力することだった。マスタリーとは、自分が喜びを感じる物事に関する高いスキルを、指導や練習を通して身につけていくことだ。ビジネスにおける「人→ビジネス→財務」のアプローチを教えてくれたジャン＝マリー・デスカーペントリーズも、会社の究極的な目標はそこで働く者たち全員の成長と充実ではないだろうかとよく語っていた。

少なくとも、パフォーマンスを発揮するためには従業員の成長と充実が欠かせない。そしてリーダーの役割は、デ・ラ・サール高校のコーチがやったようにマスタリーを追求できる環境を作り上げることだ。皮肉なことに、結果そのものにこだわるよりも、マスタリーやプロセスに集中し続けたほうが実現しうる最高の結果を出し続けることができる。マスタリーがパフォーマンスにとって欠かせない理由は、自分が一番得意な物事に習熟していくことが人間として根本的な満足ややる気をもたらしてくれるからだ。合気道の愛好家であり指導者でもあるジョージ・レナードは、「本質的には無目的で、長期にわたるマスタリー追求のプロセス」こそが人生の成功と充実への確かな道だと語っている。[1] たとえばウィキペディアの記事を書き込む人も、LinuxやApacheに改良を加えていく開発者たちも、世界中の人に活用してもらうために自分の空き時間を使って取り組んでいるわけだが、そうした活動をしているのは、自分のスキルを使うことで満足感を得られるからでもあるのだ。

マスタリーは、ヒューマン・マジックを解き放つ他の材料も支えている。スキルのある人は当然周りより優れたパフォーマンスを発揮しやすい。そして意欲も高かった場合は、より多くの裁量を得られ、自律的に働ける可能性もある。

ＥＤＳ時代の上司のひとりはかつて私に言った。

「努力も大切だ。しかし私が本当に大切にしているのはパフォーマンスだ」

ついこうした形でリードしたくなるものだ。パフォーマンスの足りない部分に目を向けて、ただ「もっと成果を出せ」と言うのはたやすい。しかしそうしたやり方は、おそらく機能しない。

マスタリーを育む環境を作るには次のような要素が必要になる。

- 結果よりも努力を重視する
- 集団ではなく個人を育てる
- トレーニングよりもコーチングをおこなう
- パフォーマンス評価や育成を見直す
- 学びを生涯にわたる旅だと考える
- 失敗の余地を作る

結果よりも努力を重視する

マスタリーが生み出す充実感は、試合の結果よりも、ボブ・ラドスールの言う「完璧な努力」によってもたらされる。充実感は、結果ではなく「鍛錬自体を目的とした継続的な鍛錬」のなかにあるのだ（達人たちは鍛錬を愛している）。スパルタンズの選手たちは、152試合目で敗れて連勝が止まっても、引き続き練習に姿を現して全力を注いだ。なぜなら彼らが目指しているのはマスタリーであり、連勝記録が途絶えようが鍛錬を愛していたからだ。

決して連勝を目的とせずに努力を重視することで、敗戦から立ち直り、比類なきチームであり続けることができた。
このアメフトチームに関する本のなかで、著者のニール・ヘイズは次のように語っている。「デ・ラ・サールが他のチームと一線を画した存在である理由は、ヘッドコーチからベンチにいる最も実績のない選手にいたるまで全員が、自分の持つ最高の力を発揮するために必要な犠牲をいとわないからだ」[2]
これがビジネスの世界でどのように活かせるのかと疑問に思う人もいるだろう。マスタリーというのはいい考えだが、成果があってこそなのでは？　しかし、それは間違っている。ビジネスにおいて利益をパーパスにしてしまうと、充実感や最善の努力の追求よりも成果を重視することになり、マスタリーへと向かう気持ちが損なわれてしまう。
インドに行ったとき、私はインドの精神世界における仕事の捉え方を学んだ。感銘を受けたのは、企業が利益を主なパーパスにすることに対する本書の批判（第4章参照）が、ヒンドゥー教の聖典のひとつである『バガヴァッド・ギーター』第2章47節と響き合っていたことだ。そこでは成果への執着は効果的でないのだと示唆されている。執着するとまさに追い求めているはずの成果が得られず、自分の行動が結果に及ぼせる影響なんてわずかなのに、期待通りの成果が出ないことに不満や怒りが生まれてしまうのだという。[3]
成果への執着を手放すのは簡単ではない。成果を重視するのは競争心が旺盛な人にとっては自然なことだ。しかし私はベスト・バイに在籍した8年間で、プロセスにこだわること、つまり実現しうる最高の環境を作ることこそが最高の成果をもたらすと気づいた。それはまるでテニスのようだ。目の前のポイントやゲームを取ることにこだわりすぎると、力が入ってミスをしやすくなる。たいてい最高の試合をできるのは、リラックスしてボールに集中しているときだ。

プロセスを愛し、最高の自分を追い求めていくことで、長期にわたってモチベーションが継続し、さらなるスキル向上につながる。それによって信じられないほどのパフォーマンスが続いていくのだ。

集団ではなく個人を育てる

2014年、リニュー・ブルーの再建計画が佳境の時期に、デンバーにあるベスト・バイの事務所を訪ねた。何か特別なことが起こっているようだったのだ。その1年で、この地域の販売員の1時間あたりの平均売り上げが14ドル増え、10パーセントも上昇していた。これほどの成績は他になく、しかも顧客が他の地域より増えたわけでもなかった。この業績向上をすべての店舗で再現できたら、40億〜50億ドルもの売り上げ増となる。

地域統括マネジャーのクリス・シュミットこそ、デンバーを驚異的な結果に導いた魔術師だった。クリスはトップダウン型の販売管理は理にかなっていないと考えるようになったという。それまでは個人の能力に関係なく、全員が同じ物事に力を注ぎ、顧客に対して同じアプローチを取ることが求められていた。販売員それぞれの販売データがあるのに、多くの店舗でほとんど活用されていなかった。そのデータを掘り下げれば各販売員の改善点が見えてくるはずだとクリスは気づいていた。彼は2つの指標に焦点を絞った。1時間あたりの売り上げと、売り上げ品構成だ。1時間あたりの売り上げが低い場合、その従業員には顧客との話し方に助言が必要かもしれないし、顧客によりよいアドバイスをするべく製品やサービスのより詳細な知識が必要かもしれない。反対に1時間あたりの売り上げがトップクラスの販売員たちは、何かを変えることに力を注ぐ必要はないが、販売できる製品やソリューションの数を増やせるかもしれない。

それまでベスト・バイは、生産性やパフォーマンスの向上を個人レベルではなく、地区や地域単位の集計値を見て判断していた。クリスはそれが効果的ではないと感じたのだ。代わりにクリスが注目したのは各個人ごとのマスタリーだった。ベスト・バイにとって幸運なことに、彼はそのアプローチを自分の地域に導入しようと自主的に決断していた。私が視察に向かったころ、デンバーのブルー・シャツたちは週に一度、店長と個別にミーティングを持つようになっていた。そこで店長と一緒に前週を振り返り、翌週に改善するべきことを決め、目標を設定するのだ。また、長期的に目指すキャリアパスの確認もおこなっていた。

こうして販売員たちの心に火がついた。販売員たちは自分がどれほど店舗や地区や会社に貢献し、時間とともにどう改善しているか、それがはっきりと分かる状況を喜んでいたのだ。一人ひとりに細かく合わせた学びの過程も好評だった。

私は圧倒された。クリスは私が取り入れた「人→ビジネス→財務」という包括的な経営哲学をさらに推し進め、スキル、パフォーマンス、マスタリーに対する会社の考え方に大きな変化を起こしたのだ。彼のアプローチを全国規模で展開すると、その火は急速に広がっていった。毎月、高いパフォーマンスを発揮した全国の従業員と電話会議を開き、優れた事例を共有してもらうようになった。この新しいアプローチはスキルを高め、モチベーションを増幅させた。これは再建時の取り組みのなかでも最も重要な変化のひとつだった。

トレーニングよりもコーチングをおこなう

1980年代後半、私はマッキンゼーのチームの一員としてハネウェル・ブル社の営業部隊の改善をサポートした。ハネウェル・ブルはよくあるトレーニングプログラムを採用していたが、ほとんど役に立っていなかった。教室で講義を受けたりプレゼンテーションを聞いたりしても、仕事で実践しない限りほとんどの人は1ヶ月以内に内容の80パーセントを忘れてしまう。驚くべき数字だ。誰もがそうであるように、同社の営業部隊にとっても、実際の場面で実践を繰り返すほうがよりよい学びとなるはずだった。

これこそまさにコーチングがおこなっていることである。実際の状況における具体的なスキルの習得に取り組むのだ。従来のトレーニングが効果的ではないと認め、私たちはハネウェル・ブルがアクションラーニングやコーチングへと移行する手伝いをした。営業チームはワークショップに参加して新しい概念を学ぶとすぐに、あらかじめ決めておいた実践に共同で取り組む。地区マネジャーは事前に訓練を受けていて、このワークショップの最中や職場に帰ってからも販売チームをコーチできるようにしておく。この取り組みのあと、ハネウェル・ブルの売り上げと利益は明らかに向上した。

デンバーでクリスの革新的な個別フィードバックのアプローチを見たとき、私はこのハネウェル・ブルでの経験を思い出していた。視察中、マネジャーのひとりとペアになり、販売員たちに火をつけたクリス式の毎週の個別面談を体験した。私は家電部門のブルー・シャツ役を演じた。上司役のジョーダンと共に、まず私の「成果」である売り上げと売り上げ品構成を振り返った。私の1時間あたりの売り上げは低く、データは私が一度の取引で販売する点数が平均より少ないことを示していた。ジョーダンと私は、この点に特化して取り組むことにした。他の分野でもコーチングが必要だったかもしれないが、ジョーダンは複数のことを同時に学ぶのは難しいと知っていたのだ。だから私たちは1つの指標の改善に特化したのだった。

私はロールプレイをしながら、顧客との会話をどのように変えていけばいいか学ぶことができた。ジョーダンが販売員役となり、私が壊れた洗濯機を買い換えるためにやってきた顧客を演じた。ジョーダンは私のニーズに最も適した洗濯機を特定したあと、洗濯機を何年ぐらい使ったかと尋ねた。

「12年くらいかな」と私は答えた。

「乾燥機も同じ時期に買いましたか？」と彼女は聞いてきた。

「ええ」と私は言ってみた。

「洗濯機とセットの乾燥機を揃えることは、あなたにとってどれくらい重要ですか？」

「まあ、洗濯室は見た目がきれいなほうが好きかな」

「分かりました。12年といえばこの種の家電としてはかなりの長期間です。この1～2年で乾燥機も壊れる可能性があります。モデルはだいたい毎年変わるので、1～2年後にはこの洗濯機に合った乾燥機が見つからないかもしれません。今なら洗濯機と同時に購入される方に、乾燥機の割引をおこなっています。関心があれば詳しくご説明しますよ?」

こんなふうにして、ジョーダンは私が特化して取り組んでいた「1会計当たりの販売点数」という指標の具体的な改善方法を示してくれた。彼女は洗濯機を購入しようとしていた私の心を動かして、洗濯機と乾燥機のセット購入を検討させたのだった。

デンバーの販売員たちは毎週この個別コーチングを受けており、しかも毎日進捗状況を話し合っていた。私のエグゼクティブコーチであるマーシャル・ゴールドスミスもよく言っていたように、コーチングとは相手とぶつかり合うコンタクトスポーツだ。コーチングが機能するためには、実戦で活かせる頻度でおこなわねばならず、デンバーではそうしたコーチングが実現していたのだった。

このアプローチでは、マネジャーが高いスキルを持ったコーチとなっている点に注目しよう。ヒューマン・マジックを解き放つためには、マネジャーが単なるマネジャー以上の存在になる必要がある。優れたコーチになるために、デンバーのマネジャーはみずから営業技術を習得しなければならなかった。

このコーチングの話で思い出すのはオウムにまつわるジョークだ。鳥を売っている店に女性が入ってきて、オウムを見かける。

「このオウムはいくらですか?」と彼女は尋ねる。

「100ドルです」と店主が答える。「このオウムは特別なんです。100語以上話せて、コーヒーを作れて、新聞も読めるんですよ」

女性がうなずいて別のオウムを見ると、こちらは1000ドルとなっている。そのオウムはさらにすごくて、5つの言語を話せて、イギリス風の朝食を作れて、記者会見なんかもできるのだと店主は言う。しかしながら、3羽目のオウムがいる。そのオウムの値段を聞くと、1万ドルもすると知って女性は驚く。それほどの金額なんて、このオウムにはいったい何ができるのだろう?

「何ができるかは誰も知らないんだ」と店主は答える。「でも他の2羽が『ボス』と呼んでいてね」

パフォーマンス評価や育成を見直す

1996年に私がEDSフランスに入ったとき、スタッフの大半は決まった形での定期的なフィードバックを受けていなかった。チームメンバーの多くは自分の仕事をどうすれば向上できるか話し合う場を持っておらず、ましてやコーチングを受ける機会などなかった。

「人→ビジネス→財務」という哲学を実践するために、私は年に一度全員が業績評価を受けられるようにし、マネジャーの評価には、自分のチームメンバーをどれだけしっかりと評価したかも加味することに決めた。

長きにわたる経験から、仕事の評価に関する話し合いは、従来のトップダウン型の格付け方式を避けることではるかに効果的になることも学んでいた。

第一に、評価対象者本人にほとんどの評価作業を任せたほうが、マネジャーに評価させるよりもはるかに生産的だ。2008年にカールソングループのCEOに就任したころには、いわゆる360度評価や格付けやランク付けをずいぶん経験し、それらがいかに無意味かを思い知っていた。年に一度、マネジャーが直属の部下と面談し、頭のなかで懸命に（たいていはうまくいかないものの）1年を振り返り、あらかじめ決まった基準に照らしてうまくできた部分・できなかった部分を伝えようとする。マネジャーの意見は他の従業員やレポートに影響されもする。こうした年に一度の面談の結果には昇給が関係していることも多く、それが話し合いに悪影響を及ぼしていた。

今でも私は、ある部下への評価に関して本人と長々と議論したのを覚えている。彼は自分が5点中5点にふさわしいと信じて疑わず、一方の私は3点が適切だと考えていた。私たちはその数字をめぐって意見を戦わせたわけだが、振り返ってみるとバカげたことだった。ギヤラップ社の調査によると、業績評価を受けることで改善への意志が高まる従業員はわずか14パーセントに過ぎない。実際、従来の業績評価はひどく質が悪いことが多いため、およそ3分の1はパフォーマンスを悪化させているという。[4] これではヒューマン・マジックを解き放つ方法にはならない。

ベスト・バイでは、もはや私が個人的に直属の部下の格付けや評価をおこなったりはしない。あなたは3点だとか5点に値するなんて誰が言い切れるだろう？ 上司ならあなたのことを正しく評価し格付けできるなんて誰が言い切れるだろう？ 代わりに私は直属の部下たちに、仲間からフィードバックをもらったうえで自己評価をおこない、その評価を使って自分の成長プランを立て、その過程全体を私に共有するよう促している。すると、基本的に誰もがうまく自分のパフォーマンスを評価できることが分かった。私が主におこなうのは、面談相手の優先事項を確認し、成長目標を達成するために手助けできることはないか尋ねることだ。これは従来よりもはるかにモチベーションを高めるアプローチとなっている。

第二に、パフォーマンスの管理はランク付けよりも育成に焦点を当てるべきだ。 GEは毎年従業員をランク付けし、下位10パーセントに入ってしまった者を解雇していたことで知られている。しかし、ランキングは非常に高い基準や主観的な判断に基づいていることが多く、その点が問題だ。また、ランキングは人のあいだに対立を生む。それにどれほど優秀であっても、かならず下位10パーセントは存在するため、貴重な人材を失ってしまう可能性もある。

これを、指揮者のベンジャミン・ザンダーとセラピストのロザモンド・ストーン・ザンダーが実践する「『A』を与える」という手法と比べてみよう。ベン・ザンダーはニューイングランド音楽院で教えながら、成績への不安が学生たちの障害となっている様子を目にしてきた。落第することを恐れてリスクを取ろうとせず、それが真のマスタリーへの道を阻んでいたのだ。ザンダーは毎年9月、演奏に関する2セメスター制コースの最初の授業で、あらかじめこのコースの受講者には全員「A」評価が送られると告げることに決めた。

ただし、それにはひとつ条件がある。各学生は授業を開始して2週間以内に、コースが終わる時期である翌年5月の日付でザンダー宛に手紙を書き、受講期間中にどれほど最高評価にふさわしいことをしてきたかを詳しく記すのだ。学生たちは未来の自分の姿を思い描き、その地点から自分の達成や学びを振り返り、自分がどんな人間になっているかを書くことになる。判断されることから解放された学生たちは、可能性の世界に思いを馳せることができた。あらかじめ「A」を与えるという手法はエネルギーと意欲を引き出した。学生たちはどんな障害があったとしても乗り越えていく自分の姿を想像し、実際に乗り越えていった。「A」を与えるというのは、基準や能力や達成度を無視するものではなく、学生と教師、あるいはマネジャーと従業員を「マスタリーを追求する」という共通の目的で結びつけるものなのだ。[5]

「人の行動を管理することはできないし、人のパフォーマンスを管理することもできない」とベスト・バイの人事部門を統括するカミー・スカーレットは言う。そうする代わりに、リーダーは人の可能性を後押しするのだ。２０１９年10月、ベスト・バイは年に一度のトップダウン型の評価とエンゲージメント調査を止め、四半期ごとに従業員主導で目標や進捗や成長についての対話をおこなっていくと発表した。

第三に、育成は問題への対処よりも長所を磨くことに焦点を当てるべきだ。従来型の業績評価をおこなうマネジャーは、「その仕事に必要とされる特性」としてあらかじめ定められている項目に基づき、うまくいっている部分3つと成長可能な部分3つに焦点を当てることが多い。時を重ねるにつれ、私は個人を育てるとはつまり、より良い自分になれるよう一人ひとりの独自の才能を伸ばすことだと思うようになった。そうして個性を伸ばした人々のことを、作家のマーカス・バッキンガムとアシュリー・グドールは「スパイキー」と呼んでいる。[6] 人はすべてに長《た》けようとする必要はない。そんなのは実生活において非現実的なだけでなく、その人の得意分野や意欲を陰らせてしまう。最高のパフォーマンスが生まれるのは、多様な才能とさまざまな種類の大きな喜びの源泉が集まったときだ。マスタリーに至るには自分の「弱点」に取り組むのではなく、徹底的に自分なりの強みを磨いて活かさなければならない。

もちろんバランスを取ることは必要だが、強みを築くことに焦点を当てたほうがより強力な成果につながる。

学びを生涯にわたる旅だと考える

前に語ったように、私はかつてエグゼクティブ・コーチングに不信感を持っていた。トレーニングは初心者のためのものであり、コーチングは治療的なものだと考えていたのだ。マッキンゼーでは、組織の下層のメンバーにはトレーニングが数多く用意されていたが、パートナーレベルになると何の育成トレーニングもなかった。CEO向けのトレーニングなどありはしなかった。

私にコーチングを受けてみてはどうかと勧めたのは、カールソンの人事部のトップだった。彼女はマーシャル・ゴールドスミスなら成功しているCEOの力をさらに伸ばしてくれると言った。私はそれならばと参加したのだった。自分が愛している物事をもっとうまくやりたいと思わない人などいるだろうか？　スタンフォード大学教授で心理学者のキャロル・ドゥエックが提唱する「グロース・マインドセット」とは、学習と向上を生涯追い求める考え方だ。

私はマスタリーを生涯にわたる成長だと考えるようになった。世界最高峰のアスリートたちは誰もがコーチと協力している。ラファエル・ナダルやロジャー・フェデラーも、テニスのチャンピオンになったからといってコーチを解雇したりはしなかった。コーチングを通して、私は自分が愛する物事によりうまく取り組めるようになった。そこで学んだことは多い。フィードバックを受け入れ活用すること。私が一人で問題解決の答えを出すのではなく、従業員たちがそれぞれの仕事を遂行する手助けをすること。数字よりも人を重視するリーダーになること。CEOとしての主な仕事は、ヒューマン・マジックを原動力とするパーパスフルな人間らしい組織作りと舵《かじ》取りなのだということ。そして、決して学ぶことをやめず、仕事の上達を目指し続けること。

マスタリーへと至る道には最終目的地などない。それは終わりなき旅なのである。

失敗の余地を作る

失敗がいかに重要かを物語る経営のエピソードは尽きない。そのため、そうした一般的な考えを繰り返すことはせず、ここでは少し私なりの色や具体例を加えたい。

ベスト・バイの2013年ホリデーシーズンは再建におけるどん底の時期だった。目標に達することができず、店舗の売り上げは前年に比べて下がっていた。株価は前年には11ドルから42ドルへと4倍近く上がっていたのに、そこから30パーセントも急落していた。

私たちには選択肢があった。言い訳や犯人探しをするか、学んで前進するかだ。ベスト・バイはどんな対応をしたいだろう?

市場に何かしらの声明を出す前に、私はベスト・バイの幹部リーダーを上から100人集め、好きな映画のセリフを引用しながら自分の考えを伝えた。2005年の映画『バットマン ビギンズ』で、のちにバットマンとなる少年に父は言った。

「人はなぜ落ちる? 這《は》い上がることを学ぶためだ」

そのミーティングでは『エニイ・ギブン・サンデー』のシーンも見せた。散々な前半だったアメフトの試合のハーフタイムに、アル・パチーノが素晴らしいスピーチでチームを鼓舞するシーンだ。「俺たちはいま地獄にいる」と彼は選手たちに言う。

「ここに留まってボロボロにやられるか、日の当たる場所へと戻るために戦うか。俺たちは地獄から這い上がることができる。一度に1インチずつ」

それから私は全員に、どうすれば自分はもっとうまくできていたかをメモに詳しく書くよう頼んだ。私も含めて書いたものを互いに共有したが、目的は魔女狩りではなかった。私たちが目指していたのは、何がうまくいっておらず、どう改善できるかを理解することだった。たとえば、そのシーズンがうまくいかないことが明らかになっているのならば、クリスマス直前に店舗の営業時間を変更したり直前のプロモーションを導入したりしても混乱を招くだけだということが分かった。

ジェフ・ベゾスは失敗を2種類に分けている。1つめは、勝手を知っている専門分野で実行に失敗すること。たとえばアマゾンの場合、新しい倉庫の開設などが該当する。コアビジネスに関連する失敗はほとんど許容できないはずだ。一方で2つめの失敗は、新しいアイデアや新しいやり方を探求しているときに起きるもので、イノベーションに欠かせないものだ。そこでの失敗は想定内のものとして受け入れられる。

リーダーが安全だと明確に示せば、2つめのタイプの失敗を推奨することができる。これこそまさに、ベスト・バイの幹部たちに「免罪符」カードを配った理由だ。実験を推奨するのである。ポイントは、失敗のマイナス面からその人を守り、取り返しのつく賭けに意識的に臨んでもらうことだ。ベスト・バイの成長戦略を考える部門も、インホーム・アドバイザーなどの取り組みを導入する際にこのアプローチをとっていた。新しいアイデアを出し、プロトタイプを設計して試し、お蔵入りとするかより広く展開するかを決めるのだ。実際にインホーム・アドバイザーは最初の実験で失敗し、また一からやり直した。同じように、再建の初期にオンライン価格に合わせた値引きを決めたときも、成果が見られなければ引き返せる実験として始めたのだった。多くの実験は失敗に終わり、たとえば集合住宅へのブロードバンド接続の提供や、家の特定の部屋に合わせた製品セットの提供などのアイデアがお蔵入りとなった。こうした実験の失敗がなければ、成功につながった実験が生まれることもなかっただろう。

個人のパーパスと会社のパーパスをつなげ、人と人との真のつながりを育み、自律性を後押しし、マスタリーを促す――これらはすべて、誰もが自分の全力を捧げたくなる環境作りに寄与するものだ。そうした環境こそが、適切な戦略のもとで並外れた結果を生み出す。

だが、もう1つの要素がある。縮小や停滞が起きる状況を考えてみてほしい。そういう状況で、意欲が高まるだろうか？　私も高まらないし、高まるという人がいたとしてもごくわずかだろう。そこで登場するのが、ヒューマン・マジックを引き出す5つめの材料「成長」だ。

あなたへの質問

12

あなたが愛する物事を想像してみよう。努力と結果、どちらを重視する傾向にあるだろうか。

あなたの組織の育成制度は自分の状況に合っていると感じるだろうか。あなたの直属の部下たちの育成をどれくらい個別化しているだろう。

あなたの会社でコーチングはどれくらい広がっているだろうか。

あなたは直属の部下のパフォーマンスをどう評価しているだろうか。

あなた自身のパフォーマンスは誰にどう評価されているだろう。その評価を受けて意欲をかき立てられるだろうか。

あなたは何が得意だと感じているだろう。仕事においてもっと向上させたい部分はどこだろうか。それを向上させていく計画は？

あなたのなかで一番大きな失敗は何だろう。それはコアビジネスに関連するものだろうか、それともイノベーションを目指す実験に関連するものだろうか。そこから何を学んだだろう。

第13章

第5の材料——追い風に乗る

成長こそ生命の唯一の証しだ。
——ジョン・ヘンリー・ニューマン（枢機卿）

ベスト・バイのCEO就任——今となっては「頭がおかしい」とは言い切れないジム・シトリンからの提案について検討していたとき、同社の過去の決算説明会や投資家たちとのミーティングの記録を6つほど聞いてみた。そのすべてにおいて、ひとつのポイントが繰り返し語られていた。ベスト・バイの苦境は「逆風」が原因なのだという。筋書きはこうだ。ベスト・バイは重要なカテゴリーではシェアを拡大している。しかし何ということだろう！

家電製品の市場環境に問題がある。市場がオンラインショッピングへと移行しているうえ、店舗を持つ小売業者とは違い、アマゾンは顧客から居住する州の売り上げ税を徴収せずに済んでいるのも問題だった。アップルストアの存在も逆風を強めている。iPhoneの登場でカメラやボイスレコーダーや音楽プレーヤーが不要なものとなり、小売店の主力製品の価格が下落しているのだ。

ベスト・バイはさまざまな要因による最悪な環境の犠牲者のように見えた。どんなに優れた船乗りでもこんな逆風のなかでは進めない。しかし、どうしてそんなに逆風なのか？ それまで私が勤めてきた会社は、どの業界もITや電子機器がポジティブな役割を果たしていた。アマゾン、アップル、そしてサムスンなどの企業はとても好調だった。

ベスト・バイに来て最初のころ、上層部のリーダーたちに向けたスピーチで、もし私がアップルのCEOティム・クックとアマゾンのCEOジェフ・ベゾスに電話をかけたらどんな会話になるかを想像してもらった。

「あなたが航海している場所の風はどうですか？」と私が聞いたとする。

「風は最高だよ！ 素晴らしい航海だね。人生最高の時間を過ごしている」と2人は答えるだろう。ベスト・バイと同じ小売事業でこの2人が背中に風を感じているのだとすれば、問題は風ではない、と私は言った。そして風が問題ではないのだとすれば、問題なのはおそらくいいい私たち自身だ。私たちは思いつく限り最良の言い訳を探し続けることもできるし、自分たちの会社に幸運がもたらされるという訪れそうもない日を待ち続けることもできる。そうではなく、帆の向きを変えることだってできる。

まず、私たちは事業を編成し直す必要があった。それにはある程度の刈り込みをしなければならない。縮小が必要な場面も存在する。それは、ミケランジェロが大理石の塊から像以外の部分を削り取っていく作業に似ている。そこでベスト・バイ再建のあいだは中国とヨーロッパの市場から撤退することに決めた。カナダでは2つのブランドをベスト・バイのもとに統合した。

再建が終わると、私たちは選択を迫られた。ベスト・バイは事業の刈り込みを受け入れ、より小規模で利益率の高い企業になることに集中するべきか？　それとも、そうした縮小は戦術的な動きに過ぎず、新たな成長を引き出すための新しい戦略へと踏み出すべきか？

当時も今も、私にとって成長は不可欠な要素だ。成長は昇進の機会を得たり、誰かの仕事を奪うことなく生産性を向上させたり、リスクを取ったり、投資したりする余地を生む。会社の成長は個人の成長と意欲を生み、それがまたイノベーションやさらなる事業拡大につながる。

そのため、「成長」はヒューマン・マジックを解き放つのに欠かせない5つめにして最後の材料だ。停滞、収縮、恐怖、不確実性、疑念などを伴う状況では、エネルギーや、創造性や、リスクを取る覚悟を持つことは難しい。ノーブル・パーパスを追求する会社と自分自身のどちらに対しても無限の可能性を感じることができれば、内なる意欲や、ポジティブなエネルギーや、最高の自分を発揮したいという気持ちが高まる。

自分の市場に「逆風」や制約があると言われているのなら、次のような手段で帆の向きを変え、背中に風を受けよう。

- 可能性という観点から考える
- 困難を利点に変える
- パーパスを前面に出し、中心に据え続ける

可能性という観点から考える

2017年のこと。私たちは戦略を練り終え、投資家へのプレゼンテーションを待つのみだった。しかし、CFOになったコリー・バリーから戦略的成長部門を引き継いだアシシュ・サクセナが、自分たちが何を市場だと捉えているか考え直してみるべきだと提案してきた。それまでベスト・バイは自分たちの市場を「店舗に並べる物理製品の小売販売」だと

狭く定義していた。そのため、たとえばＤＶＤの販売は市場の一部だったが、動画配信は市場ではなかった。アシーシュは幹部チームへのプレゼンテーションで、サービスやサブスクリプションも含めた消費者向けテクノロジーへの総需要も考慮して「市場」の定義を拡大しようと提案した。そうした需要はベスト・バイが応えていくと定めた人間の基本的なニーズだと言えるからだ。

彼の観点から眺めると、私たちの市場は既存の事業だけで定義されるものではなく、むしろこれから何ができそうかという可能性を含めたものになる。それによって、２５００億ドル規模の世界から、１兆ドル以上の価値を持つ市場を視野に入れることになった。彼のビジョンは可能性の世界を開いたのだ。

しかし彼が最初にその可能性を示したとき、部屋からはうめき声が聞こえてきそうだった。チームに緊張がよぎったのだ。こうした新しい分野で結果を残し、マーケットの一部を獲得できると確信できるまでは、信用を失うリスクがあることを懸念していたのである。

アシーシュの考えは多くの人に衝撃を与えるものだった。事業戦略や成功の指標として最もよく使われる「マーケットシェア」という概念に縛られない考えだったからだ。マーケットシェアという考え方はパイと同じで、どれだけ既存の市場を占有するかばかりに集中したものだ。それは狭く、究極的には自滅的なアプローチだと言える。自分のシェアが大きくなるということは、別の会社のシェアが少なくなるということだ。「他より優れていること」

や「ナンバー１」を目指す企業は狭い範囲内でゼロサムゲームをやっているようなものである。そうするといつの日か自分たちが負けの側に追いやられる可能性がある。

　アシーシュからすれば、店舗で売られる物理製品に対する逆風はコントロールできるものではなかった。それならば、ビジョンを広げて市場を定義し直し、潜在的な需要を掘り起こして成長すればいいのではないか――チャン・キムとレネ・モボルニュの言う「ブルー・オーシャン戦略」だ。[1]このように市場や業界を広い目で見ることができれば誰もが成長できる。はるかにポジティブな考え方だ。競合他社を打ち負かすことにこだわるのではなく、独自のパーパスと独自の戦力を携えて最高の自分たちを目指す企業になるのだ。

　マイクロソフトのＣＥＯサティア・ナデラはこの考え方を体現している。毎年、マイクロソフトはＪ・Ｐ・モルガンやバークシャー・ハサウェイなどを含め、アメリカの大手企業のＣＥＯを２００人ほど集めてサミットを開いている。私がサティアのＣＥＯ就任前に参加したときは、サミットで目にするテクノロジーはマイクロソフト製のものばかりだった。マイクロソフトのソフトウェアのデモはマイクロソフトのハードウェアで流されていた。マイクロソフトが最も輝く分野ではないスマートフォンにおいても、同社の製品が置かれていた。マイクロソフト製品を揃えるとどれほど素晴らしいことができるか、という点ばかりが重視されていたが、それはつまり揃っていなければ機能しないということでもあり、会社の視野を狭める考え方だった。

しかし2014年、サティアがCEOに就任して数ヶ月後に参加すると、マイクロソフトの新しいソフトウェアのデモはアップルのiPhoneを使っておこなわれていた。突如としてマイクロソフトの視野は、携帯市場でのシェアが同社よりもはるかに大きいiOSやAndroidの世界へと広がっていたのだ。こうした精神は人を変える力を持ち、それゆえに会社を変える力となる。驚くまでもなく、サティアのリーダーシップのもとでマイクロソフトの文化はオープンになり、実行のスピードも飛躍的に加速し、株価も大幅に上昇した。

アシーシュ・サクセナの指摘は正しかった。ベスト・バイは可能性に目を向けるために市場の定義を見直すべきだったのだ。しかしそのマインドセットを取り入れるのは簡単ではない。再建に取り組んできた面々からはすぐに反発があった。再建のあいだは失敗できるほどの余地がなく、リスクを取ろうという姿勢はほとんどなかったからだ。市場を再定義すれば大きな期待を抱かせることになるし、失敗のリスクも伴う。しかしベスト・バイは、生き残りではなくリスクを負って成長へと転換していく必要があった。その年の投資家たち向けの発表では、アシーシュが考えた市場に対する新しいビジョンを取り入れた。私たちは目標の設定方法や計画の立て方を変えていかなければならなかったのだ。

再建の際はほぼ確実に実現できる計画を立てる。再建の期間にCFOを務めていたシャロン・マッコラムはこのアプローチの達人だった。彼女は財務面での目標を確実に達成し続けていたため、ベスト・バイの一挙手一投足を監視するマーケット・ウォッチャーたちから大きな尊敬と信頼を得ていた。

　だが成長に向けては別の種類の計画が必要だ。私がカールソンのCEOだったときにレジドール・ホテル・グループをリードしていたカート・リッターの例を挙げよう。カートはBHAGs（big hairy audacious goals／社運を賭けた大きくて大胆な目標）のもとにチームを集めた。誰も達成への道のりはよく分からないにもかかわらず、その目標は想像力をかき立てるものだった。[2]カートのBHAGはホテルの客室ラインナップを驚異的に増やすというもので、実際レジドールは世界で最も成長率の高いホテル会社のひとつとなった。

　広がりに目を向けるマインドセットや可能性への意識を年々育てていくためには、大胆な目標と確実な計画という2つのアプローチの適切なバランスを見つける必要がある。意欲やモチベーションを高めるためには、目標は野心的でなければならない。しかし同時に、非現実的なまでに目標を広げすぎると、士気を削ぎ疑念が生まれてしまう。組織として目標を下回ってしまうと、経営チームは投資家や従業員からの信頼を失う。従業員は目標を達成できないことや、もっと率直に言えばボーナスを逃してしまうことでうんざりしてしまうのだ。

　ベスト・バイのインホーム・アドバイザー事業の展開は、そのバランスが取れたものだった。それは物理製品の販売ではなくサービスを提供するという大胆な飛躍だったが、どれくらい大きな飛躍にするべきかを考える必要があった。店舗当たりに必要なアドバイザーの数を仮定し、現在の店舗数をもとに全体に必要な人数を推定するという狭いアプローチを取ることもできた。このシナリオでは数百人のアドバイザーを用意することになる。

一方、店舗数は忘れ、市場における世帯数から始めることもできた。その世帯数の何パーセントがテクノロジーやベスト・バイのアドバイザーを利用するかを見積もると同時に、ひとりのアドバイザーが何世帯をカバーできるかを見極める。それらを合わせて考えると、訪問アドバイザーの想定数はゆうに5000人から1万人に達する。だが数字を実現させることよりも、その背後にある考え方のほうが重要だ。だから私は何千人ものアドバイザーをすぐに採用し、訓練し、配置すべきだとは言わなかった。新しいプログラムをうまく展開していくには時間が必要だ。バランスを取りながら進めなければならない。この旅に乗り出すための鍵は、夢は大きく持ちながら、小さく始めることだ。

時間が経つにつれ、私たちは可能性を見抜き、可能性を引き出すことに長けていった。こうした考えやビジョンを持った幹部チームを集め、ビジョンを実現するための戦略的成長オフィスといった運営面での補助を導入することで、新しい考え方への移行が可能になったのだ。2019年にはベスト・バイの新CEOコリー・バリーが、2025年までの達成を目指して「人」「ビジネス」「財務」の面でより高い目標を掲げた成長戦略を打ち出した。再建のマインドセットは、可能性や成長という広がりを意識したマインドセットに道を譲ったのだった。

困難を利点に変える

1805年、ナポレオンと大勢の兵たちは北フランスのブローニュに陣取り、イギリスへの侵攻の準備をしていた。しかし10月21日、トラファルガーの海戦でイギリス海軍がフランス・スペイン連合艦隊を叩きのめした。この完敗はナポレオンにとって大きな後退となってしまった。英仏海峡を支配できなければ、彼が計画していたイギリスへの侵攻はもはや不可能になってしまう。

ナポレオンはその困難をチャンスに変えた。彼はブローニュの兵たちを東に向かわせ、およそ1300キロの道のりを6週間足らずで進んだ。そして現在でも史上最高の軍事行動のひとつとされるアウステルリッツの戦いで、オーストリア・ロシア連合軍を打ちのめした。プロイセンの将軍であり軍事戦略家でもあったカール・フォン・クラウゼヴィッツは、ナポレオンが軍事的に成功したのは行動の速さに加え、大局観《ク・ドゥイユ》（coup d'œil）にあるとしている。大局を瞬時にシンプルかつ明確に捉え、制約や困難に見えるものの奥にチャンスを察知する能力だ。

可能性をシンプルに把握し、それをもとに人を集める力は、喫緊の課題に直面したときに特に必要となる。この力を多くの人がなかなか発揮できないのは、強い逆風に阻まれるからだ。逆風を受けて士気がくじかれたり、怯《ひる》んでしまったり、身動きが取れなくなったりする。しかし、そういう状況でこそリーダーは障害物を回避する道を切り開くことでチームをまとめてエネルギーを与え、逆境を乗り越えていかなければならない。

ベスト・バイのCEOになったとき、たいていの人が成功の見込みはないと考えている仕事をなぜ受けたのかとよく尋ねられた。答えは、私が困難を愛しているからだ。困難は私にエネルギーを与えてくれる。エネルギーの一部となっているのは、共通の目標のもとにチームを作って動かしたり難問を解決したりすることから生まれる満足感やアドレナリンだ。周囲の人々にポジティブな変化をもたらし、自分が持つ基盤を使って世界にもポジティブな変化をもたらす――そんな私のパーパスを実現するために、ベスト・バイCEOへの就任はチャンスだったのだ。

EDSフランスでも、ビベンディ・ゲームズでも、カールソン・ワゴンリー・トラベルでも、カールソングループでも、私はそうしたエネルギーを感じてきた。EDSフランスでの仕事に就いたころ、アメリカのEDSはアウトソーシングを請け負う長期間の大型契約でビジネスを堅実なものとしていたが、そうした大型契約が好まれないフランスでは苦戦していて、急速に利益を減らしていた。フランス市場で成功する方法を探るべくチームと協働し、会社全員の力を結集する取り組みは、私にとって大きなエネルギーとなった。ビベンディ・

ゲームズが抱えた課題の解決や、その主要部門であるブリザード・エンターテインメントの世界的な成功を手伝った経験も刺激的だった。インターネットでの旅行予約によってビジネスが潰されると言われていたころのカールソン・ワゴンリー・トラベルを再建したときもそうだ。

世界が新型コロナウイルス感染症のパンデミックに襲われた2020年は大きな困難が生じ、多くの企業の存続が危ぶまれた。しかし、この健康や安全面での厳しい制約は新しい可能性をもたらすものでもあった。プロセス、製品、サービスの見直しを強制的に迫られたことで、未開拓の需要を掘り起こし、新たな成長を引き出す新しい方法が生まれていった。

たとえばデジタル分野に創造性をもたらす企業であるアドビは、新型コロナウイルス感染症による危機の前は毎年ラスベガスで1万5000人が集まるカンファレンスを開催していた。しかし2020年、ソーシャル・ディスタンスや安全面での懸念から物理的に人が集まることができなくなった。そのためカンファレンスをオンラインで開催した結果、移動や大人数を収容する施設を探すという制約がなくなり、8万人もの人が参加した。

ラルフローレンにも同じことが言える。マンハッタンのマディソン・アベニューと72番ストリートの角にはニューヨークの旗艦店「ザ・マンション」がある。タイムレスなスタイルという創業者のビジョンを表す、木壁の神殿のような店だ。地元のニューヨーカーも観光客も、この店内で商品を見て回るのを楽しんでいる。新型コロナウイルス感染症が広まるなか、同社はスタッフや顧客を守るためすぐに全店舗を閉じた。しかし、ザ・マンションの入り口のドアは閉ざされたものの、バーチャル上のドアが開かれた。顧客は引き続き、店員とオンラインでビデオチャットをしながら店舗を体験することができたのだ。このおかげで、顧客は店の近くに住む人以外にも広がった。

ビジネスとは別の領域においては、たとえばリモート学習によって教育機関もはるかに多くの人にリーチできるようになった。教室がバーチャル上に移行したことで素晴らしいゲストスピーカーを呼ぶこともずっと容易になっている。

リーチの拡大以外に、新型コロナウイルス感染症の危機は顧客体験を変革する機会にもなった。2020年4月、ベスト・バイは3月に閉じていた店舗の一部再開を決めた。予約制で1対1の対応をすることにしたのだ。これにより、店が過密にならず安全面の不安が解消し、顧客に対して丁寧で質の高い体験を提供できるようになった。さらには販売成約率の上昇にもつながった。予約をとって来店する顧客はただ見て回るのではなく、積極的に必要なものを探してお金を出そうとするからだ。

同じように、新型コロナウイルス感染症とそれに伴う安全上の懸念は、技術の進歩による遠隔医療がようやく加速する契機ともなった。遠隔医療であれば、特定の条件のもとで医療従事者が自宅から患者を診《み》ることができる。そうなれば患者は移動が億劫《おっくう》なときにわざわざ病院や診療所に出向く必要がなくなる。

パーパスを前面に出し、中心に据え続ける

第5章で紹介したように、会社のノーブル・パーパスを明確にすることは戦略上欠かせない。しかしそれと同じくらい重要なことに、特に困難な時期において、パーパスは成長に目を向けるマインドセットや可能性への意識を生み出す助けとなる。

ベスト・バイが自分たちを「家電製品を売るチェーン店」だと考えていたころ、世界は逆風に満ちていた。しかし「テクノロジーを通して顧客の暮らしを豊かにする」というパーパスを持つと、従業員の士気が高まり、人々の暮らしに有意義で永続的な変化をもたらしうる新しい市場を見いだせるようになった。２０１７年に投資家に向けて「ベスト・バイがやっているのはコモディティ・ビジネスではなく、ハピネス・ビジネスだ」と言ったのは、このような意味である。会社のパーパスが決まったことで、時代を超えて生き残り、ビジネス、市場、テクノロジーの変化を乗り越えていく可能性が開かれた。パーパスとは決してたどり着かない地平線だ。今から20年や30年が経って、店舗がホログラムになっていようが、配達がドローンになっていようが、テクノロジーは変わらず人々の暮らしを豊かにする手段

であり続けるだろう。

新型コロナウイルス感染症のパンデミックのような危機は、視野を広げるためにパーパスと向き合うことを迫るものだ。ミネアポリス美術館は被害の最もひどい時期に閉鎖された。しかし「芸術の力で好奇心を呼び起こす」という使命を果たすことを考えれば、美術館のなかにとどまっている必要はなかった。そのパーパスに突き動かされて、美術館のスタッフたちは数々の取り組みを開始し、インターネットに接続できる環境があれば誰もが自宅から美術館のコレクションを鑑賞できるようにしたり、ポッドキャストを聴けるようにしたり、オンラインイベントに参加できるようにした。こうしてミネアポリス美術館は距離や物理的なアクセスの制約から解放され、新しい形でこれまで以上に多くの人の「好奇心を呼び起こす」ことができたのだった。

同じような発想で、飲食店はピックアップやデリバリーのサービスを展開してきたし、顧客が店のお気に入り料理を自宅で再現できるように食材を届ける新しいビジネスを展開しているところすらある。より広いパーパスに焦点を当てることで、店舗の客席数を超える人数にリーチできているのだ。


アステリックスとオベリックスという2人のキャラクターを中心としたフランスの人気コ

ミックに登場するブルターニュ地方の小さな村は、不可能だと思われることを成し遂げる。紀元前50年、ガリアの他の地域を征服していた強大なローマ帝国軍による村への侵攻を何度も追い返したのだ。この村が武器にしていたのは僧が持つ秘密の薬で、それを飲んだ者は誰でも超人的な力が手に入るのだった。

あらゆる想像を上回るパフォーマンスが発揮されるのはコミックの世界に限ったことではない。それはビジネスにおいても起こりうる。しかしアステリックスの場合と同じように、それにはヒューマン・マジックが必要だ。だがアステリックスとは違って、素晴らしい結果を生む薬は秘密のものではない。必要なのは5つの材料で、それらはすべてこの第3部に記されている。

第1部では仕事に対する新しい捉え方を、第2部ではパーパスフルな人間らしい組織の構造を、そして第3部ではヒューマン・マジックを引き出す材料を紹介した。だがこれだけではビジネスの再構築には足りない。そこにはもうひとつ、新しい種類のリーダーが必要となる。

あなたへの質問

13

可能性の世界と制限の世界、あなたはどちらで動いているだろうか。あなたの目標や組織の目標をどのように定義してきただろう。その目標はナンバーワンになることだろうか、それとも最高の自分になることだろうか。

あなた自身やあなたの組織の可能性を再定義できるだろうか。

難題を前にするとどのように感じるだろう。気持ちが削がれるだろうか。エネルギーが湧くだろうか。

組織の成長戦略と自分のパーパスをどのように結びつけているだろうか。

第4部

パーパスフル・リーダーになる

「仕事」というものの捉え方を変え（第1部）、
従来とは異なる視点から企業の性質や役割を考え（第2部）、
信じられないほどのパフォーマンスを引き出すために必要
な環境はどのようなものか（第3部）
という点から新しいビジネス観について語ってきた。

これら3つの要素を統合するには、
従来のリーダー像も変えていく必要がある。
それが第4部の内容だ。

頭が良くて、パワフルで、スーパーヒーローの
ようなリーダー像は時代遅れだ。

現代のリーダーは、パーパスを理解し、
誰に奉仕するかを明確にし、
自分の真の役割を自覚し、
価値観によって突き動かされ、
偽りのない自分《オーセンティック》でなければならない。

それがパーパスフル・リーダーの5つの「あり方」だ。

第14章

リーダーに大切なこと

君は正しい選択をした。
――グレイル・ナイト*

*『インディ・ジョーンズ／最後の聖戦』（字幕版より抜粋）

2000年、ビベンディ傘下のゲーム会社でトップを務めていたころ、親会社のビベンディがメディア界の大手であるユニバーサルを買収した。私は上司にメールをして、両社の統合をリードするチームに私も参加すべきだと自己推薦した。マッキンゼー時代に合併後の運営に取り組んできた経験があり、適切なスキルを持っているとも記し、それが功を奏した。

私はフランスからアメリカに行き、合併から「シナジー（相乗効果）を引き出す」ための取り組みをリードすることになったのだ。パリにいるビベンディのCOOが直属の上司となった。取締役会を経て、私の就任がプレスリリースで発表された。私はとても興奮していた。

私はこの新しい任務が、ノーブル・パーパスを実現するものや、世界にポジティブな変化を生み出せるものだと感じていただろうか？　正直に言うと、こうした問いは私の頭にはなかった。個人的な野心から立候補したと言わざるを得ない。この新しい仕事によってトップへと一歩近づいたと喜んでいたのだ。

しかし、喜びは束の間だった。引き出せるシナジーが多くなかったのだ。ユニバーサルが手がける音楽、映画スタジオ、テーマパークなどの事業は大半がアメリカを拠点としたもので、主にフランスを拠点にしているビベンディの主要事業（携帯や有料テレビサービス）とはあまり重なる部分がなかった。自分のエゴに突き動かされた結果、名誉ではあるが無意味とも言える仕事に行き着いてしまった。結局、その仕事から喜びなどほとんど感じられず、ただ会議から会議へと重い足取りで移動し、たいして意味のない活動を鼓舞したり監督したりしていた。さいわいにも、その仕事は18ヶ月で終わりを告げた。2002年、ビベンディは盛んな買収によって負債が積み重なり、会社は危機的な状況に陥った。そして私は会社の再建を率いるチームに参加することになったのだった。

合併後の仕事に飛びついた経験は、私に貴重な教訓を授けてくれた。何が自分を突き動かしているかを自覚し、くれぐれも注意を払うという教訓だ。この経験を経て、自分はどんなリーダーになりたいのか考え込まずにはいられなかった。それ以来、私は新しい仕事の選択を次のような別の物差しで測るようになった。

その仕事は自分のパーパスに沿ったものだろうか？　その役割に就いたらポジティブで大きな貢献ができるだろうか？　それを楽しめるだろうか。つまり、その新しい機会は有意義で、インパクトがあり、喜びに満ちたものになるだろうか？

ベスト・バイのCEO就任について検討する際もこれらの点を自問した。周りは頭のおかしい選択だと言ったが、私からすればそのCEOの役割はこの3つの重要な基準を満たすものだった。

「自分がどんなリーダーになりたいか」を選ぶことは、最も重要な2つの選択の1つだ。もう1つは「自分のほかにどんな人をリーダーに選ぶべきか」である。

私は次の3つのリーダー像に影響を受けて育ってきた。これらは、リーダーの役割に対する答えや、広くビジネスの世界一般に対する、かつての私の思想を形作ってきたものだ。

- リーダーはスーパーヒーローのような存在だ
- リーダーシップは生まれつきの能力だ
- 人は変われない

時間と経験を経て、これらが迷信であり、なりたいリーダー像は自分で選ぶ必要があることを思い知った。その選択こそ、自分がリードする組織や従業員たちに大きく影響する。

リーダーシップにまつわる3つの迷信を解く

迷信① リーダーはスーパーヒーローのような存在だ

子どものころ、優れたリーダーは主に自分の力で答えを見つけて危機を乗り越えるものだと考えていた。賢明であること、そして周りにもそう思ってもらうことが優れたリーダーの証しのように思っていた。最高の学校に行けば最高の仕事を得ることができ、そこから最高のリーダーが生まれるはずだ。権力、名声、栄光、そしてお金が、仕事における成功の指標だった。そして正直に言えば、こうした考えは私の初期のキャリア選択にも影響を与えた。

ビジネススクールの最終年、私は学部長のオフィスに呼ばれ、国有の鉄鋼大手サシロール社の会長兼CEOを補佐する仕事をオファーされた。その仕事の前任者は私と同じくクラスの首席だった人物で、揺るぎない出世階段をさらにまた一段上ろうとしていた。私はすぐにその仕事を引き受けた。パーパスに照らしてではなく、その仕事が名誉だったからである。

その仕事から生まれるコネクションはキャリアの助けになるだろうと考えていた。私は一握りのトップスクールを卒業した優秀なフランスのビジネスエリートからなる選り抜きのサークルに足を踏み入れようとしていた。そこにいる人たちは誰よりも賢く、影響力の大きいヒーローのようなリーダーになる。

自分の力だけで苦難を乗り切る聡明なヒーローというリーダー像は、歴史に深く根ざしたものだ。それはヘラクレスを筆頭とする古代ギリシャの力強い半神半人の英雄たちの時代から、はるかに時を隔てた現代のビジネス界にまで続いている。私のキャリアの初期においては、GEのジャック・ウェルチのような傑出したビジネスリーダーたちが、その知性、戦略的センス、野心的なスタイルから尊敬を集めていた。そうしたリーダーたちは無欠の天才のようにみなされ、カルト的な信奉者が生まれていた。

しかし近年では、無欠のリーダーというイメージは魅力を大きく失っている。第一に、ますます多くの人が「偽りのなさ《オーセンティシティ》」と「つながり」に価値を置くようになってきている。ウィスコンシン大学マディソン校の心理学者ポーラ・ニーデンタールの研究によると、人間は「本当らしくないもの《インオーセンティシティ》」を察知するようにできている。[1] 無欠さや強さや権威を常に誇示することは、これまで何十年もリーダーに求められてきた。しかしそれらは、本当らしくなく、距離を感じさせるものだとみなされつつある。第二に、ヒーローのようなリーダー像にはビジネスに欠かせないパーパスという視点が含まれていない。スーパーヒーローは映画のなかには存在するが、ビジネスの世界には存在しない。

第三に、リーダー＝成功を導くヒーローという考えを持っていると、自分が他の人たちよりも賢く、唯一無二で替えの効かない存在だという迷信を信じやすくなってしまう。そのように考えていると、権力や名声や栄光やお金に簡単になびいてしまう。ごますりやイエスマンに囲まれて、簡単に現実や仲間たちから切り離されてしまう。ベスト・バイのコミュニケーション部門を担当しているマット・ファーマンは、こうしたリーダーというのは「僕の話はもういいから。次は僕の話をしよう！」といった形で自分がすべてのマインドセットになるものだと、冗談混じりに鋭く指摘していた。

エンロンのジェフ・スキリング、日産のカルロス・ゴーン、クエストのジョセフ・ナッキオ、ワールドコムのバーニー・エバーズなど、かつてはビジネスの天才やスーパーヒーローと言われ雑誌の表紙を飾っていた有名CEOたちが、逮捕されて収監されるといった事態は繰り返し起きている。

フィードバックと向き合うのに苦しんでいた日々や、若かりし日に野心に流されたキャリア選択などは、私がいかにスーパーヒーローとしてのCEOという迷信に引きずられていたかを物語っている。これは自分がなりたいリーダー像ではないと気づいてからは、この罠から自分を守ろうと強く意識した。

「みなさんのミッションは、私が雑誌の表紙を飾らないようにすることです」

私はベスト・バイのCEOになって、コミュニケーション部門のチームにそう伝えた。そして可能な限りプライベートジェットではなく民間機を使って移動すると念押しした。それらは、地に足がつくように設けたガードレールのようなものだった。最高の自分がエゴによって殺されないようにしておきたかったのだ。

「私はベスト・バイのCEOではない」

ベスト・バイに入った直後、地元ミネアポリスの新聞のコラムで私はそう記した。この職に就いて光栄ではあるが、その職種が私という人間を定義するわけではないと言いたかったのだ。最初の時点から、目標は「CEOが私でなくても済むようになること」だった。だからこそ2019年には、CEOのバトンをコリー・バリーと彼女のチームに渡すことを決断した。私は自分の目標が達成されたと感じていたため、決断するのは簡単だった。会社は好調で、非凡な従業員たちが原動力となり、並外れた経営陣がリードしていた。ヒーローとしてのリーダー像を持っている人は、自分が表に立ち、誰より目立つことが重要だと信じているのではないかと思う。しかしリーダーシップを移行していく場合、その成功の鍵は「自分が目立たないこと」ではないかと思う。裏で控えていて、必要なときにだけ出ていくのである。1年後に移行作業が完了すると、私は代表取締役会長の座も退いた。自分という人間のアイデンティティをベスト・バイのCEOとしては定義していなかったため、次へと移っていくのは簡単なことだった。

迷信② リーダーシップは生まれつきの能力だ

ロイド・ブランクファインが投資銀行ゴールドマン・サックスのＣＥＯだったころ、ミネアポリス・クラブでおこなわれた彼のスピーチを聞いたことがある。彼は毎日ひげを剃りながらこう考えるのだという。

「今日だろうか？　今日こそ、私にはこの仕事に値する能力がないと世界が気づいてしまうのではないか」

世界で最も成功している銀行家のひとりなのに、その彼が自分の能力を疑っていたのだ。私の知る多くのリーダーは、私も含め同じような「インポスター症候群」に悩まされている。

インポスター症候群は、リーダーシップとは生まれつきの能力であり、ある水準の知性、自信、カリスマを持って生まれたかどうかで決まるという、いくぶん誤った考えから生じるものだ。もしそうした考えが本当なら、リーダーの職に就けるのはごく限られた例外的な存在であり、それ以外の人たちは運がなかったということになる。だが研究では、生まれつき備わった能力であるという考えが誤りであることが示唆されている。それはつまり、優れたリーダーにまつわるイメージも間違いであることを意味している。

たとえばリーダーの象徴とされるウィンストン・チャーチルのような人物であっても、生まれつき欠点のないリーダーというイメージにはとても当てはまらない。彼は最初から完成され、周囲を感化できるリーダーとは言えなかった。子どものころ、チャーチルはできの悪さで有名な生徒で、言語障害にも悩まされていた。しかしのちに、彼は20世紀における傑出したリーダーのひとりとなった。後天的になっていったのだ。戦略的思考から雄弁術にいたるまで、「生まれつき」とされるリーダーの特徴の大半は後から学ぶことができると私は信じている。これまでの章で語ってきたように、私はキャリアを通してコーチングやロールモデルに助けられてきたおかげで、よりよいリーダーになっていけた。

迷信③ 人は変われない

ベスト・バイに在職していたころ、ある幹部が私に「人は変わらないし、変われない」と信じていると言った。私はそれに猛反対した。なぜなら私こそ、人は変われることを体現する生き証人だったからだ。現在の私のリーダーとしてのあり方は30年前と大きく異なる。かつてはトップダウンで、データや分析に基づいて戦略的に計画することがリーダーシップだと信じていた。それが今や、パーパスとヒューマン・マジックを重視している。かつては誰より賢い存在になり、自分がすべての問題を解決することを目指していた。しかし今では、周りの人々が生き生きと活動しながら解決策を見つけていける環境作りを重視している。そして昔は利益がビジネスのパーパスだと信じていたが、今では利益とは、必要ではあるが取り組みの成果に過ぎないことを理解している。

自分が目指すリーダーになっていくには

リーダーとは生まれつきの存在でもスーパーヒーローでもない。その考えに行き着いた私は、自分がどんなリーダーになりたいかは自由に選べることに気づいた。その選択は、もちろん自分自身にとって重要なものだが、人との関わり方にも影響を与える。そして、自分が選んだ別のリーダーたちによって組織にも反響していくことになる。

選べるリーダーのモデルは実にたくさんあった。書店の本棚にはリーダーシップ本があふれていて、あらゆる標語を使ったさまざまなアプローチを提唱している。[2] クレイトン・クリステンセンは、2010年にハーバード・ビジネススクールを卒業する学生に向けて次のようなアドバイスを送っている。

「自分の人生を評価する物差しを決めよう。その物差しに照らして、最後には人生が成功だったと思えるように毎日を生きる決意をしよう[3]」

これは私にとって役立つ考え方となっている。自分がどんなリーダーになりたいかを選択するにあたっては、3つの点を考えてみるといい。

何が自分を突き動かしているだろう？　未来に何を残したいだろう？　どうすれば道から逸《そ》れずにいられるだろう？

何が自分を突き動かしているだろう？

2018年の秋、ある日曜日の午後のこと。マンハッタンのミッドタウンで、デザイナーのアイシェ・バーセルが開催するワークショップ「Design the Life You Love（愛すべき人生をデザインする）」に参加した。アイシェは人生の選択にもデザインの原則を活用することを推奨している。特に深く心に残ったエクササイズは、自分が敬意を抱いている人々について考えてみることだった。私の頭にはガンジーからメドトロニック社の元CEOビル・ジョージまで、さまざまな人物が思い浮かんだ。そしてアイシェは、それらの人物のどういう資質に敬意を抱いているのかを書き出すようにと言った。私が敬意を抱く主な資質は、世界に大きな変化をもたらす意志と能力、そして他者に手を差し伸べ支援しようという揺るぎない信念にあるようだった。

「それがあなたのなりたい姿です」とアイシェは私たちに告げた。こうした資質を自分のものとし、それに従って行動できるかは私たち自身にかかっているという。

このエクササイズの時期は完璧なものだった。私はベスト・バイから離れることを検討し始めていたのだ。かつてロヨラ式の精神修養で明確にした個人的なパーパスはずっと変わらないままだった。しかしアイシェのワークショップによって、自分がどんな資質を大切にしているのかがより明確になり、そうした資質を次のステップでより積極的に追求していこうと思えたのだった。

未来に何を残したいだろう？

次に大切なのは、「未来に何を残したいだろう？」という問いについて時間をかけて考え、その答えに基づいた選択をし、そこに時間や労力やエネルギーを注いでいくことだ。どうすればその答えを明確にできるだろう？

エグゼクティブ・コーチで著作家でもあるオルタンス・ル・ジョンティは、いつもクライアントに自分の死亡記事を書いてみるよう勧めている。これは自分が何を成し遂げたいと思っているかや、自分の選択がそのパーパスに沿ったものであるかに意識を向ける効果的な方法だ。同じようにマイケル・ポーター教授は、新任CEOに向けたハーバード・ビジネススクールのワークショップにおいて、参加者に退任演説の原稿を書くよう求めている。どのような存在として記憶されたいだろう？　どんな貢献をしたいだろう？　未来に何を残したいだろう？

当然ながら、こうした質問をされて、どれだけお金を稼いだかや、どれほどの従業員を解雇したかや、雑誌の表紙を何回飾ったかを強調するエグゼクティブはほとんどいない。

どうすれば道から逸れずにいられるだろう？

クリステンセンはＭＢＡの卒業生たちに向けたスピーチで、成功をおさめ、後に刑務所に入ったエグゼクティブもいるが、それを意図していた者などいないと指摘している。しかし優秀な成果を残してきた人たちは無意識のうちに、自分にとって一番重要なものや人にではなく、短期間で目に見える達成や承認を得られるものに時間とエネルギーを注いでしまう傾向にあるという。[4] こうした傾向を修正するには、自己認識と、自分とつながり続けるための日常的な習慣が必要になる。マーシャル・ゴールドスミスはクライアントに対し、自分が大切にしている価値観を反映した行動かどうかを確認する質問リストを書き出し、そのように行動するべく最善を尽くしたかを毎日自問することを勧めている。

どのような内省方法であれ、毎日「一時停止」ボタンを押し、自分のパーパスを見失わず、それに沿って生きているかを確認しよう。自分の力で自己認識し、行動原則をしっかりと保つだけでなく、家族、友人、仕事仲間、コーチ、メンター、優れた取締役会などを頼りにして、道から逸れないためのガードレール役になってもらったり、道から逸れたときに引き戻してもらったりすることもできる。

現在の私は、すべての答えを持っていることがリーダーとしての自分の役割だとは考えていない。

リーダーがおこなう最も重要な選択とは、なぜ、どのように力を行使するか、そして誰に力を委譲するかだ。企業を「共通のパーパスを抱いて協働する個人からなる人間らしい組織」として考える場合、リーダーの条件もあらゆる次元で変えていく必要がある。

今リーダーシップのスタイルとして求められているのは、パーパスと人を第一に考えることだ。私はそれを「パーパスフル・リーダーシップ」と呼んでいる。

あなたへの質問

14

今のあなたはどんなタイプのリーダーだろうか。

これまでのキャリア選択において、あなたは何に突き動かされてきただろうか。

どのようなリーダーになりたいだろうか。

どのような存在として記憶されたいだろうか。

第15章

パーパスフル・リーダーの5つの「あり方」

我々はもっとできる。
我々みんなで世界を救えるんだ。
リーダーがいれば。
――エイドリアン・ヴェイト*

2013年1月、ベスト・バイの人事・店舗部門のリーダーだったシャーリー・バラードから、私の考える優れたリーダーの要素を言葉にしてほしいと言われた。誰をリーダーのポジションに置くかがCEOの最も重要な意思決定であるのなら、その決定のもとになっている判断基準を明確に把握しておきたいと言うのだ。だが当時は再建計画が始まったばかりで、ベスト・バイはまだ危機的な状況にあった。私は言葉よりも行動に集中すべきだと感じたた

＊『ウォッチメン』2009年
（映画字幕より一部抜粋）

め、そのときは詳しく検討することを断った。

しかし、もちろんシャーリーが正しかった。数年後、会社が窮地を脱して成長戦略へと舵を切ったあと、彼女は再び私が思うリーダーシップの原則を共有してほしいと迫ってきた。このときは適切な時期だと感じた。そこで私は、ベスト・バイだけでなく、20年以上にわたって数々の企業をリードしてきた経験から培った「パーパスフル・リーダーシップ」についての考えをさらに明確にした。

そうして磨かれた思想は本書のいたるところに現れている。そのエッセンスを抽出したのが、パーパスフル・リーダーシップの5つの「あり方」だ。

① 自分と周囲の人々のパーパスを理解し、それらと企業のパーパスの結びつきを明確にする

かつて私は、リーダー採用の候補者に対して、それまで培ってきた経験やスキル、キャリアにおける目標、この組織に自分が適した人材だと思うかといった質問をしてきた。一般的な内容だろう。こうした内容が最も重要な検討材料だと感じていたのだ。

しかし現在は、候補者の夢やパーパスを理解することに多くの時間を費やしている。「あなたにエネルギーを与えるものは何でしょう?」「何があなたを突き動かしていますか?」と尋ねるのだ。念頭に置いているのは、マリリン・カールソン・ネルソンがパリからミネアポリスに向かう飛行機のなかで私の魂について尋ねてきたことだ。

「私のパーパスは、コミュニティであれ、家族であれ、ベスト・バイであれ、自分が関わり始めたときより少しでも良いものを残すことです」

そう答えたのは、私の後任としてベスト・バイのCEOとなったコリー・バリーだ。コリーは自分のパーパスや、それが「テクノロジーを通して暮らしを豊かにする」というベスト・バイのミッションとどう結びついているかに極めて自覚的だ。CEO就任以前は、ヘルスケアなどの新しい方向に会社を導くことに尽力していた。それはベスト・バイのパーパスだけでなく彼女のパーパスにも沿ったことだった。

今では彼女はフォーチュン誌が選出する「世界で最も影響力のある女性」にも名を連ね、フォーチュン500［フォーチュン誌が発表する全米上位500社］のなかで最も若いCEOのひとりとなった彼女だが、個人としてのパーパスは変わっていない。彼女はそのパーパスとのつながりを保っている。毎日車で自宅へ帰る際に、今日は自分がいることでベスト・バイがどのように少しでも良くなったかを自問しているのだ。

現在私はベスト・バイの会長やCEOの職を降りているため、パーパスについての問いは私がコーチをしているリーダーたちとの会話のなかで持ち出されることが多い。自分のパーパスは何か、という問いはもちろんだが、同じくらい重要なことに、「周囲の人々は何に突き動かされているのか」を理解する、という点も議論されている。最近では、CEOとして成功をおさめている人物がチームメンバーとの関係について助けを求めてきた。彼はメンバーたちがサイロ化しており、組織全体よりも自分の部門の進展を優先していると感じていた。しかしコーチングを経て、私たちはあることに気がついた。彼は自分と組織のパーパスについては明確に把握していたものの、周りのメンバーを突き動かしているものについてはあまり知らなかったのだ。それを知らないままでは、メンバーが自分のパーパスと組織のパーパスのつながりを見いだす手助けをしたり、全員が共通して惹きつけられる魅力を提示したりすることが難しくなる。

新型コロナウイルス感染症のパンデミックのさなかに私が話したビジネスリーダーの多くは、この危機について、自分のパーパスを明確にし、それを会社のパーパスと結びつける重要な機会だと捉えていた。人間らしさを大切にしながら他者をサポートしてリードする機会だ。この機会についてリーダーたちは、チャーチル風に言えば自分たちの「最も輝かしい時《ファイネスト・アワー》」になりうるものであり、そうすべきだと理解しており、今回の危機にうまく対応していきたいと願っていた。自分のパフォーマンスの判断材料は、会社の株価や1株当たりの利益が目標に達しているかどうかではないことも分かっていた。大事なのは、会社とリーダーがより高次のパーパスをいかに実現しようとしているかや、複数のステークホルダーをいかに大切にしているかだと理解していたのだ。

②リーダーとしての役割を明確にする

２０１４年、小売業者にとって1年で最も忙しい日のひとつであるブラックフライデーの2週間前に、司法当局からベスト・バイに連絡があり、データ侵害を受けている可能性があると伝えられた。これは壊滅的な事態を招くかもしれず、私は大いに心配した。まだ再建のただなかであり、データ侵害があったらホリデーシーズンと「リニュー・ブルー」再建プラン全体が吹き飛ばされてしまう恐れがあった。次の日、私は朝早くからITやオペレーション、法務、コミュニケーション、財務などの代表者たちで構成された危機管理チームを窓のない小さな会議室に集めた。私たちは長テーブルを囲んで座った。重苦しい空気が流れていた。私は何をするべきか？　怒りや不満をぶちまける？　とにかく問題解決に突き進むべき？

私はこうした考えを振り払い、自分は温度計ではなくサーモスタット（温度調節機）になるのだと言い聞かせ、温度を整えることにした。このときは、場を明るくポジティブなものに調節しようとした。

「ブラックフライデーの2週間前にこんなことが起こってほしいと願う人は誰もいないだろう」と私は言った。

「しかしこれはリーダーシップを発揮する素晴らしい瞬間だ。その瞬間をどう生きるかを決めよう。これは大きな変化を生み、最高の自分たちになる機会だ。それはまず私たちから始まる。みなさんには信じられないほどの資質と才能がある。みなさん一人ひとりと力を合わせ、できる限り最高の結果を生み出すことを楽しみにしている。さあ、始めよう」

こうした侵害が発生した場合を想定してリハーサルをしたことがあったため、心構えはできていた。さいわい、FBIからの警報は誤りであることが判明し、データ侵害はなかった。しかしこの出来事は、リーダーとしての私の役割を思い出させてくれる良いきっかけとなった。私の役割は、とりわけ状況が深刻なときにエネルギーや勢いを生み出すことだった。それはつまり、周りのメンバーたちが可能性や潜在力に気づく手助けをするということだ。エネルギー、士気、希望を生み出す――そんな考えは30年前の私だったら否定していただろうが、パーパスフル・リーダーには不可欠なことだ。ジョン・クィンシー・アダムズが言ったとされる言葉を借りて、次のように言い換えられるだろう。

「あなたの行動によって、周りがもっと夢を見て、もっと学び、もっと行動し、もっと良い自分になりたいとかり立てられるなら、あなたはリーダーだ」

状況を選ぶことはできないが、自分のマインドセットを調節することはできる。そのマインドセット次第で、あなたが周囲に希望や士気やエネルギーをもたらすか、全員の気分を沈ませるかが決まる。だからこそ、正しい選択をしよう。カールソンで働いていたとき、私は毎朝それを思い出させてもらっていた。会社の創業者カート・カールソンの像が本社のロビーに立っていて、「Illegitimi non carborundum」という言葉が刻まれていたのだ。ラテン語を模した言葉で、次のような意味になる。

「ろくでなしに虐げられるな」

③誰に仕えているかを明確にする

「もしみなさんが自分自身や上司やこの会社のCEOである私に仕えていると考えているなら、それでも構わない。それはあなたたちの選択だ」と、私はベスト・バイの役員たちに言ったことがある。

「でももしそうであるならば、ここで働くべきではない。辞めて顧客に戻るべきだ」

私が言いたかったのは、キャリアの前進が主なパーパスになってしまっている人はベスト・バイにふさわしくないということだった。ある聡明な幹部は専門知識や経験を買われて採用されていたが、会社を去ることになった。それは彼を突き動かすものが個人的な野心であることが大きな原因だった。彼は何よりもまず自分自身に仕えていたため、同僚たちと対立してしまったのだ。

リーダーのなかには、周りを肘で押しのけ、エゴに従うことがキャリアのためになると考えている人もいる。しかしそれは自分がなりたい人物だろうか？　そのような選択しかないのだろうか？

「最高のリーダーはトップへと上りつめるのではない」

スペンサースチュアートでCEO育成部門を担当する友人のジム・シトリンは言う。最高のリーダーはトップへと運ばれていくのだ。それは他人に仕えることで実現される。

リーダーは最前線の現場でビジネスを牽引している人々に仕えなければならない。同僚や取締役会にも仕える必要がある。自分の周りの人たちに仕えるのだ。まずはその人たちが最高の力を発揮するために何が必要かを理解することで、サポートに最善を尽くすことができる。

エグゼクティブ・コーチのマーシャル・ゴールドスミスは、すべての人を顧客のように扱うのだと教えてくれた。たとえば空港でもレストランでも、そこの従業員とどう接するかは、あなたがどんなサービスを受けられるかに大きく影響する。これは、私が以前勤めていた会社のトップが苦い経験を通じて学んだことだ。あるとき彼は、飛行機が欠航となり空港で足止めされた。別ルートの手配をしてもらうべくサービスデスクの列に並んでいたが、彼はしびれを切らして先頭まで歩いていった。

「私が誰だか分かってるのか？」と彼はデスク越しに脅すような声で尋ねた。

「すみません、みなさん、ご協力ください」と、デスクの従業員は列に並んでいる旅行者たちに声をかけた。

「身元不明の方がいます。自分が誰だか分からないとおっしゃっています！」

権力、名声、栄光、富から生まれる罠に陥らないためには、警戒心と十分な自己認識が必要だ。この空港の重役のように、エゴや野心が湧き出て自分の地位を利用しようとすることは誰にでも起こりうる。この罠には私もはまった経験がある。第14章で語ったように、エゴと野心に駆られ、名誉はあれどほとんど意味のない地位に飛びついてしまった。発言や行動の前に、自分の動機と仕える相手はしっかり自覚しておこう。

④価値観を原動力にする

マッキンゼーに勤めていたころ、私のパートナーのひとりで、のちにベスト・バイの筆頭独立社外取締役ともなったラス・フラダンにリーダーシップに関する助言を求めたことがある。彼は「真実を語り、正しいことをしろ」と言った。

　正直であること、敬意を持つこと、責任を持つこと、公正であること、思いやりを持つこと——ほとんどの場合、何が正しいかについては誰もが意見を共にするところだ。紙の上ではどの会社も素晴らしい価値観を持っている。しかし紙の上に書かれているだけでは何の益ももたらさない。価値観を原動力にするとはつまり、何が正しいかを理解し口にするだけでなく、行動で体現することだ。リーダーの役割は、こうした価値観に則って生き、明確に推進し、ビジネスに確実に組み込んでいくことだ。

　たとえばジョンソン・エンド・ジョンソンは、創業者の息子によって１９４３年に書かれた「我が信条《クレド》」で有名だ。１９８２年、ベストセラー商品だった解熱鎮痛剤「タイレノール」の錠剤に青酸化合物が混入されて死者が出たことを受け、すぐさま３１００万本ものリコールを決断した。これはまさに同社のリーダーたちが「我が信条」に則って行動していることの表れだった。現在においても、会社がどれくらい「我が信条」に基づいて行動できているかの評価を、従業員たちに定期的に求めている。他にも、折に触れて「クレド・チャレンジ」を開催し、クレドに書かれた価値観についてオープンに話し合っている。それによってクレドの妥当性を問い、現在の会社をどのように定義するかを解釈し直してきた。

同じように、カールソンでもベスト・バイでも、私は価値観を検討する日を設けた。その日は全従業員が同僚たちと会社の価値観について話し合い、会社がどれほど価値観に見合った活動をできているかや、そうした価値観をよりよく体現するにはどうすればいいかについて意見を交わしてもらった。

もちろん、何が正しいかを把握して行動することは必ずしも簡単なことではない。しかしハーバードのクレイトン・クリステンセン教授が指摘しているように、原則に98パーセント従うよりも、100パーセント従うほうが簡単だ。「この一回だけ」価値観に反した行動をすることで生まれる追加コストは、小さく見えるため誘惑されるかもしれない。しかし、その最初の例外によって水がどんどん濁っていき、最終的にはあなたを刑務所へと送ってしまう可能性もある。[1]そのため、「この一回だけ」の侵入を許さず、真実を語って正しいことをするのだと心に決めておけば、行動の選択はより簡単になっていく。

価値観を忘れずにいることは、ストレスやプレッシャーがかかる危機の際に何が正しいか判断するにあたってとりわけ重要だ。ヘルスケア企業バクスターインターナショナルの元会長兼CEOのハリー・クレーマーは、ケロッグ経営大学院でリーダーシップを教える教授であり、プライベート・エクイティ投資会社マディソン・ディアボーンのエグゼクティブ・パートナーも務めている。彼は新型コロナウイルス感染症の危機のなかで多くのリーダーが感じてきたことを言葉にしている。

「あなたは不安、恐れ、懸念、プレッシャー、ストレスを感じているでしょう。そうした感情にすっかり押し潰されているかもしれない。そうやって心の底から押し潰されることによって、ほとんどの力が奪われてしまうのです」

彼の見解では、危機を乗り切る際にリーダーが持っておくべき原則やモットーのひとつは、「正しいおこないをし、最善を尽くすのだ」という信念だという。正しいことを実行するのは思っているよりもはるかに難しいとクレーマーは認めている。しかしあなたや組織と同じ価値観を持つ信頼できる人たちに囲まれていれば、自分ひとりでなんとかする必要はない。その人たちと一緒に正しく物事を判断し、共に最善を尽くしていけるのだ。[2]

新型コロナウイルス感染症の危機において、ベスト・バイのリーダーたちが価値観を指針にして行動してきたことを私は誇りに思う。多くの州でベスト・バイは、エッセンシャル・サービスを提供する存在（家で仕事や学習をおこなう人々にしかるべき備品やサポートを用意する存在）とみなされていたため、店を開け続ける正当な理由があった。需要は高まっていたが、従業員と顧客の安心安全はより基本的で根本的な優先事項であり、それとのバランスを取る必要があった。従業員が安全性に心配を抱えた状態では、当然顧客も不安になる。そのため、コリーとそのチームはためらうことなく店を閉じた。そして数日以内に店舗運営のモデルを変え、接触しなくて済む「カーブサイド・ピックアップ」方式を導入したのである。店舗の閉鎖が利益にどれほどの影響をもたらすかは計算のしようもなかったが、それは大事なことではなかった。大事なのは、まず正しい行動をすることだった。

同僚、上司、取締役会、会社の価値観やパーパスといった自分を取り巻く環境と自分自身のあいだにズレが生じたとき、価値観を原動力としていれば会社を去るべきタイミングも分かるようになる。自分が変えられることと変えられないことを見抜く知恵を持て、という格言がある。私がEDSフランスを去った主な理由は、利益や人に対する考え方が新しいCEOと衝突するものだったからだ。

⑤偽りのない自分になる

2020年6月11日、私はベスト・バイの代表取締役会長から降りた。あらゆる面で、前年にCEOのバトンを引き継いだときよりも大きなステップに感じられた。ベスト・バイとその従業員たちを応援し、敬い、サポートし続けてはいくものの、もはや同社の公式な役割は何も担っていない。8年の素晴らしい歳月を経て、私はオフィスを退いた。

新型コロナウイルス感染症のパンデミックのただなかであったため、電子上で別れを告げなければならなかった。「I love you!」という件名をつけて、密に連携してきた幹部や取締役会のメンバーたちへメールを送った。何より伝えたかったのは自分の気持ちだ。イギリスの作家A・A・ミルンの言葉を借りれば、さよならを言うのがこんなにつらい相手を持つことができて私は幸運だった。同じような気持ちは、ベスト・バイの全社員に向けた惜別の動画でも語った。

「さようなら《オルヴォワール》、私の友人たち。いつまでもみなさんのことを思っています」

私はそう締めくくった。

こんなふうに自分の心や魂をさらけ出すことは、数年前だったら考えられなかっただろう。人生で最も長い旅は頭と心のあいだの18インチだと教えられてきた。それは本当に長く、苦しい道のりだ。私の世代のリーダーの多くと同じように、私も長らくビジネスにおいて感情は伝えるべきでないと信じてきた。この考えについては認識を改めていかねばならない部分がたくさんあったため、「偽りのない自分になる」ことは私にとって5つの「あり方」のなかで群を抜いて難しいものだった。このあり方を自分のものにするまでには人生の大半を費やした。自分自身になること。本当の自分になること。まるごとの自分でいること。最高の自分でいること。弱さをさらけ出すこと。偽りのない自分でいること。新世代のリーダーたちは、こうした点をより直感的かつ自然に理解しているようだ。

　誰もが「ワークライフバランス」という考え方については聞いたことがあるだろう。家族、友人、余暇、そして仕事のバランスを取るのは重要なことだが、この言葉だと人生は仕事の外側にあるもののように感じられる。「ワーク」は「ライフ」とは別のもので、真の人生ではないと言っているかのようだ。

　こうした考えは、新型コロナウイルス感染症のパンデミックによって実に多くの人が在宅ワークに移行したことで消え去った。子どもやイヌやネコなども含め、自分の生活のすべてをさらしながら仕事をすることになったのだ。かつてなく人間らしさが鮮明になっている。それは快適で心地よいことばかりではない。しかし私たちはみな、人間らしい新たな観点から互いを見て、自分を見せざるを得なかった。

　従業員がリーダーに求めているのは人間らしくあることだ。そして、自分たちがありのままに受け止められ、敬意が払われ、耳を傾けてもらい、理解され、一員とみなされることを期待している。それはつまり、リーダーは心を開き、知らないことがあれば知らないと認め、弱さをさらけ出す必要があるということだ。

　ブレネー・ブラウンは、弱さを認めることが社会的なつながりの核心《ハート》だと指摘している。そしてその社会的なつながりこそがビジネスの核心《ハート・オブ・ビジネス》なのだ。

　そのつながりは、私たち一人ひとりから始まる。

あなたへの質問

15

どのようなリーダーでありたいか意識しているだろうか。

あなたのパーパスをどんなふうに表現できるだろうか。

周囲の人々が生き生きと活躍できる環境を作るために、あなたは何をおこなっているだろう。

あなたは誰に仕えているだろう。

あなたを形作っているのはどのような価値観だろうか。

偽りがなく、近づきやすく、弱さをさらけ出す自分でいるために、あなたは最善を尽くしているだろうか。

最後に　行動への呼びかけ

読者へ

これからどこへ向かおう？

パーパスと人をハート・オブ・ビジネスに据えるために、私たち一人ひとりは何ができるだろう？

真にヒューマン・マジックを解き放ち、信じられないような成果を生むために、私たち一人ひとりは何ができるだろう？

本書で提示したような、パーパスフルな人間らしいリーダーシップの原則を中核に据えながらビジネスや資本主義を再構築するムーブメントを拡大していくために、私たち一人ひとりは何ができるだろう?

これらは重要かつ喫緊の課題だ。私たちはすべてのステークホルダーのために、そしてこの地球に生きるすべての人のために行動しなければならない。

そのためには何が必要だろう?

パーパスやステークホルダー資本主義という考え方が、アメリカや世界におけるビジネスで広がりつつあるのは良い兆候だ。私の印象では、多くのリーダーが少なくとも大まかにはこのアプローチを信じている。しかし私自身の経験から言えば、頭で理解することと実際に行動することのあいだにはギャップがある。考えや言葉を現実のものにするためには、まだまだやるべきことが多く残っている。

私が呼びかけているビジネスや資本主義の再構築を実現するには、私たち一人ひとりが、そしてそれぞれのステークホルダーが変わっていく必要がある。

行動を変える方法は、行動を変えることだ。だからぜひ、「自分には何ができるか」と考えながらこの本を閉じてほしい。

誰もがそれぞれ担うべき役割を持っている。

リーダーへ

世界を変えたいと願っていた男の話は、私のお気に入りだ。彼はまず、一番貧しい人々を救うためにカルカッタへと移り住んだ。しかし彼は満足できなかった。そのためニューヨークに移り、そこの貧しい人々を救おうと考えた。しかしそこでも満足できなかった。ならば「自分の家族の世話をして、できる限り妻や子どもたちの力になるべきかもしれない」、彼はそう思った。しかしそれも、あまり満足できなかった。長い内省を経て、彼は自分を磨くべきなのではないかという答えにたどり着いた。そこで彼は自分を変えた。そうしてついに、世界が変わったのだった。

第15章で記したようなパーパスフル・リーダーになるためには、誰もが自分自身から始めなければならない。自分を突き動かすものを言葉にし、それとつながり続けるためには、自分を見つめ、己を振り返る必要がある。自分自身と深くつながっていなければ、偽りのない自分になることも、他者と真につながることもできない。[1] そして周りの人が成功をおさめ最高の自分になる手助けをするためには、自分自身も最高の自分を日々目指す必要がある。

だから、あなた自身から始めよう。

なりたいリーダーになろう。

あなたが見たいと思う変化に、あなた自身がなるのだ。

企業へ

農家なら誰でも、痩せた土地に植えた種は育たないと言うはずだ。まずは土壌を良くする必要がある。

同じことは企業にも当てはまる。ノーブル・パーパスの追求に向けた最初のステップは、そのパーパスを定めることだとは限らない。まずは従業員がきちんと一人の存在として扱われ、目を向けてもらい、自分はここに属していて、大切な存在なのだと感じられる肥沃な環境作りに集中するほうが適切な場合もある。そうして初めて、ノーブル・パーパスが根を張り、花を咲かせることができるのだ。

適切な時期が来たら、時間をかけてチームとともにノーブル・パーパスを築き上げていこう。ノーブル・パーパスは次の4つが重なるところにある。

①世界が必要としていること
②自分の会社にできること
③従業員たちが突き動かされるもの、情熱を注げるもの、追求しているもの
④稼ぐことができるもの

チームと力を合わせ、そのノーブル・パーパスを具体的な戦略に落とし込み、会社を意義ある形で前進させよう。これは広報に乗り出す前におこなおう。マーケティングの専門家であるロン・タイトが言うように「考え、実行し、発言する」の順であるべきだ。そして社内に伝えるときがきたら、すべての従業員がノーブル・パーパスの具体的な意味や自分がどう関わっていけるのかを理解できるように、実用的で分かりやすい言葉で表現しよう。

新しいノーブル・パーパスにうまく適応していくには、会社の大きな変革が必要になることも多いだろう。仕事のやり方を変える必要もあるかもしれない。それは戦略だけではなく、会社の人間的な部分を変えていくことでもある。誰もが花開き、ヒューマン・マジックが解き放たれる環境を作ることを意味するのだ。

業界、セクター、地域コミュニティのリーダーへ

あなたの影響は自分の会社のなかにとどまらない。あなたは自分のセクターや地域コミュニティを含めたエコシステムの一部をなしている。たとえば人種的不平等や環境問題など、あなたが影響を与えられるシステムの変革を見定め、仲間たちと取り組んでいこう。それが

あなたの仕事の一部だ。業界としての取り組み、新しい規範作り、基準の改善といった共同行動をおこなうと、不要な競争がなくなり、必要な変化が加速していく。

取締役会へ

あなたはどれくらい次の原則に沿った形で責任を果たしているか自問してみよう。

- 会社がリーダーを選び、評価し、報酬を与え、育成し、昇進させる方法は、パーパスフルで人間らしいリーダーシップの原則をどの程度反映しているだろう？
- 会社の戦略は、すべてのステークホルダーとの関係においてどれくらい有意義な形でノーブル・パーパスとつながっているだろう？
- 会社の目標設定やパフォーマンス管理の方法は、どの程度パーパスフルで人間らしいリーダーシップの原則を反映しているだろう？
- 取締役会は企業文化の形成をどれくらいサポートしているだろう？　誰もが自分の居場所だと感じられ、会社の顧客や地域コミュニティの多様性を反映した環境を作る責任を、どれくらい経営陣に課しているだろう？

● 会社の規則、リスクマネジメント、コンプライアンスのプログラムは、どの程度パーパスやパーパスフルで人間らしいリーダーシップの原則に沿っているだろう?

投資家、アナリスト、規制当局、格付け機関へ

評価や投資判断をよりパーパスフルで人間らしいリーダシップの原則に沿ったものにするために、何ができるかを自問しよう。

企業がすべてのステークホルダーにどれほど配慮しているかを評価するための、新しい基準や規範やツールの開発に向けた取り組みが進んでいる。たとえば世界経済フォーラムやサステナビリティ会計基準審議会は、企業のパフォーマンス評価に「持続可能性」の指標を組み込む取り組みを続けている。

とはいえ、さらなる取り組みが必要だ。たとえば議決権行使助言会社は、役員報酬の多寡を評価するにあたりいまだに株主へのリターンのみを指標としている。会計基準にも、業績を評価するにあたって外部性［経済活動に伴う外部への影響］はまだ組み込まれていない。

ビジネス教育機関へ

数々の優れた機関が、明日のリーダーたちの教育にパーパスや人間らしい側面を取り入れるようになってきている。そうした機関は、マーケティングの4つのPの説明や投資のNPV（正味現在価値）の計算が誰よりもうまくできる人が最高のリーダーというわけではないことを知っている。

しかし、やるべきことはまだまだある。どうすればビジネスを学ぶ人々の旅をうまく手助けし、スーパーヒーローではなく、より良い、よりパーパスフルで、より想いと行動の一致した、より人間らしいリーダーへと育てていけるだろう？　どうすれば戦略をノーブル・パーパスと結びつけ、従業員たちが士気を高めて力を発揮できる環境を作り、すべてのステークホルダーに対する責任に取り組む方法を教えられるだろう？

読者のみなさんへ。このムーブメントの前進は一人ひとりにかかっている。

ベスト・バイを離れて人生の新しい章を始めた私は、このムーブメントの重要性を主張し、エネルギーを注いでいきたいと強く思っている。それが本書を執筆した動機だ。そして3年前、母校であるフランスのＨＥＣ経営大学院でパーパスフル・リーダーシップの講座を開設し、教授陣と協力してこのムーブメントを推進しようと決めた理由でもある。ハーバード・ビジネススクールの上級講師を引き受けたのもそのためだ。そこでは次世代のリーダーを育てる素晴らしい同僚たちのサポートができて嬉しく思っている。妻であり、並外れたエグゼクティブ・リーダーシップ・コーチであり、著名な作家でもあるオルタンス・ル・ジョンティと共に、私はぜひともリーダーたちをサポートしたいとも思っている。最高の自分になり、パーパスと人間らしさを持って人々をリードし、世界にポジティブな変化をもたらしたいと願うリーダーたちだ。

あなたはどんな貢献がしたいだろう？

私たちは力を合わせて、パーパスと人をハート・オブ・ビジネスにすることができる。

２０２０年11月　ユベール・ジョリー

謝辞

ユベール・ジョリーより

この本が生まれるにあたって大きな役割を果たしてくれた数多くの人に心から感謝している。次の人たちには特に感謝を伝えたい。

- ここ数十年で出会い、私のインスピレーションの源となった数多くの方々。ジャン＝マリー・デスカーペントリーズやイヴェス・ルサージュなど、マッキンゼー時代のクライアントたちからは、リーダーシップの基本原則を教わった。サミュエル神父は、いつも私の精神的なガイドであり、もう30年以上にわたって私にインスピレーションや知恵を与えてくれている。マリリン・カールソン・ネルソンは、愛を持って人を率いることがいかにして可能であるかを私に示してくれた。ラス・フラダンは、マッキンゼー時代の私のパートナーで、のちにベスト・バイの筆頭独立社外取締役として、長いあいだ惜しみなく知恵を分け与えてくれた。マーシャル・ゴールドスミスは、私の人生全般や、フィードバックに対してオープンになる能力、特に指摘を受けて改善していく力にとてつもなく大きな影響を与えてくれた。その後エリック・プライナーには、より成果をあげるチームリーダーシップを学んでいく手助けをしてもらった。スペンサースチュアートのジム・シトリンは、私がベスト・バイのCEOとしての職を得るきっかけを与えてくれただけでなく、常にリーダーシップと成長に関する知識や知恵を提供し続けてくれている。ラルフ・ローレンは私のロールモデルであり、よりよい暮らしという夢を中心にしたビジネスの構築が可能であることを示してくれている。ビル・ジョージは、10年以上にわたって私のメンター、思索のパートナー、そしてロールモデルであり続けている。また、彼は本書執筆のさまざまな過程で貴重なフィードバックを提供してくれたうえ、序文も執筆してくれた。より広い範囲で言えば、多くの偉大なCEOのみならず、これまでに出会ってきたビジネスや非営利組織のリーダーたちも、パーパスや人間らしさをもってリードしていく方法について素晴らしいヒントを与えてくれた。その多くの方々が、この本に温かい推薦の言葉を寄せてくれた。

- ベスト・バイの全チーム。創業者のディック・シュルツ。カールソンの取締役のメンバーとして知り合い、長らくベスト・バイのCEOを務めてきたブラッド・アンダーソン。彼らをはじめ、私はベスト・バイの友人や仲間たちから、実にたくさんのことを学んできた。本書で名前を挙げたすべての幹部やリーダーたちにも感謝する。特に私の素晴らしい後継者であるコリー・バリーは、現在世界で最も優れたCEOのひとりだと言えるだろう。一緒に仕事をする機会のあったすべてのブルー・シャツたちにも感謝している（みんなからは本当に多くのことを教えてもらった！）。最後になったが、会社の取締役の面々、特に私がCEOとして参加した際に非常勤会長を務めていた我が友人ハティム・ティヤブジにも同じく感謝している。

- ジョリー・ファミリーが「パーパスフル・リーダーシップ」についての寄付講座を持っているパリのHEC経営大学院のチーム。ピーター・トッド、デュラン教授、パーパスフル・リーダーシップというアイデアを信じ、ビジネス教育を新たな形へと作り直していく協力をしてくれてありがとう。
- ハーバード・ビジネススクールで同僚になった仲間たち。私を教授として迎え入れ、次の世代の人々が優れたリーダーとなり、世界が直面している課題に取り組んでいくための力となる機会を与えてくれて感謝する。
- 執筆協力者のキャロライン・ランバート。素晴らしい仕事相手であり、すべては彼女のおかげだ。本を書くこと自体はそこまで大変ではないかもしれないが、良い本を書くことは非常に難しい。この本が良いものであるとしたら、そのほとんどはキャロラインの功績である。

●私のエージェントであるレイフ・サガリン。「本のストーリー展開」に磨きをかけるよう私たちを絶えずかり立て、「語るな、見せろ」といつも励ましてくれ、最終的にハーバード・ビジネス・レビュー・プレスの素晴らしいチームを紹介してくれた。

●ハーバード・ビジネス・レビュー・プレスのチーム。特に最高の編集者であるスコット・ベリナートは、このプロジェクトを通して仕事ができ、キャロラインも私もありがたく思っている。彼の導きとサポートは貴重なものだった。スコット、あなたとの作業セッションは、どれも大切なものだった。

●素晴らしいアシスタントのシェリー・プランケット、マルシア・サンドバーグ、そしてユサドラ・クラリン。このプロジェクト以前も、期間中も、その後も、思いやりをもって効率的にサポートしてくれた。

それから、勤勉であることと良識を持つことの大切さを教えてくれた両親、愛とアイデアと励ましを与えてくれた子どもたち、そして奇跡のようなサポートと協力を提供してくれた妻のオルタンスには何より感謝している。

キャロライン・ランバートより

本書の制作過程は喜びとインスピレーションを得られるものだった。ユベール・ジョリー、あなたの本の冒険に私を誘ってくれてありがとう！　それに、なんという冒険だったことだろう！　私たちは何度かの引越し、人生の大きな変化、世界的パンデミック、幾度ものWi-Fiの故障、数え切れないほどのZoom会議などを乗り越えることができた。あなたのアイデアやストーリーを私に託してくれたこと、私の質問や要望に対して親切に答えてくれたこと、そして私が何年も前に逃げ出したような会社の世界とはまったく違った刺激的なビジネスのビジョンを提供してくれたことに感謝する。それから、あなたの忍耐力、優しさ、寛大さ、そしてポジティブさにも感謝している。これ以上の制作パートナーはいない。

並外れた編集者のスコット・ベリナートが最初の段階からいてくれたことも、私たちにとって大きな幸運だった。どのページも、彼のフィードバックと的確な編集によって大きな恩恵を受けている。彼のユーモアと励ましは、ミーティングに喜びをもたらしてくれた。ハーバード・ビジネス・レビュー・プレスのチームも、この本をパソコンのスクリーンから本棚へと届ける手助けをしてくれたことに感謝する。

ピア・レビューをしてくれた何人かの人たちも、原稿を読み貴重なフィードバックをしてくれてありがとう！

ユベールのエージェントを務めるレイフ・サガリンは、私たちが企画書を練る手助けをし、出版元としてハーバード・ビジネス・レビュー・プレスを見つけてくれた。

シェリー・プランケット、マルシア・サンドバーグ、そしてユサドラ・クラリンは、毎月のミーティングの準備や手配をしてくれた。ありがたいことに、マット・ファーマンと彼のチームはベスト・バイの資料を提供してくれた。心から感謝する。

オルタンス・ル・ジョンティには大きな感謝を抱いている。彼女抜きには、このすべてが実現しなかった。ありがとうオルタンス、あなたはいつも友情とサポートを与えてくれた。

最後に、夜遅くまで原稿の執筆や修正に取り組む私を愛し、サポートし、理解してくれた夫のデイヴィッドと、娘のゾエに何よりも深い感謝と愛を。私の世界はあなたたちと共に始まり、あなたたちと共に終わる。

解説

矢野陽一朗

グラムコ株式会社 取締役社長

「ついに出た。これは経営者自らがパーパスの重要性について語った最初の本だ」

本書の原書が出版された際に、とても興奮したことを覚えている。私はブランディングファームのグラムコ株式会社で企業のアイデンティティやコミュニケーションに関する課題解決を支援している。グラムコでは2016年ごろからパーパスを起点とした理念体系の構築や社内外への発信を行い、クライアント企業の方々とともにパーパスの探求・実践に取り組んできた。

近年、パーパスへの関心が高まり、新聞やメディアで取り上げられる機会が多くなっている。関連書籍も多く出ている。それと同時に、日本企業でもパーパスの考え方を取り入れ、実践しようとする、いわゆる「パーパス経営」に取り組む事例が増えてきた。しかし、本業とは直接関係のないCSR活動の延長線上にあるようなものや、一過性のマーケティング・キャンペーンのような扱いになっている例が散見される。言葉を選ばず言えば、凡庸なステートメントを作り、パーパスと称しているだけの会社もある。「パーパスという言葉の濫用が進み、その本質が理解されないまま、バズワード化し、やがては忘れ去られてしまうのではないか」——私は、そんな危機感を抱いていた。
そんな中、2020年6月にマッキンゼーのウェブ媒体「McKinsey Quarterly」に、「パーパスと人間性で導く：ユベール・ジョリーとの会話」[1]というインタビュー記事が掲載された。彼はフランス出身の元経営者で、現在はハーバード・ビジネススクールで教鞭をとっている。日本ではまだよく知られていないが、米国では経営不振に陥った家電量販店のベスト・バイを救った経営者として有名だ。企業再生を得意とする経営のプロが、「パーパスと人間性で導く」というのはどういうことだろうか。私は強い関心を持って読み進めた。そして目に留まったのは次の一節だった。

はじめに、何があなたを動かしているのかを知ることです。リーダーとしてのあなたのパーパス、あなたの周りの人々のパーパス、そしてこれら全てがどのように自社のパーパスと結びついているのかを明確にすべきです。

パーパスとは、日本語では「存在意義」と訳される。英語での意味合いは「なぜそれをやるのか？」という問いに対する「答え」である。つまり、その行為（仕事）にはどんな意義があるのかを端的に説明したもの、ということになる。1970年代に米国で最も影響力のある政治活動家と呼ばれたジョン・W・ガードナーは「人間は、生まれながらにして意義を追い求めるものである」[2]と言っている。意義はモチベーションの源泉なのだ。その意義、すなわちパーパスについてリーダー自身が深く考え、個人や組織の追求するパーパスと関連付けて、導いていくという考え方に、私は強く共感した。まさにこれが、経営者がパーパスを必要とする理由なのだ。

それから約1年後の2021年5月に、本書の原書*The Heart of Business: Leadership Principles for the Next Era of Capitalism*がハーバード・ビジネス・レビュー・プレスから出版された。さきほどのインタビュー記事で訴えていたメッセージをさらに精緻化させ、著者自身のキャリアを振り返りながら、なぜそのような思想に至ったかが克明に描かれている。冒頭に書いた通り、私としては「ついに出たか」という感慨とともに、本書を手に取った。そしてすぐに旧知の英治出版に連絡して、邦訳の出版をお願いしたのである。

もちろん、本書はベスト・バイの再生物語としても非常に面白い。詳しい経緯は本書に譲るが、彼が2012年にCEOに就任した当時、同社の株価は10ドルそこそこで倒産は時間の問題と見られていた。そこからわずか5年の間に業績は急激に回復し、2017年12月の株価は50ドルを突破したのだ。これだけでも驚くべき成果だが、彼はそれまで小売業を経営した経験がなかったのである。業績改善の常套手段とも言える店舗削減や人員整理をできるだけ行わず、企業文化を変え、顧客ニーズに寄り添うことで変革を成し遂げたのは、まさに「魔法」と言えるだろう。

リーダーシップ論としての本書の位置づけ

彼はどのようにベスト・バイを再生させたのだろうか。興味津々に読み始めた読者は、私たちがよく知る「V字回復を成し遂げたカリスマ経営者」からは、およそかけ離れたキャラクターの持ち主であることに、すぐに気づかれたことだろう。「人を率いるためには自分の弱さを受けとめ、失敗から学び、周りと比べたベストではなく自分のなかのベストを目指す」——彼は自分の至らなさを十分に認識しながら、ときには自分の弱さもさらけ出しながら、真摯に社員と向き合ったのだった。

実はこれが、いま最も注目されている「オーセンティック・リーダーシップ」の神髄なのだ。「オーセンティック・リーダーシップ」は、日本語では「自分らしいリーダーシップ」とも訳される。その起源は、リーダーシップ論の世界的権威と言われるウォレン・ベニスだ。彼が1989年に出版した『リーダーになる』(*On Becoming A Leader*)には、次のような一節がある。

自分で自分をつくりあげることの必要性は、いくら強調してもしきれない。本来の自分であること(authentic)は、文字通り自分の「作者(author)」になることだ。(この二つの言葉はどちらも同じギリシャ語に由来する)。それは、自分が生まれながらに持っているエネルギーや願望を発見し、それに沿って行動するための自分らしい方法を見つけ出すことでもある。(中略)リーダーになるためには、自分自身にならなければならない。人生のつくり手にならなければならない。[3]

本書を読み進めながら著者ユベール・ジョリーのキャリアを辿ってみると、まさに彼自身がリーダーになるために、自分で自分を探し続けていることに気づく。アルバイトで苦い経験を味わったティーンエイジャー時代。名門大学を卒業し、マッキンゼーのコンサルタントとして自信満々に活躍していた青年時代。クライアントの一言によって自分の価値観が揺らいだ瞬間。ビベンディ・グループでエグゼクティブの階段を上りながら、次第に自分を見失っていった壮年時代。やがてカールソン・ワゴンリー・トラベルの再建に奔走するうちに、自分の思い描いてきた理想とはかけ離れていることに気づく。彼はこうした経験を経て自分自身をつくりあげ、独自のリーダーシップを身につけていったのである。

本書の序文を、元メドトロニックＣＥＯのビル・ジョージが書いていることにも触れておきたい。彼はウォレン・ベニスの後継者とも言われ、自身の経験を生かしてリーダーシップに関する優れた著作を多く残している。特に２０１５年に出版された『True North リーダーたちの羅針盤』では、人生の試練を通じて自分自身を見つめ、トゥルー・ノース（True North／人生の基軸）を見つけることで、人生の意味やリーダーシップに必要なものを見出すことの重要性を説いている。

> 自己認識ができると、自分自身への思いやりが生まれ、人生の難問に立ち向かえるようになります。自分への思いやりがあるからこそ、周りの人たちと彼らが直面している困難を心から思いやれるのです。だから、彼らの経験に寄り添うには、無条件に自分自身を愛さねばなりません。[4]

著者がこの考え方に大きな影響を受けていることは明らかだ。さらに、資本主義のあり方や地球環境問題や社会問題に対する企業の関わりについて新しい考え方を提示した本書は、オーセンティック・リーダーシップの系譜に連なる重要な一冊に位置づけることができるだろう。

パーパスの歴史的背景と現状

さて、著者がリーダーシップを発揮するにあたって拠り所としたのが、パーパスである。本書の中で著者は「ノーブル・パーパス」と表現しているが、本質的には同じものである。しかしパーパスという言葉はさまざまな使われ方をするので、企業やブランドが掲げるスローガンのようなものと思われている方も多いと思う。私の経験も踏まえつつ、パーパスについて少し丁寧に解説していこう。

日本では、古くから「家訓」や「社是」という形で創業者の理念を後世に伝え、従業員の戒めとする習わしがあった。その多くは質素倹約や勤勉さを説いたものであったが、近江商人の「三方よし」に見られるような利他的な価値観も含まれていた。さらに明治時代に経営者に対して道徳の必要性を訴えた澁澤榮一の影響は大きく、「世のため人のため」にビジネスを行う日本的な価値観が形成されていった。

時代が下り、1929年に制定された松下電器の「綱領」には、現代のパーパスにも通じる普遍的な理念が表現されている。

綱領
産業人たるの本分に徹し社会生活の改善と向上を図り
世界文化の進展に寄与せんことを期す[5]

こうした理念を掲げる日本企業は、戦後さらに増えた。例えばオムロン創業者の立石一真氏は、1953年に「社憲」を制定している。これも、パーパスと呼んで差し支えない内容である。

Our Mission（社憲）
われわれの働きで　われわれの生活を向上し　よりよい社会をつくりましょう[6]

さらに時代が下ると、ミッション・ビジョン・バリュー（MVV）というフレームワークで理念体系を明文化する企業が増えた。これは経営学者ピーター・ドラッカーの影響によるものだ。彼は1990年に書いた『非営利組織の経営』（ダイヤモンド社）において、「リーダーが初めに行うべきは、自らの組織のミッションを考え抜き、定義することである」と喝破したのである。のちの著作『ネクスト・ソサエティ』（ダイヤモンド社）では、トップマネジメントの最大の仕事とは「企業とその他の組織の最大の課題は、社会的な正統性の確立である。すなわち、価値、使命、ビジョンの確立である」と言っている。

この考え方は日本の経営者に広く浸透し、多くの企業がこのMVVを使って理念体系を整備していった。しかし残念ながら、単に響きが良いだけの没個性的な理念を掲げた企業が増えてしまったことも事実である。この状況は、欧米でも同じようなものであった。例えば、2000年代初頭にエネルギー取引とITビジネスで巨大企業に成長したエンロンは、「尊敬、誠実、情報開示、卓越性（Respect, Integrity, Communication and Excellence）」という理念を謳っていた[7]。同社が巨額の不正取引によって粉飾決算を行い、ついには経営破綻に至ったことを思えば、いかにこの理念が意味のないものだったかが分かる。

本書の中でも繰り返し書かれているが、従来のビジネスは「株主価値の最大化」を唯一かつ最大の目的とする価値観に縛られてきた。これは1970年にミルトン・フリードマンが『ニューヨーク・タイムズ』紙に寄稿した記事の中で、「ビジネスの社会的責任は一つしかない。それは利潤を増やすことである」[8]と主張したことが発端となっている。この考え方は1980年以降支配的なものとなり、米国政府は規制緩和などで企業の競争を促し、米国企業は効率重視の経営を行うようになった。経営者は1株当たりの利益を重視し、四半期ごとの決算報告によって短期的な成果を追求するようになったのである。

しかし21世紀に入り、経済活動が地球環境に与える負荷、とりわけ温暖化ガスの排出、プラスチックによる海洋汚染、深刻な環境汚染と水不足、森林伐採などが人類の存続を脅かすほど深刻であることがコンセンサスとなった。また2008年のリーマンショックを機に、不適切なガバナンスや短期的な利益の追求など、資本主義のあり方を見直す動きが出てきた。さらに人種や性別、性的指向による差別が社会問題化し、より包摂的で寛容な社会が求められるようになった。

こうした価値観の変化が、パーパスを表明することで環境問題や社会問題に対して前向きに取り組んでいく姿勢を示す企業を生んだのである。

パーパスという言葉がビジネスの場面で頻繁に使われるようになったのは、２０１０年ごろからである。２００９年にユニリーバのＣＥＯに就任したポール・ポールマンは、それまで停滞していた同社のビジネスを飛躍的に成長させるにあたり、２０１０年に「ユニリーバ・サステナブル・リビング・プラン（USLP: Unilever Sustainable Living Plan）」を発表するとともに、同社のパーパスを策定した。それ以前に同社が掲げていたミッションステートメントと比較してみよう。

２０１０年以前

ユニリーバのミッションは生活に活力を与えることです。私たちは栄養、衛生、パーソナルケアにおいて、さまざまなブランドを通じて、人々が心地よく、よい見た目で、人生をよりよく過ごせるよう、日々のニーズに応えます。[9]

（Unilever's mission is to add Vitality to life. We meet everyday needs for nutrition, hygiene and personal care with brands that help people feel good, look good and get more out of life.）

２０１０年以降

私たちのパーパス

ユニリーバのパーパスは持続可能な暮らしをあたりまえにすることです。
私たちは、これが長期的に持続可能な成長を実現するための最良の方法だと信じています。[10]
(Our Purpose
Unilever's purpose is to make sustainable living commonplace.
We believe this is the best way to deliver long-term sustainable growth.)

ユニリーバの例では、これまでのミッションが同社の事業や顧客へのベネフィットに焦点を当てて書かれているのに対し、パーパスが地球環境を意識した広がりのある表現になっていることに注目いただきたい。

以来、同社はビジネス戦略の中心にパーパスを据えて、長期的な視点でビジネスを再構築してきた。[11]サステナビリティが消費者のブランド選好で重視されるなか、「ダヴ」や「ライフブーイ」といった製品ブランドは他社よりも成長が7割近く早かったと言われる。またサステナブルな企業経営はミレニアル世代以降の優秀な人材を惹きつけ、良い組織や優れたイノベーションを生んだ。また、製造方法の見直しにより、10億ユーロものコスト削減に成功した。さらに、電力を再生可能エネルギーに切り替えたり、パッケージをプラスチックから再生プラスチックに切り替えたりすることで、調達リスクの軽減にもつながっている。このように、企業活動のすべてにおいてパーパスを追求することで、大きな成果を挙げることができた。2019年にアラン・ジョープ氏がCEOを引き継いだ後も、この姿勢は変わることなく、企業活動はさらに広がりを見せている。

こうした流れを受けて、日本でもパーパスを導入する企業が出てきた。例えばソニーは２０１９年にミッション・ビジョンによる理念体系を廃し、パーパスに一本化している。

２０１９年以前
ミッション
ユーザーの皆様に感動をもたらし、人々の好奇心を刺激する会社であり続ける
ビジョン
テクノロジー・コンテンツ・サービスへの飽くなき挑戦で、ソニーだからできる、新たな『感動』の開拓者となる[12]

２０１９年以降
Purpose／存在意義
クリエイティビティとテクノロジーの力で、世界を感動で満たす。[13]

この意図について、ソニーCSR担当常務（当時）の神戸司郎氏は「グループ全体で約12万人の社員がいて、事業や人材がかなり多様になったのです。そこで、全社員にとって分かりやすく、同じゴールに向かうための言葉を改めて考えていました」と語っている。[14] ソニーの理念といえば、

私は設立趣意書に書かれている「愉快なる理想工場の建設」を真っ先に思い浮かべる。新しいパーパスは設立趣意書の精神を継承しつつ、グローバル企業に成長したソニーの現在と将来の姿を見据えたものだ。そのシンプルな表現には、ソニーらしい美的センスも感じられる。

さて、パーパスが注目されているのは、企業経営の視点からだけではない。組織に属する個人のモチベーションを高めるために、内的な動機付けが注目されていることも、大きく関係している。米国の著述家ダニエル・ピンクは２００９年のTED Globalで行った講演「やる気に関する驚きの科学」（*The puzzle of motivation*）で、20世紀的な「アメとムチ」による外的な動機付けでは、個人のパフォーマンスを高めることができないことを示した。重要なのは個人の目的意識を高め、自主性を発揮できるようにし、成長を促すという、内的な動機付けである。

また、イギリス出身の作家サイモン・シネックは２００９年のTED Talksで行った講演「なぜから始めよう——優れたリーダーはいかに行動を奮い起こさせるか」（How great leaders inspire action）で、なぜその事業をやるのかという目的、すなわちパーパスを示すことが、人々を惹きつけ、優れた成果を生むために必要だと説いた。この動画が５７００万回以上も再生されていることからも、その影響力の大きさが分かる。

自分が今していることを、している理由（ＷＨＹ）。これを明言できる人や企業は少ない。ここで留意してほしいのは、このＷＨＹには「お金を稼ぐため」という理由は含まれない。それは結果に過ぎない。私がＷＨＹと問うとき、それは、あなたの目的はなんですか、大義や理念はなんですかと尋ねているのだ。なぜ、あなたの会社は存在しているのか？　なぜ、あなたは毎朝ベッドから這いだし、出勤するのか[15]？

ここでいうＷＨＹの問いに対する答えがパーパスである。売り上げや利益など、財務的な成果はあくまでも結果である。社員が心から共感できるようなパーパスを示し、自主性を発揮させることがモチベーションを高め、優れた成果につながるという考え方が、徐々に広まってきたのである。

ところで、パーパスという言葉はマーケティング・キャンペーンの世界でも頻繁に使われている。代表的な事例として、２０１８年9月にナイキが米国で展開した「Dream Crazy」を紹介しよう。これは同社の有名なスローガン「Just Do It」の30周年を記念した広告キャンペーンだが、主役に選ばれたのは元ＮＦＬ選手のコリン・キャパニックだった。彼はサンフランシスコ・49ersに所属していたが、警官による黒人射殺事件や人種差別に対して抗議するため、試合前の米国国歌斉唱の際に片膝をつく姿勢をとった。最初は誰も異議を唱える者はいなかったが、「国歌を侮辱した」とトランプ大統領が怒った。そのため、ＮＦＬもキャパニックの抗議行動に反対し、「国歌の間、膝をついた姿勢は禁止する」と宣告した。それでもキャパニックは抗議を続けたため、結局はチームを解雇されてしまったのである。

ナイキはまず、自社ビルの上の巨大なビルボードに、キャパニックがじっと前方を見つめているモノクロの広告を掲出した。ビルボード一杯のキャパニックの顔の上には、「何かを信じたら、ただやるのみ。たとえそれが、すべてを犠牲にするとしても」と書かれていた。

ビルボードと同時に、ナイキはYouTubeに「Dream Crazy」という2分のビデオを流した。その内容は、身体障がい、人種差別、性差別などの困難に打ち克ってスポーツに取り組むさまざまな人々を鼓舞し、賞賛するものだった。

このキャンペーンは開始直後に大炎上した。主にトランプ大統領を支持する白人男性層が、ナイキは愛国心に欠けるとして、同社の靴を焼き払う映像を次々とソーシャルメディアに投稿したのである。同社の株価は下落し、キャンペーンの失敗が予想された。しかし、その後は若者やマイノリティを中心にナイキを支持する動きが広がり、売り上げも伸長した。結果として売り上げ高は対前年比で17パーセント向上し、株価も史上最高値を更新した。その後、このキャンペーンは世界三大広告賞のひとつであるカンヌライオンズの2部門でグランプリを獲得している。結果的には、大成功に終わったのである。

では、なぜナイキはこのようなキャンペーンを展開したのだろうか?

それは、同社のパーパスを読むと理解できる。

ナイキの使命は、世界中のすべてのアスリート[16]にインスピレーションと革新をもたらすことです。

私たちのパーパスは、スポーツの力を通じて世界を前進させることです。[17]

ナイキは単なるスポーツ用品メーカーではない。スポーツの力を通じて世界を前進させることが、同社のパーパスである。だからこそ、政治的に難しい問題に対して、敢えて自社のスタンスを明確に表明し、社会をより良くするためのメッセージを打ち出したのだ。

このように、パーパスに立脚したブランドメッセージを打ち出し、ステークホルダーからの共感を得て、ブランドの価値を高める取り組みが急速に増えている。もちろん、こうしたセンシティブなトピックに関するコミュニケーションには、炎上リスクが伴う。しかし、一方でこうした社会課題に対してスタンスを表明しないでいると、社会的な責任を果たしていないとみなされるリスクもある。いずれにしても、まずは拠り所となるパーパスを掲げることが、非常に重要な時代になってきたと言えるだろう。

日本の社会や企業への示唆

さて、日本の読者は本書をどのように読み解いたらよいだろうか。

私が指摘したいのは、日本は職場への帰属意識や仕事への熱意を反映する従業員エンゲージメントが極端に低いということだ。米国のギャラップ社が実施した最新の世界調査「State of the Global Workplace 2022 Report」によると、日本には「熱意ある社員」が5%しかいない[18]。これは世界的に見て最も低い水準である（先進国では米国が35%でトップ、同じ東アジアでも中国が18%、韓国が12%）。著者が本書で指摘している通り、従業員のエンゲージメントや満足度の高さは、収益や株価へ直接的に影響する。つまり、日本企業の収益性や株価が低い水準に留まっている要因の一つが、従業員エンゲージメントの低さにあるのではないかということだ。
前述したように、日本には社会に貢献することを理念に掲げる企業が多い。しかし、それが従業員の一人ひとりに浸透し、日々の仕事の「やりがい」につながっている企業がどれだけあるだろうか。本書の第8章には「ヒューマン・マジックを解き放つ」という表現で、著者の考えが明確に示されている。

従業員たちは「人材」ではなく、共通のパーパスを追って協働する個人として扱われなければならない。従業員はそれぞれのモチベーションや目的意識を持った個人であり、お金だけに動かされる人的資本ではない。今こそ、集団的な労働力を動かす方法ではなく、一人ひとりが大切にしているものとの結びつきを生むことによって意欲を高める方法を追求するときだ。ヒューマン・マジックを解き放つとは、一人ひとりが生き生きと働ける環境作りを意味する。自分にとって大切なことや自分が信じるものに取り組んでいるときにこそ、人は障害を乗り越え、エネルギーや創造性や感情を仕事に注ぎ込むのだ。

もしあなたが組織を束ねるリーダーの一人だとしたら、「ヒューマン・マジックを解き放つ」ために何ができるか、考えてみていただきたい。たとえば、著者はベスト・バイの従業員たちに「何があなたを突き動かしている?」と質問することから始めた。そうすることで、仕事を通じて人生の意義を見いだすこと——自分自身のパーパスを見つけ、組織のパーパスと結びつけること

――を手助けしたのである。結局のところ、リーダーと同じように、フォロワーもまた自分自身を見つける必要がある。それが自分自身を愛することにつながり、仕事への情熱を生むのである。
もう一つ、著者が第3章を割いて説いている「完璧を求める狂気」についても触れておきたい。日本の社会には、企業やリーダーが「間違いを起こす」ことについて、無慈悲なまでに許容しない価値観が存在する。もちろん違法な行為や反社会的な行動は許されるものではないが、「安心安全」「正確無比」を求めるあまり、ささいな間違いであってもそれを許さない風潮は、決して良いものではない。リーダーが完璧さを求める姿勢は組織に悪影響を与えるし、リーダー自身にとっても大きなストレスとなる。また、実際に問題が発生した際に組織的にこれを隠ぺいしたり、虚偽の報告をしたりする文化を生む要因にもなるだろう。著者は次のように説いている。

　誰であっても、自分の弱さを受けいれ、失敗から学び、周りと比べたベストではなく自分のなかでのベストを目指すことで、最良の力を発揮して仕事をするリーダーになることができる。

失敗を許さない組織文化を改めることは、リーダー自身が完璧であろうとする気持ちを手放すことから始まる。自らは不完全であることを認め、自分へのフィードバックを受け入れることができれば、仕事への考え方や取り組み方が変わり、組織文化も変わっていくはずだ。
冒頭でご紹介した通り、本書は経営者自らがパーパスの重要性について語った最初の本である。ぜひ、多くの読者にお読みいただけたらと思う。私は特に、著者がキャリアを通じて成長していった過程に勇気づけられた。リーダーは完璧でなくても良い。リーダーは弱さを見せても良い。重要なのは、自分らしくあることだ。最善を求めて努力し続け、周りの人々としっかりコミュニケーションをとることだ。そして組織のパーパスと社員のパーパスを結びつけ、彼らがのびのびと働ける環境をつくることだ。私自身、組織をリードする立場の人間として実践していきたいと思うし、こうした学びを一人でも多くのリーダーに共感・実践していただくことで、多くの日本企業で「魔法」が起きることを願っている。

2022年も半ばを迎え、コロナ禍はようやく終息に向かいつつある。一方でロシアによるウクライナ侵攻によって資源価格が高騰し、世界の食料供給が危ぶまれている。世界的なインフレが進む中、日本経済は急激な円安の影響を受けており、企業をとりまく環境はますます厳しくなっている。しかし希望はある。この世界をより良い場所に変えていくのは、パーパスに突き動かされた人々の力なのである。本書がこの困難な時代を乗り越えるために、一人でも多くのリーダーやフォロワーの助けになることを願ってやまない。

最後に、本書の出版を決断してくださった英治出版の原田英治社長と社員の皆様、特に私のよき理解者でこの企画を支持してくださったプロデューサーの山下智也さん、そして本書を担当し丁寧にアドバイスしていただいたプロデューサーの上村悠也さんに、改めて感謝申し上げたい。ありがとうございました。

2022年6月

10 UNITED STATES, SECURITIES AND EX-CHANGE COMMISSION, FORM 20-F, UNILEVER PLC, FOR THE FISCAL YEAR ENDED DECEMBER 31, 2018, https://www.sec.gov/Archives/edgar/data/0000217410/000119312519070426/d641532d20f.htm

11 Unilever's purpose-led brands outperform, https://www.unilever.com/news/press-and-media/press-releases/2019/unilevers-purpose-led-brands-outperform/

Unilever celebrates 10 years of the Sustainable Living Plan, https://www.unilever.com/news/press-and-media/press-releases/2020/unilever-celebrates-10-years-of-the-sustainable-living-plan/

12 ソニー株式会社 2016年度 経営方針説明会 https://www.sony.com/ja/SonyInfo/News/Press/201606/16-065/

13 Sony's Purpose & Values, https://www.sony.com/ja/SonyInfo/CorporateInfo/purpose_and_values/

14 オルタナ「ソニーが新たに『パーパス』(存在意義)を掲げた理由」 https://www.alterna.co.jp/28418/2/

15 サイモン・シネック『WHYから始めよ!』栗木さつき訳, 日本経済新聞出版, 2012年

16 体があれば誰もがアスリートです。

17 NIKE, A LETTER FROM OUR PRESIDENT AND CEO, https://purpose.nike.com/ceo-letter

18 GALLAP, State of the Global Workplace, 2021 Report, https://www.gallup.com/workplace/349484/state-of-the-global-workplace.aspx

解説の注

1 Hubert Joly, "Leading with purpose and humanity: A conversation," *McKinsey Quarterly*, June 18, 2020, https://www.mckinsey.com/business-functions/strategy-and-corporate-finance/our-insights/leading-with-purpose-and-humanity-a-conversation-with-hubert-joly

2 ジョン・W・ガードナー『自己革新［新訳］』矢野陽一朗訳, 英治出版, 2012年

3 ウォレン・ベニス『リーダーになる［増補改訂版］』伊東奈美子訳, 海と月社, 2008年

4 ビル・ジョージ『True North リーダーたちの羅針盤』小川孔輔監訳, 林麻矢訳, 生産性出版, 2017年

5 パナソニックグループの経営基本方針 3. 綱領
https://holdings.panasonic/jp/corporate/about/philosophy/3.html

6 オムロン企業理念
https://www.omron.com/jp/ja/vision/

7 James S. Kunen, "Enron's Vision (and Values) Thing," *The New York Times*. Jan. 19, 2002, https://www.nytimes.com/2002/01/19/opinion/enron-s-vision-and-values-thing.html

8 Milton Friedman, "A Friedman doctrine-The Social Responsibility Of Business Is to Increase Its Profits," *The New York Times*. Sept. 13, 1970, https://www.nytimes.com/1970/09/13/archives/a-friedman-doctrine-the-social-responsibility-of-business-is-to.html

9 UNITED STATES, SECURI-TIES AND EXCHANGE COMMISSION, FORM 20-F, UNILEVER PLC, FOR THE FISCAL YEAR ENDED DECEMBER 31, 2008, https://www.sec.gov/Archives/edgar/data/0000217410/000095012309004220/u06012e20vf.htm

第13章

1. Chan Kim and Renée Mauborgne, *Blue Ocean Strategy: How to Create Uncontested Market Space and Make the Competition Irrelevant* (Boston, MA: Harvard Business School Publishing, 2004). [チャン・キム, レネ・モボルニュ『ブルー・オーシャン戦略 競争のない世界を創造する』有賀裕子訳, ランダムハウス講談社, 2005年]
2. このフレーズはジム・コリンズとジェリー・ポラスによって考案された。

第14章

1. Emma Seppälä, "What Bosses Gain by Being Vulnerable," Harvard Business Review, December 11, 2014, https://hbr.org/2014/12/what-bosses-gain-by-being-vulnerable.
2. Rodolphe Durand and Chang-Wa Huynh, "Approches du Leadership, Livret de Synthèse," HEC Paris, Society and Organizations Institute, n.d.
3. Clayton Christensen, "How Will You Measure Your Life?," Harvard Business Review, July–August 2010, https://hbr.org/2010/07/how-will-you-measure-your-life.
4. Christensen, "How Will You Measure Your Life?"

第15章

1. Clayton Christensen, "How Will You Measure Your Life?," Harvard Business Review, July–August 2010, https://hbr.org/2010/07/how-will-you-measure-your-life.
2. Marshall Goldsmith and Scott Osman, *Leadership in a Time of Crisis: The Way Forward in a Changed World* (New York, NY: Rosetta Books, 2020).

最後に

1. Hortense le Gentil, *Aligned: Connecting Your True Self with the Leader You're Meant to Be* (Vancouver, BC: Page Two, 2019), 2.

_6ab9bCA&seq=1#metadata.

4. Amazon, Jeff Bezos's letter to shareholders, April 2017, https://www.sec.gov/Archives/edgar/data/1018724/000119312517120198/d373368dex991.htm.

5. Paul Hersey and Ken Blanchard developed this model of "situational leadership." See Paul Hersey, Kenneth Blanchard, and Dewey Johnson, *Management of Organizational Behavior: Leading Human Resources*, 10th ed. (Upper Saddle River, NJ: Pearson Prentice Hall, 2012).

6. Alex Berenson, "Watch Your Back, Harry Potter; A Wizardly Computer Game, Diablo II, Is a Hot Seller," *New York Times*, August 3, 2000, https://www.nytimes.com/2000/08/03/business/watch-your-back-harry-potter-a-wizardly-comuter-game-diablo-ii-is-a-hot-seller.html.

第12章

1. George Leonard, *Mastery: The Keys to Success and Long-Term Fulfillment* (New York, NY: Penguin Publishing Group, Kindle Edition, 1992), xiii.

2. Neil Hayes, *When the Game Stands Tall, Special Movie Edition: The Story of the De La Salle Spartans and Football's Longest Winning Streak* (Berkeley, CA: North Atlantic Books, 2014).

3. 「権利というものは、実行された行動によって与えられる範囲に限られるものであり、義務というものは、その行動を自分の能力の限りを尽くして実行することだ。心が行動自体ではなく行動の結果にとらわれていると、気が散って、行動に完全な注意を払うことができなくなってしまう。強迫観念も私たちを神経質にするものであり、周りに勝たねばならないという考えも私たちから力を奪う」。From Menon Devdas, *Spirituality at Work: The Inspiring Message of the Bhagavad Gita* (Mumbai, India: Yogi Impressions Books, Kindle Edition, 2016), 103.

4. Robert Sutton and Ben Wigert, "More Harm than Good: The Truth about Performance Reviews," *Gallup*, May 6, 2019, https://www.gallup.com/workplace/249332/harm-good-truth-performance-reviews.aspx.

5. Rosamund Stone Zander and Ben Zander, *The Art of Possibility: Transforming Professional and Personal Life*(New York, NY: Penguin), chapter 3.

6 . Marcus Buckingham and Ashley Goodall, *Nine Lies about Work: A Freethinking Leader's Guide to the Real World* (Boston, MA: Harvard Business Review Press, Kindle Edition, 2019), 111.

10. Marriott International, "A Message from Arne," Twitter, March 20, 2020.

11. McKinsey & Company, "Women Matter, Time to Accelerate: Ten Years of Insights into Gender Diversity," October 2017, 13–15, https://www.mckinsey.com/~/media/McKinsey/Featured%20Insights/Women%20matter/Women%20Matter%20Ten%20years%20of%20insights%20on%20the%20importance%20of%20gender%20diversity/Women-Matter-Time-to-accelerate-Ten-years-of-insights-into-gender-diversity.ashx; and Vivian Hunt, Dennis Layton, and Sara Prince, "Why Diversity Matters," McKinsey & Company, January 2015, https://www.mckinsey.com/business-functions/organization/our-insights/why-diversity-matters.

12. McKinsey & Company, "Women Matter."

13. Jen Wieczner, "Meet the Women Who Saved Best Buy," *Fortune*, October 25, 2015, https://fortune.com/2015/10/25/best-buy-turnaround/.

14. Sally Helgesen and Marshall Goldsmith, *How Women Rise: Break the 12 Habits Holding You Back from Your Next Raise, Promotion, or Job* (New York, NY: Hachette Books, 2018).

15. Stephanie J. Creary, Mary-Hunter McDonnell, Sakshi Ghai, and Jared Scruggs, "When and Why Diversity Improves Your Board's Performance," Harvard Business Review, March 27, 2019, https://hbr.org/2019/03/when-and-why-diversity-improves-your-boards-performance.

16. Clare Garvie and Jonathan Frankle, "Facial-Recognition Software Might Have a Racial Bias Problem," *The Atlantic*, April 7, 2016, https://www.theatlantic.com/technology/archive/2016/04/the-underlying-bias-of-facial-recognition-systems /476991/.

第11章

1. Robert Rosenzweig, "Robert S. McNamara and the Evolution of Modern Management," Harvard Business Review, December 2010, https://hbr.org/2010/12/robert-s-mcnamara-and-the-evolution-of-modern-management.

2. Daniel Pink, "Drive: The Surprise Truth about What Motivates Us," RSA Animate, April 1, 2010, https://www.youtube.com/watch?v=u6XAPnuFjJc.

3. Robert Karasek, "Job Demands, Job Decision Latitude, and Mental Strain: Implications for Job Redesign," *Administrative Science Quarterly* 24, no. 2 (June 1979): 285–308, https://www.jstor.org/stable/2392498?casa_token =zErCV0xkAv8AAAAA:YpBVSvBEQ5hj7z_EYgfGGX4QUUVJO4LhV_vTcm2lTXPjOuYoQqlzLkzmzvwfd4jL5SlhKnbv6ZejaHhlY_vDHolTkpjZjiN2hQ4Dj9VRX1cYur

第9章

1. Shawn Achor, Andrew Reece, Gabriella Roser Kellerman, and Alexi Robichaux, "9 out of 10 People Are Willing to Earn Less Money to Do More-Meaningful Work," Harvard Business Review, November 6, 2018, https://hbr.org/2018/11/9-out-of-10-people-are-willing-to-earn-less-money-to-do-more-meaningful-work.
2. Bill George, *Discover Your True North: Becoming an Authentic Leader* (Hoboken, NJ: John Wiley & Sons, 2015). [ビル・ジョージ『True North リーダーたちの羅針盤』]

第10章

1. Dan Buettner, "How to Live to Be 100+," filmed September 2009 at *TEDxTC*, Minneapolis, MN, video, 19:03, https://www.ted.com/talks/dan_buettner_how_to_live_to_be_100.
2. Charles O'Reilly and Jeffrey Pfeffer, *Hidden Value: How Great Companies Achieve Extraordinary Results with Ordinary People* (Boston, MA: Harvard Business School Press, 2000).
3. Raj Sisodia, Jag Sheth, and David Wolfe, *Firms of Endearment: How World-Class Companies Profit from Passion and Purpose*, 2nd ed. (London, UK: Pearson Education, 2014), 68.
4. John Mackey and Raj Sisodia, *Conscious Capitalism: Liberating the Heroic Spirit of Business* (Boston, MA: Harvard Business Review Press, Kindle Edition, 2012), chapter 15.
5. だからこそハーバード・ビジネススクールのエイミー・エドモンドソン教授は「心理的安全性」という言葉を用いた。
6. Drake Baer, "Why Doing Awesome Work Means Making Yourself Vulnerable," FastCompany, September 17, 2012, https://www.fastcompany.com/3001319/why-doing-awesome-work-means-making-yourself-vulnerable.
7. Brené Brown, "The Power of Vulnerability," filmed June 2010 at *TEDxHouston*, TX, video, 12:04, https://www.ted.com/talks/brene_brown_the_power_of_vulnerability?language=en.
8. Mackey and Sisodia, *Conscious Capitalism*, 227.
9. Dorie Clark, "What's the Line between Authenticity and TMI?," *Forbes*, August 26, 2013, https://www.forbes.com/sites/dorieclark/2013/08/26/whats-the-line-between-authenticity-and-tmi/#12881ca720a9.

2. Kumar, "Amazon's Bezos."
3. V. Kasturi Rangan, Lisa Chase, and Sohel Karim, "The Truth about CSR," *Harvard Business Review*, January–February 2015, https://hbr.org/2015/01/the-truth-about-csr.
4. Marc Bain, "There's Reason to Be Skeptical of Fashion's New Landmark Environmental Pact," *Quartz*, August 24, 2019, https://qz.com/quartzy/1693996/g7-summit-new-fashion-coalition-unveils-sustainability-pact/.
5. Marc Benioff and Monica Langley, *Trailblazer: The Power of Business as the Greatest Platform for Change* (New York, NY: Random House, Kindle Edition, 2019), chapter 2, 26–33.
6. Jim Hemerling, Brad White, Jon Swan, Cara Castellana Kreisman, and J. B. Reed, "For Corporate Purpose to Matter, You've Got to Measure It," Boston Consulting Group, August 16, 2018, https://www.bcg.com/en-us/publications/2018/corporate-purpose-to-matter-measure-it.aspx.

第7章

1. Statista, "Small Appliances," n.d., https://www.statista.com/outlook/16020000/109/small-appliances/united-states.

2. 最終的にプレゼンテーションはハリケーン・サンディの影響で11月13日に延期されることを、私たちはまだ知らなかった。

第8章

1. Richard Schulze, *Becoming the Best: A Journey of Passion, Purpose, and Perseverance* (New York, NY: Idea Platform, 2011), 153.
2. RSA Animate, "Drive: The Surprising Truth about What Motivates Us," YouTube, filmed April 1, 2010, video, 10:47, https://www.youtube.com/watch?v=u6XAPnuFjJc&feature=share.
3. Daniel Pink, "The Puzzle of Motivation," *TEDGlobal 2009*, video, 18:36, https://www.ted.com/talks/dan_pink_the_puzzle_of_motivation/transcript?referrer=playlist-why_we_do_the_things_we_do#t-262287.

4. すでに1970年代初頭から、ロチェスター大学の心理学部で教授および学部長を務めるエドワード・デシによる研究で、業績給は「内発的動機付け」を低下させると結論づけられていた。

5. Samuel Bowles, "When Economic Incentives Backfire," Harvard Business Review, March 2009, https://hbr.org/2009/03/when-economic-incentives-backfire.

8. Leslie P. Norton, "These Are the 100 Most Sustainable Companies in America —and They're Beating the Market," *Barron's*, February 7, 2020, https://www.agilent.com/about/newsroom/articles/barrons-100-most-sustainable-companies-2020.pdf.

9. Larry Fink, "A Sense of Purpose," Larry Fink's annual letter to CEOs, 2018, https://www.blackrock.com/corporate/investor-relations/2018-larry-fink-ceo-letter. [日本語訳参照 https://www.blackrock.com/jp/individual/ja/about-us/ceo-letter-2018]

10. ビジネス・ラウンドテーブルのメンバーがCEOを務めている企業を合計すると、1000万人以上の従業員を雇用し、7兆ドル以上の年間収益を上げている。https://www.businessroundtable.org/about-us.

11. Business Roundtable, "Statement on the Purpose of a Corporation," August 19, 2019, https://s3.amazonaws.com/brt.org/BRT-StatementonthePurposeofaCorporationOctober2020.pdf.

12. Business Roundtable, "Statement on the Purpose of a Corporation."

13. Global Justice Now, "69 of the 100 Richest Entities on the Planet Are Corporations, Not Governments, Figures Show," October 17, 2018, https://www.globaljustice.org.uk/news/2018/oct/17/69-richest-100-entities-planet-are-corporations-not-governments-figures-show.

14. JPモルガン・チェースの会長兼CEOであり、ビジネス・ラウンドテーブルの会長を務めるジェイミー・ダイモンは「アメリカン・ドリームは生きているが、揺らぎつつある」としたうえで、「主要企業は従業員やコミュニティに投資をおこなっている。それが長期的に成功する唯一の道だと知っているからだ」と語っている。また、バンガード社の元CEOビル・マクナブも同様の見解を述べている。「より広く、より隙のない形で企業のパーパスを把握することにより、取締役会は長期的な価値の創造に集中し、すべての人──投資家、従業員、コミュニティ、取引先、そして顧客──により良く奉仕することができるようになる」。See Business Roundtable, "Business Roundtable Redefines the Purpose of a Corporation to Promote 'An Economy that Serves All Americans,'" August 19, 2019, https://www.businessroundtable.org/business-roundtable-redefines-the-purpose-of-a-corporation-to-promote-an-economy-that-serves-all-americans.

第6章

1. Kavita Kumar, "Amazon's Bezos Calls Best Buy Turnaround 'Remarkable' as Unveils New TV Partnership," *Star Tribune*, April 19, 2018, http://www.startribune.com/best-buy-and-amazon-partner-up-in-exclusive-deal-to-sell-new-tvs/480059943/.

10. Lynn Stout, "'Maximizing Shareholder Value' Is an Unnecessary and Unworkable Corporate Objective," in *Re-Imagining Capitalism: Building a Responsible Long-Term Model*, ed. Barton Dominic, Dezso Horvath, and Matthias Kipping (Oxford, UK: Oxford University Press, 2016), chapter 12.

11. Global Sustainable Investment Alliance, "2018 Global Sustainable Investment Review," 8. GSIA（世界持続可能投資連合）の言う「責任投資」は、プロが運用する資産のなかでも割合を伸ばしてきており、日本では18パーセント、オーストラリアとニュージーランドでは63パーセントを占めている（3ページ参照）。http://www.gsi-alliance.org/wp-content/uploads/2019/06/GSIR_Review2018F.pdf.

12. 2017年6月、国際的な金融システムを監督する国際機関である金融安定理事会（FSB）が設置した「気候関連財務情報開示タスクフォース（TCFD）」は、年次の財務報告において、銀行、保険会社、アセットマネジャー、アセットオーナーに対し、気候関連の財務情報を開示するよう勧告を出した（https://www.fsb-tcfd.org/publications/final-recommendations-report/参照）。ブラックロックは、この勧告に従っていくようCEOたちを促している。同社は、気候関連の財務情報の開示や、情報開示を支える慣行や計画に十分な進展が見られない企業の経営陣や取締役には反対票を投じることを明らかにしている。フィンクの「A Fundamental Reshaping of Finance」参照。

第5章

1. Lisa Earle McLeod, *Leading with Noble Purpose: How to Create a Tribe of True Believers* (New York, NY: Wiley, 2016).

2. Simon Sinek, "How Great Leaders Inspire Action," filmed September 2009 at TEDxPugetSound, Washington State, September 2009, video, 17:49, https://www.ted.com/talks/simon_sinek_how_great_leaders_inspire_action.

3. Ralph Lauren, "About Us," https://www.ralphlauren.co.uk/en/global/about-us/7113.

4. Johnson & Johnson, "Our Credo," https://www.jnj.com/credo/.

5. Raj Sisodia, Jag Sheth, and David Wolfe, *Firms of Endearment: How World-Class Companies Profit from Passion and Purpose*, 2nd ed. (Upper Saddle River, NJ: Wharton School, 2014), https://www.firmsofendearment.com.

6. Sisodia, Sheth, and Wolfe, *Firms of Endearment*.

7. See, for example, Cathy Carlisi, Jim Hemerling, Julie Kilmann, Dolly Meese, and Doug Shipman, "Purpose with the Power to Transform Your Organization," Boston Consulting Group, May 15, 2017, https://www.bcg.com/publications/2017/transformation-behavior-culture-purpose-power-transform-organization.aspx.

hubfs/440941/Trust%20Barometer%202020/2020%20Edelman%20Trust%20Barometer%20Global%20Report.pdf?utm_campaign=Global:%20Trust%20Barometer%202020&utm_source=Website; Pew Research Center, "Stark Partisan Divisions in Americans' Views of 'Socialism,' 'Capitalism,'" FactTank: News in the Numbers, June 25, 2019, https://www.pewresearch.org/fact-tank/2019/06/25/stark-partisan-divisions-in-americans-views-of-socialism-capitalism/; and Lydia Saad, "Socialism as Popular as Capitalism Among Young Adults in the U.S.," Gallup, November 25, 2019, https://news.gallup.com/poll/268766/socialism-popular-capitalism-among-young-adults.aspx.

2. 2016年5月、『タイム』誌の特集記事は「アメリカの資本主義の大きな危機(American Capitalism's Great Crisis)」と題されており、そこでは「アメリカの市場資本主義システム自体が崩壊している」と指摘されている。そして2018年、『エコノミスト』誌は資本主義の欠陥を修正していくことを目指して継続的な議論をおこなうべく「オープン・フューチャー」というプロジェクトを立ち上げた。See Rana Foroohar, "American Capitalism's Great Crisis," *Time*, May 12, 2016, https://time.com/4327419/american-capitalisms-great-crisis/; and https://www.economist.com/open-future.

3. Milton Friedman, "A Friedman Doctrine," *New York Times*, September 13, 1970, https://www.nytimes.com/1970/09/13/archives/a-friedman-doctrine-the-social-responsibility-of-business-is-to.html.

4. The Business Roundtable, "Statement on Corporate Governance," September 1997, 1, http://www.ralphgomory.com/wp-content/uploads/2018/05/Business-Roundtable-1997.pdf.

5. Edmund L. Andrews, "Are IPOs Good for Innovation?," Stanford Graduate School of Business, January 15, 2013, https://www.gsb.stanford.edu/insights/are-ipos-good-innovation.

6. Edelman, "Edelman Trust Barometer 2020."

7. BBC News, "'Flight Shame' Could Halve Growth in Air Traffic," October 2, 2019, https://www.bbc.com/news/business-49890057.

8. Larry Fink, "A Fundamental Reshaping of Finance," 2020 letter to CEOs, BlackRock, https://www.blackrock.com/corporate/investor-relations/2020-larry-fink-ceo-letter. [日本語訳参照 https://www.blackrock.com/jp/individual/ja/about-us/larry-fink-ceo-letter-2020]

9. Charlotte Edmond, "These Are the Top Risks Facing the World in 2020," World Economic Forum, January 15, 2020, https://www.weforum.org/agenda/2020/01/top-global-risks-report-climate-change-cyberattacks-economic-political.

第3章

1. Marshall Goldsmith with Mark Reiter, *What Got You Here Won't Get You There: How Successful People Become Even More Successful* (New York, NY: Hachette Books, 2007). [マーシャル・ゴールドスミス, マーク・ライター『コーチングの神様が教える「できる人」の法則』斎藤聖美訳, 日本経済新聞出版社, 2007年]

2. Etienne Benson, "The Many Faces of Perfectionism," *Monitor on Psychology* 34, no. 10 (November 2003): 18, https://www.apa.org/monitor/nov03/manyfaces.

3. Brené Brown, *The Gifts of Imperfection: Let Go of Who You Think You're Supposed to Be and Embrace Who You Are* (Center City, MN: Hazelden Publishing, 2010), 7. [ブレネー・ブラウン『「ネガティブな感情」の魔法:「悩み」や「不安」を希望に変える10の方法』本田健訳, 三笠書房, 2013年]

4. Brené Brown, "The Power of Vulnerability," filmed June 2010 at TEDxHouston, Texas, video, 20:04, https://www.ted.com/talks/brene_brown_the_power_of_vulnerability/transcript?language=en.

5. Jeff Bezos, "Annual Letter to Shareholders," April 6, 2016, US Securities and Exchange Commission, https://www.sec.gov/Archives/edgar/data/1018724/000119312516530910/d168744dex991.htm.

6. Carol Dweck, *Mindset: The New Psychology of Success* (New York, NY: Random House, Kindle Edition, 2007), 20. [キャロル・ドゥエック『マインドセット:「やればできる!」の研究』今西康子訳, 草思社, 2016年]

7. Thomas Curran and Andrew P. Hill, "Perfectionism Is Increasing over Time: A Meta-Analysis of Birth Cohort Differences from 1989 to 2016," *Psychological Bulletin* 145, no. 4 (2019): 410–429, https://www.apa.org/pubs/journals/releases/bul-bul0000138.pdf.

第4章

1. エデルマンによる近年の調査では、世界中の回答者の過半数が、今の形の資本主義は良いことよりも悪いことの方が多いと考えていることが浮き彫りとなっているうえ、ピュー・リサーチ・センターによると、アメリカ人の3分の1が資本主義に対して否定的な意見を持っているという。なぜ否定的なのかという問いに対しては、主に2つの理由が挙げられている。「システムが不公平で、富の不平等の原因となっていること」と、「そもそも性質的に腐敗し搾取的であり、人や環境を傷つけていること」だ。ベビーブーマー世代は今でも自由市場を支持しているが、2010年以降、若年層は資本主義への嫌悪を著しく強めている。現在では資本主義を肯定的に捉えている若年層は半数に過ぎず、社会主義と同等の数となっている。See Edelman, "Edelman Trust Barometer 2020," 12, https://cdn2.hubspot.net/

7. Budd, The Thought of Work, 166. 個人は「無私の仕事への専念を人生の至上命題とすることにより、絶えず世界の福祉に奉仕することを目指す」よう教えられている。また、ヒンドゥー教の精神的な教えを説く教育者であり作家でもあるガヤトリ・ナリーヌによれば、「仕事に奉仕という次元を加えることは、仕事の中心に人間を置き、欠けていることが多いように見える意味と目的を仕事に満たすものだ」という。See Naraine Gayatri, "Dignity, Self-Realization and the Spirit of Service: Principles and Practice of Decent Work," in *Philosophical and Spiritual Perspectives on Decent Work*, ed. Dominique Peccoud (Geneva, Switzerland: International Labour Organization, 2004), 96.

8. Andrew E. Clark and Andrew J. Oswald, "Unhappiness and Unemployment," *The Economic Journal* 104, no. 424 (May 1994): 648–659, https://www.jstor.org/stable/2234639?read-now=1&refreqid=excelsior%3Ab2ef5905f5bcbaad19ec08dd2dd565d7&seq=11#page_scan_tab_contents.

9. Juliana Menasce Horowitz and Nikki Graf, "Most U.S. Teens See Anxiety and Depression as a Major Problem Among Their Peers," Pew Research Center, February 20, 2019, https://www.pewsocialtrends.org/2019/02/20/most-u-s-teens-see-anxiety-and-depression-as-a-major-problem-among-their-peers/.

10. Amy Adkins and Brandon Rigoni, "Paycheck or Purpose: What Drives Millennials?," Gallup Workplace, June 1, 2016, https://www.gallup.com/workplace/236453/paycheck-purpose-drives-millennials.aspx.

11. David Brooks, *The Second Mountain: The Quest for a Moral Life* (New York, NY: Random House, 2019).

12. Bill George, *Discover Your True North: Becoming an Authentic Leader* (Hoboken, NJ: John Wiley & Sons, 2015). [ビル・ジョージ『True North リーダーたちの羅針盤』小川孔輔監訳, 林麻矢訳, 生産性出版, 2015年]

13. Hortense le Gentil, *Aligned: Connecting Your True Self with the Leader You're Meant to Be* (Vancouver, BC: Page Two, 2019). オルスタンス・ル・ジョンティは私の妻でもある。

14. Gianpiero Petriglieri, "Finding the Job of Your Life," *Harvard Business Review*, December 12, 2012, https://hbr.org/2012/12/finding-the-job-of-your-life.

15. J. Stuart Bunderson and Jeffrey A. Thompson, "The Call of the Wild: Zookeepers, Callings and the Double-Edged Sword of Deeply Meaningful Work," *Administrative Science Quarterly* 54, no. 1 (March 2009): 32–57.

16. Dan Ariely, "What Makes Us Feel Good about Our Work?," filmed October 2012 at TEDxRiodelaplata, Uruguay, video, 20:14, https://www.ted.com/talks/dan_ariely_what_makes_us_feel_good_about_our_work.

10. ローマの詩人ウェルギリウスによれば、最高神ジュピター（ユピテル）の力で、人間は欲望を満たすために労働を必要とするようになったという——一方で神々は、労働という苦役から解放されていた。また、キケロは労働を低俗なもので、心身を劣化されるものだと記している。

11. 神は、禁断の木の果実を食べたアダムに言う。「お前のゆえに、土は呪われるものとなった。お前は、生涯食べ物を得ようと苦しむ」（『旧約聖書 新共同訳』/創世記3章17節）。「お前は顔に汗を流してパンを得る。土に返るときまで」（3章19節）。このようにして見ると、仕事は必要だが苦痛を伴うもののように思える。

12. Adam Smith, *Wealth of Nations* (New York, NY: Random House, 1937), 734–735.

13. そうした考え方においては、仕事は生活のための手段に過ぎず、仕事自体に本質的な効用はない。「仕事とは避けるべき必要悪だ」とマーク・トウェインは言った。オーストリアのジャーナリストであるアルフレート・ポルガーは「仕事とは、いつの日かそれをしなくて済むようになるために取り組むものだ」と語っている。

14. General Stanley McChrystal, with Tantum Collins, David Silverman, and Chris Fussell, *Team of Teams: New Rules of Engagement for a Complex World* (New York, NY. Portfolio/Penguin, 2015).

15. McChrystal, Collins, Silverman, and Fussell, *Team of Teams.*

16. According to the ADP Research Institute's global survey; see Buckingham and Goodall, *Nine Lies about Work*, 244–245.

第2章

1. Khalil Gibran, "On Work," in *The Prophet* (New York, NY: Alfred A. Knopf, 1923). [カリール・ジブラン『預言者』佐久間彪訳, 至光社, 1990年, 38頁]

2. 創世記2章15節。

3. これは、教皇回勅として何度か発表され、最終的にはヨハネ・パウロ2世の時代に発行された『教会の社会教説綱要』にまとめられた。

4. John Paul II, "Laborem Exercens," September 14, 1981, http://www.vatican.va/content/john-paul-ii/en/encyclicals/documents/hf_ jp-ii_enc_14091981_laborem-exercens.html.

5. 「すべての人間は公益のための労働に勤しむために作られた」とジャン・カルヴァンは語っている。

6. John W. Budd, *The Thought of Work* (Ithaca, NY: Cornell University Press, Kindle Edition), 166. また、イスラムにおいては「最良の人間とは人の役に立つ人間である」と教えられている（162）。

原注

イントロダクション

1. Lisa Earle McLeod, *Leading with Noble Purpose: How to Create a Tribe of True Believers* (Hoboken, NJ: Wiley, 2016).

第1章

1. Marcus Buckingham and Ashley Goodall, *Nine Lies about Work: A Freethinking Leader's Guide to the Real World* (Boston, MA: Harvard Business Review Press, 2019), Appendix A, 237–245.

2. Jim Harter, "Dismal Employee Engagement Is a Sign of Global Mismanagement," Gallup Workplace Blog, https://www.gallup.com/workplace/231668/dismal-employee-engagement-sign-global-mismanagement.aspx.

3. Gallup, *State of the Global Workplace* (Washington, DC: Gallup, 2017), 5.

4. Andrew Chamberlain, "6 Studies Showing Satisfied Employees Drive Business Results," *Glassdoor*, December 6, 2017, https://www.glassdoor.com/research/satisfied-employees-drive-business-results/.

5. Glassdoor, "New Research Finds That Higher Employee Satisfaction Improves UK Company Financial Performance," March 29, 2018, https://www.glassdoor.com /about-us/new-research-finds-that-higher-employee-satisfaction-improves-uk -company-financial-performance/.

6. 2016年から2017年の1年にわたり、15の業界の75社50万人以上の従業員に対して調査が実施された。従業員エンゲージメントの測定および改善をおこなうプラットフォーム「Glint」を利用した調査で判明したのは、従業員満足度の低いスコアを示した人は、中立もしくは高いスコアを示した人に比べ、その後半年のうちに辞める可能性が5倍、その後1年のうちに辞める可能性は12倍も高かった。

7. Buckingham and Goodall, *Nine Lies about Work*, Appendix A, 237.

8. 「Glint」による顧客調査。

9. アリストテレスによる職業の序列では、「労働」が──奴隷的なものであれ、技術を伴うものであれ──一番下に位置付けられ、「プラクシス（実践活動）」や人生の最も高貴な過ごし方とされた「テオリア（観想）」よりも劣ったものとされていた。

第15章　パーパスフル・リーダーの5つの「あり方」 322

①自分と周囲の人々のパーパスを理解し、それらと企業のパーパスの結びつきを明確にする　323
②リーダーとしての役割を明確にする　326
③誰に仕えているかを明確にする　328
④価値観を原動力にする　330
⑤偽りのない自分になる　333
●あなたへの質問 15　336

最後に　行動への呼びかけ 337

リーダーへ　338
企業へ　340
業界、セクター、地域コミュニティのリーダーへ　341
取締役会へ　342
投資家、アナリスト、規制当局、格付け機関へ　343
ビジネス教育機関へ　344

謝辞　346
ユベール・ジョリーより　346
キャロライン・ランバートより　350

解説　矢野陽一朗　352
リーダーシップ論としての本書の位置づけ　354
パーパスの歴史的背景と現状　357
日本の社会や企業への示唆　366
解説の注　371

原注　383
詳細目次　389

第12章　第4の材料 —— マスタリーを追求する　268

結果よりも努力を重視する　271
集団ではなく個人を育てる　273
トレーニングよりもコーチングをおこなう　275
パフォーマンス評価や育成を見直す　279
学びを生涯にわたる旅だと考える　284
失敗の余地を作る　285
●あなたへの質問 12　289

第13章　第5の材料 —— 追い風に乗る　290

可能性という観点から考える　293
困難を利点に変える　299
パーパスを前面に出し、中心に据え続ける　303
●あなたへの質問 13　306

第4部　パーパスフル・リーダーになる　307

第14章　リーダーに大切なこと　308

リーダーシップにまつわる3つの迷信を解く　311
迷信①リーダーはスーパーヒーローのような存在だ　311
迷信②リーダーシップは生まれつきの能力だ　315
迷信③人は変われない　316
自分が目指すリーダーになっていくには　317
何が自分を突き動かしているだろう？　318
未来に何を残したいだろう？　319
どうすれば道から逸れずにいられるだろう？　320
●あなたへの質問 14　321

第9章　**第1の材料 —— 個人の夢と会社のパーパスを結びつける**　199

人が第一という哲学を明確に伝える　203

何が周りの人の原動力かを探る　205

決定的な出来事を活かす　206

物語を共有し、ロールモデルの提示を奨励する　211

有意義で、人間的で、偽りのない形で会社のパーパスを表現する　213

意義を浸透させる　216

●あなたへの質問 9　218

第10章　**第2の材料 —— 人と人とのつながりを育む**　219

人と人とのつながりは、エンゲージメントとパフォーマンスを向上させる　221

全員をひとりの個人として扱うことで敬意を育む　225

信頼を築くために安全で透明な環境を作る　228

弱さを見せることを奨励する　230

効果的なチームダイナミクスを生み出す　234

ダイバーシティ&インクルージョンを推進する　238

●あなたへの質問 10　247

第11章　**第3の材料 —— 自律性を育む**　248

とにかく任せよう！　意思決定をできるだけ下の層に任せる　252

参加型のプロセスを設計する　257

アジャイルな働き方を採用する　260

スキルと意欲に合わせて調整する　262

●あなたへの質問 11　267

第7章　誰にも憎まれずにビジネスを再建する方法 149

どんなときも人から始める　151
　現場から学ぶ　152
　ふさわしい人をトップに選ぶ　155
　ワンチーム、ワンドリーム　156
どんなときも人が最後　159
　売り上げの成長　162
　給料以外のコストの削減　163
　従業員の福利厚生に関するコストの最適化　165
　最後の手段として人員を削減する　166
人のエネルギーを生む　169
　完璧ではないが、ひとまず十分なプランを共創する　170
　ペダルを漕ぎ続け、シンプルであり続ける　173
　ポジティブな環境を作る　174
　透明性を持ち、弱さを見せることを奨励する　177
　●あなたへの質問 7　180

第3部　ヒューマン・マジックを解き放つ 183

第8章　「アメとムチ」を脱却する 184

もはや金銭的なインセンティブではパフォーマンスは向上しない　187
　金銭的なインセンティブは、現在とは違うタイプの仕事に向けて設計されたものであるため、時代遅れである　190
　金銭的なインセンティブは、エンゲージメントではなく従順さに焦点を当てているため、的外れなものである　191
　金銭的なインセンティブは、危険で有害な可能性がある　192
　金銭的なインセンティブは、正しく運用するのが難しい　193
インセンティブは何のためにあるのか　194
　●あなたへの質問 8　198

第2部　パーパスフルな人間らしい組織　83

第4章　株主価値という絶対権力　84
利益は業績を測る良い指標ではない　88
利益ばかりに注目することは危険である　90
利益だけに目を向けていると、顧客や従業員を敵に回す　93
利益だけを追うことは精神に良くない　96
●あなたへの質問4　98

第5章　〝大聖堂〟を築く　99
パーパスと人を重視する　102
結果を残せるアプローチ　107
このアプローチは視野を広げる　109
このアプローチは士気を高める　110
このアプローチは経済活動の持続可能性を確保する　113
このアプローチは最終的に最高の利益を生む　113
起こりつつある革命　116
●あなたへの質問5　121

第6章　ノーブル・パーパス（大いなる存在意義）を実践に活かす　122
ノーブル・パーパスを会社の戦略の要にする　124
すべてのステークホルダーを大切にしながら協働する　128
顧客を喜ばせる　129
取引先や競合と力を合わせる　132
コミュニティの繁栄を支える　137
株主に報いる　141
ノーブル・パーパスに沿った経営慣行を作る　144
●あなたへの質問6　148

詳細目次

日本語版序文　平井一夫　1
聞いて実践するリーダーシップ　2
人はリソース（資源）ではなく、ソース（源泉）だ　5
序文　ビル・ジョージ　9

イントロダクション　21

第1部　仕事の意味　31

第1章　アダムの呪い　32
職場でのエンゲージメントの低下は世界に広がっている　35
苦役としての仕事　39
変わりゆく世界——そして変わらぬ問題　42
●あなたへの質問 1　45

第2章　なぜ働くのか　46
仕事は生きる意味の探求の一部　48
自分のパーパスを見つける　54
落とし穴①パーパスは突然の啓示によって明らかになる。　56
落とし穴②パーパスは高貴な活動を伴うものでなければならない。　56
落とし穴③パーパスは大きくて深いものでなければならない。　59
パーパスを探る問いを仕事に組み入れる　60
●あなたへの質問 2　64

第3章　完璧を求める狂気　65
フィードバックとの葛藤　68
不完全さを歓迎する　71
戦略的ブレークスルー　79
●あなたへの質問 3　82

◉著者紹介

ユベール・ジョリー　Hubert Joly

2012年にベスト・バイCEO就任。チームとともに、同社をアメリカで最も支持される雇用主、サステナビリティ・リーダー、革新的企業のひとつに再建し、顧客満足度を大きく向上させ、会社の株価を劇的に上昇させた。しかし彼の最大の功績は、自分がいなくてもよい環境を作り上げたことかもしれない。2019年にCEOを、2020年には取締役会会長を退き、次の世代のリーダーたちにバトンを渡した。

母国のフランスでも、アメリカでも数多くの企業再建を成功させてきたユベール・ジョリーは、『ハーバード・ビジネス・レビュー』誌「世界のCEOベスト100」、『バロンズ』誌「世界トップCEO30」、そして求人サイト「グラスドア」が従業員へのアンケートに基づいて毎年発表している「米トップCEO10」などに名を連ねている。

ユベールの人生におけるパーパスは、周りの人にポジティブな変化をもたらし、自分自身のプラットフォームを通して世界にポジティブな変化をもたらすこと。ジョンソン・エンド・ジョンソンやラルフローレンの取締役。現在はハーバード・ビジネススクールの上級講師として、パーパスと人間らしさをもってリードすることや最高の自分になることを目指すリーダーたちをサポートしている。また、ダイバーシティ＆インクルージョンの推進にも積極的に取り組んでいる。

キャロライン・ランバート　Caroline Lambert

執筆協力者のキャロライン・ランバートは、ビジネス、市民社会、政治などさまざまな分野の変革者および思想的リーダーがアイデアや経験を本にする手伝いをしてきた。『エコノミスト』誌では海外特派員、アジア副編集長として、世界各地のビジネス、経済、政治についての記事を書き、ディアジオ・アフリカ・ビジネス・レポーティング・アワードや優れた金融ジャーナリズムに贈られるサンラム賞などを受賞。INSEADでMBA、ジョンズ・ホプキンス大学高等国際問題研究大学院で国際関係学の修士号を取得し、同校では外交政策に関する優れた論文や研究に贈られるC・グローブ・ヘインズ賞を獲得。グローバル開発センターの元客員研究員でもある。

THE HEART OF BUSINESS（ハート・オブ・ビジネス）

――「人とパーパス」を本気で大切にする新時代のリーダーシップ

発行日	2022年7月24日　第1版　第1刷
	2023年12月18日　第1版　第4刷
著者	ユベール・ジョリー、キャロライン・ランバート
訳者	樋口武志（ひぐち・たけし）
日本語版序文	平井一夫（ひらい・かずお）
解説	矢野陽一朗（やの・よういちろう）
発行人	原田英治
発行	英治出版株式会社
	〒150-0022　東京都渋谷区恵比寿南
	1-9-12 ピトレスクビル4F
	電話　03-5773-0193
	FAX　03-5773-0194
	www.eijipress.co.jp
プロデューサー	上村悠也　山下智也
スタッフ	高野達成　藤竹賢一郎　鈴木美穂　下田理
	田中三枝　平野貴裕　桑江リリー　石﨑優木
	渡邉吏佐子　中西さおり　関紀子　齋藤さくら
	荒金真美　廣畑達也　木本桜子
印刷・製本	シナノ書籍印刷株式会社
校正	株式会社ヴェリタ
編集協力	和田文夫（ガイア・オペレーションズ）
装丁	英治出版デザイン室

ISBN978-4-86276-322-8　C0034　Printed in Japan

※ 著者のユベール・ジョリー氏、解説者の矢野陽一朗氏の印税は、日本語版序文の平井一夫氏が代表理事を務める一般社団法人プロジェクト希望に寄付されます。